Ralf T. Kreutzer/Holger Kuhfuß/Wolfgang Hartmann

Marketing Excellence

Ralf T. Kreutzer
Holger Kuhfuß
Wolfgang Hartmann

Marketing Excellence

Sieben Schlüssel zur Profilierung
Ihrer Marketing Performance

GABLER

Bibliografische Information Der Deutschen Nationalbibliothek
Die Deutsche Nationalbibliothek verzeichnet diese Publikation in der
Deutschen Nationalbibliografie; detaillierte bibliografische Daten sind im Internet über
<http://dnb.d-nb.de> abrufbar.

1. Auflage Januar 2007

Alle Rechte vorbehalten
© Betriebswirtschaftlicher Verlag Dr. Th. Gabler | GWV Fachverlage GmbH, Wiesbaden 2007,
    Softcover 2013

Lektorat: Manuela Eckstein

Der Gabler Verlag ist ein Unternehmen von Springer Science+Business Media.
www.gabler.de

Umschlaggestaltung: Nina Faber de.sign, Wiesbaden
Satz: ITS Text und Satz Anne Fuchs, Bamberg
Druck und buchbinderische Verarbeitung: Wilhelm & Adam, Heusenstamm
Gedruckt auf säurefreiem und chlorfrei gebleichtem Papier

ISBN 978-3-8349-0390-7 (Hardcover)
ISBN 978-3-658-03435-1 (Softcover)

Geleitwort

Marketing Excellence stellt für Unternehmen in der heutigen Welt eine zentrale Herausforderung dar. So reichen die besten Marketingstrategien allein nicht mehr für den Unternehmenserfolg aus – es kommt vielmehr auf deren exzellente Umsetzung innerhalb der Organisation an. Dadurch ist Marketing Excellence zu einem entscheidenden Wettbewerbsfaktor geworden. Den Autoren ist es gelungen, ein verständliches und umfassendes Praxishandbuch zu verfassen, in dem sie für wesentliche Handlungsfelder die Probleme bei der Umsetzung von Marketingstrategien hervorheben und geeignete Lösungsansätze anbieten.

Die Autoren verschaffen den Lesern mit ihrem Buch einen umfangreichen Überblick über das Themengebiet. Sie leisten in anschaulicher Weise den Transfer von den Herausforderungen der Zukunft auf die Erzielung von Marketing Excellence. Hervorzuheben ist, dass die Autoren die Herausforderungen nicht isoliert voneinander betrachten, sondern vielmehr ihren Lesern einen globalen Zusammenhang aufzeigen. Deutlich stellen die Autoren dabei heraus, dass die Herausforderungen der Zukunft den Erfolgsfaktoren bei der Umsetzung von Marketing Exzellenz entsprechen. Dabei gehen sie insbesondere sowohl auf interne als auch auf externe Aspekte der Marketing Excellence ein, sodass das Spektrum der Inhalte von „Marketing nach innen" bis „Buzz-Marketing" reicht.

Besonders erwähnenswert ist an dieser Stelle, dass die Autoren sehr ausführlich und illustrativ die Bedeutung und entsprechende Konzepte dieser Herausforderungen für die Marketing Excellence vermitteln. Die anschauliche Beschreibung der einzelnen Erfolgsfaktoren ermöglicht den Lesern, potenzielle Problemfelder in der eigenen Unternehmenspraxis frühzeitig zu erkennen und ein tieferes Verständnis dafür zu erlangen.

Hervorzuheben ist ebenso, dass die Autoren ihre Leser mit potenziellen Umsetzungsproblemen der Marketingstrategien nicht alleine lassen, sondern ihnen neben dem profunden Verständnis der Konzepte auch Checklisten zu jedem Handlungsfeld anbieten. Dadurch wird dem Leser ein Instrument zur Verfügung gestellt, das es ihm ermöglicht, den Bedarf an entsprechenden Maßnahmen aufzudecken und die eigene Marketing Excellence zu steigern. Somit werden die Autoren ihrem Anspruch gerecht, ein praxisorientiertes Handbuch zu veröffentlichen, das der Profilierung des Marketing im Unternehmen dient.

Der besondere Wert dieses Buches ist in der umfangreichen Sammlung relevanter Fallbeispiele aus dem Bereich der Marketing Excellence zu sehen. Die einzelnen Kapitel werden durch eine Vielzahl an aktuellen Beispielen angereichert und verknüpfen dabei Unternehmenspraxis mit dem eigenen Erfahrungsschatz der Autoren. Indem die Autoren wissenschaftliche Literatur mit praxisorientierten Artikeln verzahnen, greifen sie aktuelle Probleme und Lösungen relevanter Themenfelder der Industrie praxisnah auf und bieten dadurch Praktikern einen Leitfaden zur Marketing Excellence.

Das vorliegende Buch stellt somit einen wertvollen Beitrag für alle Leser dar, die sich mit der praxisnahen Umsetzung der Marketing Excellence näher auseinandersetzen möchten.

Prof. Dr. Dr. h.c.
Christian Homburg   Mannheim, im Dezember 2006

Auf zur Marketing Excellence!

„Er hat sich stets bemüht, die ihm übertragenen Aufgaben zufrieden stellend zu erledigen." Sie kennen diese negative Standardformulierung aus Arbeitszeugnissen. Meiner Erachtens darf sie teilweise auch angewendet werden, wenn es gilt, Unternehmen ein Zeugnis über die Umsetzung ihrer Marketingstrategien auszustellen: Alle am Marketingprozess Beteiligten bemühen sich nach Kräften – und das bleibt es dann auch. Dabei haben Unternehmen die Notwendigkeit zur Erreichung einer Marketing Excellence längst erkannt. Sie müssen allerdings die Basis dafür schaffen: eine funktionierende interne Kommunikation und Mitarbeitereinbindung, richtig verstandenes Innovationsmanagement, Nähe zum Kunden und selbstverständlich eine glaubwürdige Positionierung.

Wer Marketing Excellence erreichen möchte, braucht zudem die richtige Unternehmensorganisation. Und das ist sicherlich eine der größten Herausforderungen. Wenn – wie in vielen Unternehmen – die Aufgaben zwischen dem Vorstand Marketing und anderen Vorstandsressorts wie Vertrieb oder PR nicht klar verteilt sind, ist Hierarchiegerangel vorprogrammiert. Oft entscheidet zudem noch der Einkauf über Werbeinvestitionen – so, als wäre die Anschaffung von Computern strategisch gesehen dasselbe wie die Ausgaben für eine Kommunikationskampagne.

Der wichtigste Wegbereiter für Marketing Excellence liegt aber in den Menschen selbst, die diesen Prozess in einem Unternehmen begleiten. Es ist eine Sache der Haltung, ob man sich mit dem Guten zufrieden geben möchte oder das Beste erreichen will.

All das zeigt: Es gibt viel zu tun, um den Weg frei zu machen und alle Hürden erfolgreich zu nehmen. Wer neue Ideen aufgreift und sie für eine erfolgreiche Implementierung der Marketingstrategien nutzbar macht, hat dabei die besten Chancen. Das vorliegende Werk von Kreutzer/Kuhfuß/Hartmann liefert Ihnen die richtigen Impulse, um Ihr Unternehmen erfolgreich zur Marketing Excellence zu führen.

Viel Spaß beim Lesen wünscht Ihnen

Dieter Weng
Präsident des DDV   Wiesbaden, im Januar 2007

Inhaltsverzeichnis

Halbe Knödel rollen nicht – Warum Marketing Excellence so wichtig ist!

Wir wissen es eigentlich alle: Die beste Marketing-Strategie nützt nichts, wenn in der Umsetzung die Excellence fehlt. Die Realität in vielen deutschen Unternehmen sieht allerdings eher so aus: „Software" (im Sinne von Strategie) gut, „Hardware" (im Sinne von systemischer Umsetzung) mangelhaft bis ungenügend. Das ist umso erstaunlicher, als in den letzten Jahren der Budgetkürzungen im Marketing gerade auch die Frage nach der Excellence in der Umsetzung hätte gestellt werden müssen. Aber dies war vielfach nicht der Fall! So weisen verschiedene Studien immer wieder auf, dass auch überzeugende strategische Konzepte an der professionellen Umsetzung scheitern. Neben der *Brain Excellence* bedarf es also auch einer *Execution Excellence*, um die kreativen und konzeptionellen „PS" im Wettbewerb tatsächlich auf die Straße zu bringen. Die zielorientierte Zusammenführung von „Brain- und Execution Excellence" ist das, was in diesem Werk unter *Marketing Excellence* verstanden wird.

Ein Excellence-Programm für Ihr Unternehmen

In den nächsten Jahren werden nur die Unternehmen erfolgreich sein, die ihre Organisation auf Excellence trimmen. Dabei wird sich zeigen, dass selbst Unternehmen, deren Marketingstrategie weniger innovativ ist als die eines Wettbewerbers, erfolgreicher sein können, wenn die strategischen Konzepte überzeugend umgesetzt werden. Neben einer fokussierten Vorgehensweise im Marketing sind es unseres Erachtens sieben kritische Erfolgsfaktoren, die es auf dem Weg vom Status quo im Marketing zur Marketing Excellence umzusetzen gilt (vgl. Abbildung 1). Diese *Marketing-Excellence-Turbine* beinhaltet sieben Schaufelräder im Sinne von erfolgsentscheidenden Perspektiven und Handlungsfeldern, die es auf Erfolg zu trimmen gilt.

Den Rahmen für die Erreichung von Marketing Excellence bildet das Wissen um die wesentlichen Veränderungen (*Significant Changes*) des eigenen Geschäfts bzw. des relevanten Umfelds. Basierend auf den dabei gewonne-

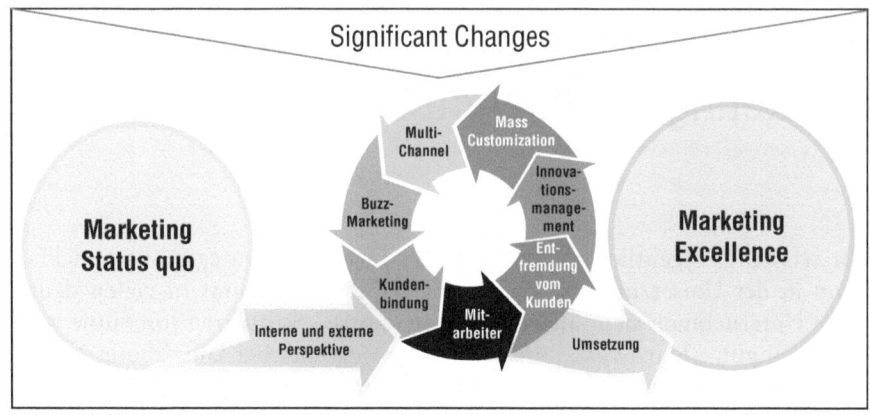

Abbildung 1: Modell der *Marketing Excellence*
(eigene Darstellung)

nen Informationen über die zentralen zukünftigen Entwicklungslinien lassen sich die nötigen Handlungsfelder für die *Excellence-Turbine* ableiten.

Nicht immer ist der Kunde allein das Maß aller Dinge. Genau so wichtig ist die interne Dimension des Marketing. Wissen alle Mitarbeiter, gerade die mit laufendem Kundenkontakt, was der Kunde, aber auch was das Unternehmen will? Weiß das Marketing, welchen Mehraufwand die Umsetzung einer Strategie im Service oder im Vertrieb bedeutet? Die Vernetzung beider Perspektiven ist ein entscheidender Erfolgstreiber.

● *Einbindung der Mitarbeiter*
Ein Gleichgewicht der internen und externen Kräfte stellt sich nur dann ein, wenn Mitarbeiter essenzieller Bestandteil eines Marketing-Excellence-Konzepts sind. Jeder Mitarbeiter ist Auge, Ohr und Mund des Unternehmens – und dies nicht nur während der regulären Arbeitszeit. Deshalb ist den Mitarbeitern – Hierarchieebenen übergreifend – bei Entwicklung und Umsetzung von Marketing-Konzepten ein viel höherer Stellenwert einzuräumen, als dies bisher in vielen Unternehmen der Fall ist. Zur Erreichung von Marketing Excellence bedarf es deshalb auch einer Fokussierung auf das Marketing nach innen.

● *Entfremdung vom Kunden*
Die Sicherstellung von „Nähe zum Kunden" – eigentlich eine Selbstverständlichkeit – stellt einen weiteren Excellence-Baustein dar. Wie soll Kundenorientierung erreicht werden, wenn der Spalt zwischen den

Kunden und weiten Teilen der Unternehmensorganisation immer größer wird? Hier gilt es deutlich gegenzusteuern und die Hand wieder „am Puls des Kunden" zu haben.

- *Innovationsmanagement*
  Innovationen hat es immer gegeben und wird es auch in Zukunft geben. Aber muss jede Innovation gleich auf den Markt gebracht werden, auch wenn sie möglicherweise noch „unreif" ist? Haben wir neben technischen Neuerungen auch ausreichende Service-Innovationen im Blickfeld? Denken wir noch an „Produkte" und „Leistung", oder beschäftigen wir uns schon systematisch mit den *kundenrelevanten Nutzendimensionen* und den *ausgelösten Kundenerlebnissen*? Neue und verheißungsvolle Funktionsbezeichnungen, wie beispielsweise die eines *Customer Experience Managers* beim Unternehmen O$_2$ in München, zeigen, dass offensichtlich erste Erfolgsvoraussetzungen innerhalb von Organisationen für diese Aufgabenstellungen geschaffen werden.

- *Mass Customization*
  Das Internet hat die Voraussetzungen für Mass Customization geschaffen. Immer mehr Business-Modelle jenseits der Massenfertigung von Produkten zeigen, dass eine individuelle Fertigung von Produkten – in enger Interaktion mit dem Kunden – eine hohe Wertschöpfung ermöglicht. Mass Customization liefert Ideen und Konzepte, wie eine *individualisierte Massenfertigung* Kundennähe und damit auch Loyalität fördern und Unternehmen zu einem strategischen Wettbewerbsvorteil verhelfen kann.

- *Multi-Channel-Marketing*
  Der Kunde kommuniziert und konsumiert lange schon auf mehreren Kanälen. Die Aufgabe des Unternehmens muss es sein, diese zu kennen, um den Kunden auf verschiedenen Wegen mit konsistenten und aufeinander abgestimmten Botschaften und Konzepten anzusprechen und „abzuholen". In vielen Unternehmen ist diese Integrationsaufgabe noch zu leisten; zu häufig laufen die Kommunikationsaktivitäten noch auseinander.

- *Buzz-Marketing*
  Mit Buzz-Marketing steht den Unternehmen eine weitere Kommunikationsform zur Verfügung, die heute erst in Ansätzen genutzt wird. Die eine Herausforderung besteht darin, die eigenen Kunden noch stärker als Marken- oder Unternehmenspromotoren zu nutzen. Die zweite umfasst die Dienste spezialisierter Buzz-Agenturen, die Unternehmen bei

der Nutzung dieses Kommunikationsinstrumentes unterstützen. Bei beiden Vorgehensweisen sind spezifische Anforderungen zu berücksichtigen.

- *Kundenbindung*
  Immer mehr Systeme sind im Wettbewerb und kämpfen um die Aufmerksamkeit des Kunden, so zum Beispiel *Payback* gegen *Happy Digits*. Gleichzeitig nehmen bei Inhabern von Kundenkarten die Schläfer zu, das heißt Personen, die ihre Karte nicht oder nicht mehr einsetzen. Wo sind bei der Kundenbindung die innovativen Akzente für die Zukunft? In welche Richtung sollen sich vorhandene oder neue Konzepte entwickeln? Dem muss in vielen Unternehmen aber eine zentrale Selbsterkenntnis vorausgehen: Wurde der Kunde intensiv befragt, wie viel Bindung er überhaupt möchte?

Bei der Erreichung von Marketing Excellence gilt einmal mehr: *Es gibt nichts Gutes, außer man tut es.* Um den Transfer in die Umsetzung zu schaffen, haben wir eine Reihe von Checklisten entwickelt, die Sie in Ihrem Unternehmen einsetzen können.

Wird das ganzheitliche Modell der *Marketing Excellence* im Unternehmen eingesetzt, so werden Marken- bzw. Unternehmensguthaben kontinuierlich aufgeladen. Deckungsbeiträge und Margen können nachhaltig gesichert werden. Wer sich diesen Erkenntnissen nicht anschließen mag, dem sei gesagt:

Halbe Knödel rollen nicht!

Significant Changes – Welche Herausforderungen Sie morgen meistern müssen

Welche Zukunftsfaktoren werden die zukünftigen Herausforderungen definieren?

„Die Zukunft war früher auch besser!", sagte *Karl Valentin* und ergänzte, „... erst warte ich langsam und dann immer schneller". Warten müssen wir nicht mehr, denn wir sind mitten drin in der Veränderung. Um diese zu verstehen, ist es notwendig, sich mit den wesentlichen Zukunftsfaktoren auseinanderzusetzen, das heißt den Trends und Themen, die die Ursache zukünftiger Veränderungen sind. Da diese Veränderungen in alle Bereiche unseres Lebens hineinwirken, ob in das Arbeitsleben, die Freizeitgestaltung oder das Konsumverhalten, ist ihr Verständnis für die Beantwortung der Schlüsselfrage, wie im Unternehmen langfristig Wachstum und Erfolg sichergestellt werden können, von enormer Bedeutung.

Einen sicherlich nicht vollständigen Überblick über diese Zukunftsfaktoren, die je nach Perspektive unterschiedlich strukturiert werden können, zeigt die folgende Auflistung (vgl. Mićić, 2006, S. 64f.).

Technologische Zukunftsfaktoren:

● Digitalisierung – leistungsfähigere Computer und Datenübertragungssysteme
● Internetisierung und Informatisierung
● Wissenssysteme
● Sensorik
● Logistik- und Verkehrsinnovationen
● Medizininnovationen
● Mobilisierung

Wirtschaftliche Zukunftsfaktoren:

- Globalisierung
- Sättigung der Märkte
- Polarisierung der Märkte
- Emanzipation von Märkten
- Managementinnovationen

Gesellschaftliche Zukunftsfaktoren:

- Schrumpfung der Bevölkerung
- Alterung der Bevölkerung
- Individualisierung von Verhaltensmustern
- Convenience-Orientierung
- Erlebnisorientierung
- Beschleunigung gesellschaftlicher Prozesse

Die Folgen der Digitalisierung

Keinen großen Knall, aber eine nachhaltige technische Revolution sagte der Visionär *Mark Weiser*, leitender Wissenschaftler am Forschungszentrum von *XEROX* im Silicon Valley, bereits im Jahr 1991 voraus. Mit dem Begriff *Ubiquitous Computing* verband er die Vision, dass der Computer, der für uns aktuell immer noch als *Personal Computer* Zeichen der Digitalisierung ist, in den Hintergrund treten werde, seine informationsverarbeitende Funktionalität aber überall verfügbar bleibe (vgl. Langheinrich, 2003, S. 6). Die industriellen Unternehmen nahmen diese Vision auf mit dem Ziel, durch bereits existierende Mobile-Computing-Technologien schnell nutzbare Anwendungen zu generieren.

Die stetige Weiterentwicklung der *Mikroelektronik* hat dank immer leistungsfähigerer und preiswerterer Komponenten inzwischen fast alle Lebensbereiche durchdrungen und ist weiter auf dem Vormarsch. Bereits heute ist das Handy ein kleiner Computer, mit dem man telefoniert, Musik hört, fotografiert oder TV sieht. Das Mobiltelefon ist damit aus unserem Alltag nicht mehr wegzudenken, und es bedarf immer wieder des Hinweises, es in bestimmten Umgebungen auszuschalten.

In Summe ist die Computertechnologie und damit der Computer zum Alltagsgegenstand geworden. Nach dem *Moore'schen Gesetz* von 1965 verdoppelt sich die Verarbeitungsleistung von Computern alle 18 Monate.

Die gleichzeitige Effizienzsteigerung bei der Kommunikationsbandbreite und der Speicherkapazität führt zu einer gigantischen Verfügbarkeit an Computerleistung, die für alle Bereiche des Lebens zur Verfügung stehen wird. Miniprozessoren als Wegwerfartikel sind keine Vision mehr, und die Einbettung von Informationsverarbeitung und Kommunikationsfähigkeit in Alltagsgegenständen verleiht diesen völlig neue Qualitäten. Anwendungsbeispiele hierfür sind:

- *Autoreifen*, die das Absinken des Luftdrucks melden
- *Verpackungen*, die das Ablaufen des Mindesthaltbarkeitsdatums anzeigen
- *Rasensprinkler*, die mittels eines Sensors die Bodenfeuchtigkeit und den Wetterbericht per Internet abfragen
- die *elektronische Gesundheitskarte*, ausgestattet mit einem Mikroprozessor, der schrittweise neue Funktionalitäten ermöglicht
- *Lokalisierungssysteme* für Mietwagen

Neben der Mikroelektronik ermöglichen Entwicklungen aus dem Bereich der *Materialwissenschaft* eine vollständige Verschmelzung des Computers mit seiner Umgebung. So sind beispielsweise Displays, die zusammengerollt und mit allen möglichen Materialien kombiniert werden können, bald vielfältig einsetzbar. Der umfassende Einsatz so genannter *Smart Labels*, die wir aus den Sicherungssystemen und Türschleusen von Kaufhäusern kennen, wird die Kommunikation mit Alltagsgegenständen ermöglichen. Die sensorgestützte Informationsverarbeitung und Kommunikationsfähigkeit wird sicherlich zunächst nur in den höherpreisigen Haushaltsgeräten, Werkzeugen oder in den Automobilen Einzug halten. Im Automobilbereich sind bestimmte Entwicklungen aber bereits in der Mittelklasse vorgedrungen, beispielsweise Regensensoren, Einparkhilfen, Nachtsichtassistenten und Abstandsregeltempomaten.

Die Nutzung der Mikroelektronik im Wohnbereich, also die Vernetzung der Haustechnik, um beispielsweise Heizung und Belüftung zu automatisieren und fernbedienen zu können, wie auch die Überwachung von Gebäuden und Einrichtungen, ist ein weiteres wichtiges Anwendungsfeld (vgl. Wirtz et al., 2006) wie die Studie *Deutschland online 3* zeigt (vgl. Abbildung 2).

In einer Welt, in der technisch viel möglich ist, bleibt aber die Herausforderung, Nutzen aus diesen Technologien zu ziehen. Die Frage ist noch offen, wie wir Menschen mit unseren intelligenten oder smarten Alltagsgegenständen kommunizieren können. Und bleibt nicht schlussendlich die

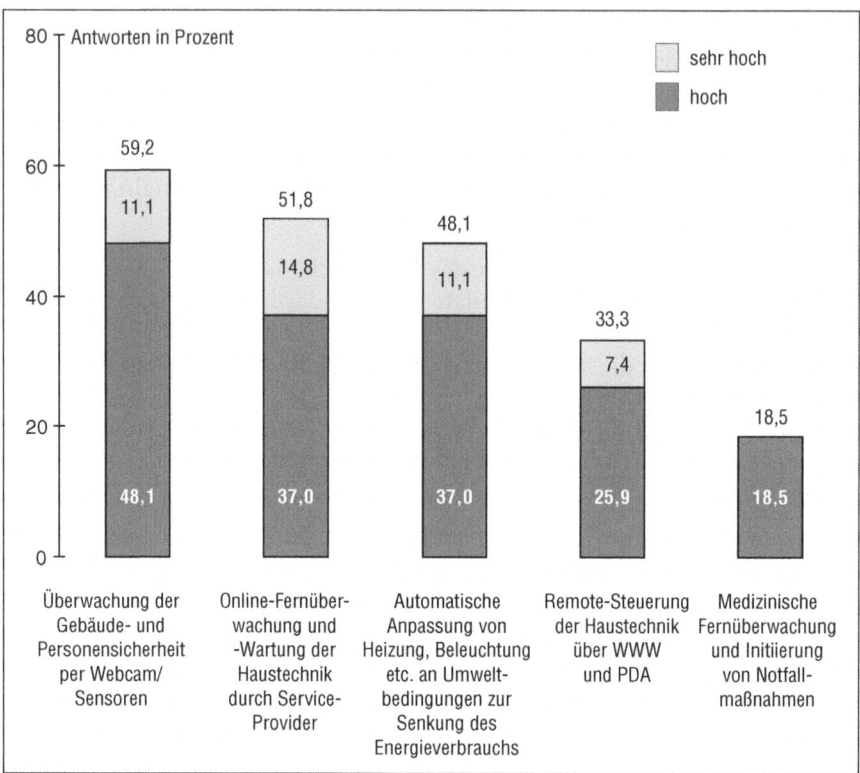

Abbildung 2: Bedeutung verschiedener Anwendungen im Home-Bereich
(vgl. Wirtz et al., 2006)

Frage nach dem Datenschutz: Was wird über mich oder mein Nutzungs-verhalten gespeichert und weiterkommuniziert? Wer ist für technische Fehler verantwortlich? Gerade diese Themen sind beispielsweise bei der Einführung der elektronischen Gesundheitskarte kontrovers diskutiert worden.

Die Bedeutung der Internetisierung

Nach einem rasanten Wachstum der vergangenen Jahre wird sich die Zu-nahme der Online-Haushalte in Deutschland verlangsamen. Die Mehrheit der Deutschen verfügt inzwischen über einen Zugang zum Internet, das damit nicht nur das zentrale und wichtigste Medium zur Information und

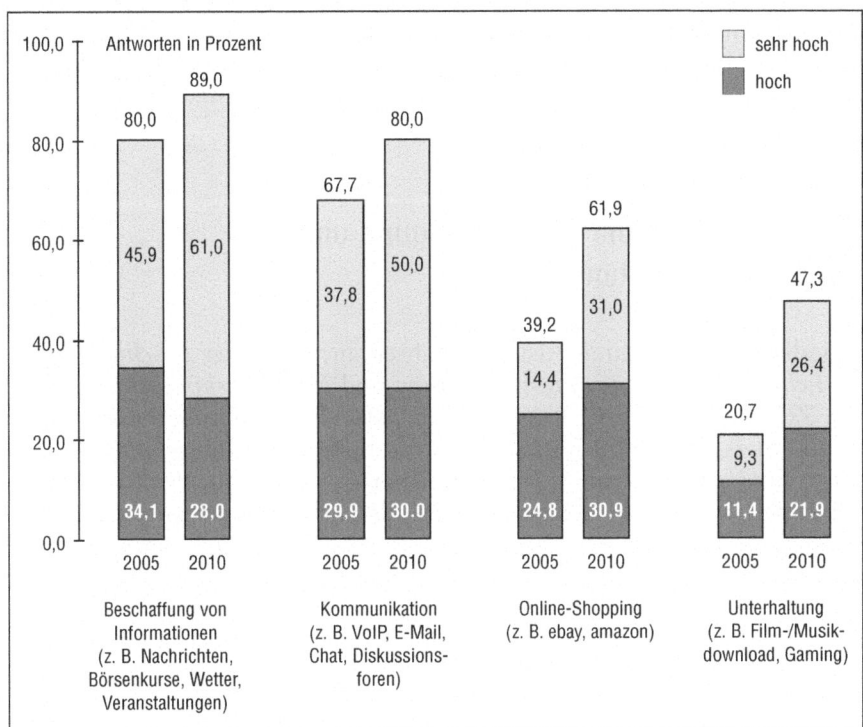

Abbildung 3: Internetnutzungszwecke 2005 und 2010
(vgl. Wirtz et al., 2006)

Unterhaltung, sondern inzwischen Ausdruck eines innovativen Lebensstils und eine Kulturfrage geworden ist (vgl. Wirtz et al., 2006, S. 22).

Über 55 Prozent der Deutschen im Alter über 14 Jahren sind im Internet aktiv; dies entspricht ca. 36 Millionen Nutzern. Sind die jüngeren Altersgruppen nahezu komplett online, so finden wir trotz einer Zunahme bei den älteren Nutzergruppen dort noch Nachholbedarf. Die so genannten *Silver Surfer* haben und werden weiter zunehmen, und dennoch bleibt eine große Anzahl an Menschen offline, die mehrheitlich weiblich ist, eine geringe Bildung aufweist und im fortgeschrittenen Alter ist.

Die Attraktivität des Mediums steigt mit der Erhöhung der Bandbreite und der Möglichkeit, immer online zu sein. Die Nutzung des Internets wird sich nach Einschätzung der Konsumenten bei der Informationsbeschaffung auf 90 Prozent erhöhen (vgl. Abbildung 3). Zusätzlich erwarten die Nutzer insbesondere eine deutliche Steigerung der Nutzung von Online-Shopping und Unterhaltungsangeboten. Damit kommt dem Internet als Verkaufs- und Kommunikationskanal eine weiter steigende Bedeutung zu, die das Konsum- und Kommunikationsverhalten nachhaltig prägen wird.

Wie wirken sich die Beschleunigung und Komplexitätszunahme aus?

Digitalisierung und Internetisierung führen auch zu einer *Beschleunigung der Lebenswelt,* zu *Leistungsverdichtung* und *Multi-Tasking-Anforderungen.* Zeit ist eine knappe Ressource, und, forciert durch die Entwicklung des Internets, der mobilen Kommunikation und einer immer besseren Logistik des Individual- und Warentransports, nimmt die Beschleunigung weiter zu. Die Geräte, die Instrumente, die Arbeitsmittel und die Unterhaltungsmedien – sie alle ermöglichen es den Nutzern, immer häufiger mehrere Dinge gleichzeitig zu tun. Auf dem PC-Desktop hat man gleichzeitig mehrere Fenster offen, man fährt im Zug und kann dennoch mit dem Laptop im Internet sein und den telefonischen Anruf zeitgleich mit dem Handy erledigen.

Die Menschen bemühen sich einerseits darum, mit diesen gewachsenen Aufgabenstellungen umzugehen. So ist ein Boom für Zeitsparlösungen zu verzeichnen, wie es beispielsweise das Hörbuch auf CD für das Auto darstellt. Andererseits wächst die *Sehnsucht nach Entschleunigung,* was sich in Trends wie *Wellness* und *Simplify your life* ausdrückt. Kommunikation und Erreichbarkeit werden immer wichtiger, und die Geschwindigkeit wird durch den wachsenden Einsatz der elektronischen Medien immer höher. Die Auswirkungen reichen bis in unseren Alltag. So ist auch das Privatleben unter Zeitdruck, wird an Effizienz- und Rationalisierungskriterien ausgerichtet, ist eingepasst in Arbeitszeiten der Partner, Schulzeiten der Kinder, Öffnungs- und Betriebszeiten der Dienstleistungsinfrastruktur, Frequenzen der Verkehrsmittel, Sendeschemata der Massenmedien, die zusammen mit Terminen, Fristen, Stichtagen und Verfallsdaten eine kleinteilige *Überstrukturierung der Zeit* ergeben.

Die Verstetigung von Aktivitäten in Richtung einer rund um die Uhr aktiven Gesellschaft reduzieren die Verbindlichkeit der bisher „eher heiligen" Zeitinstitutionen Nacht und Wochenende (vgl. Eberling, 2004, S. 5), die sich durch eine wachsende Ausdifferenzierung zwischen individueller Arbeitszeit und Freizeitaktivitäten hochschaukeln wird.

Die Informatisierung und Beschleunigung lassen unser persönliches Umfeld immer komplexer und unübersichtlicher erscheinen. Eine Sehnsucht nach einfachen Erklärungsmustern, Transparenz und ganzheitlichem Verständnis führt zu einer steigenden Nachfrage nach professioneller Beratung in allen Bereichen, sei es im Privat- oder im Berufsleben.

Die Überflutung mit Nachrichten aller Art führt zum *Information Overkill* und folglich zu Desorientierung und Konfusion. Aus dem „*Immermehr*" wird irgendwann Stress und damit eine Bedrohung der Lebensqualität. Die Überflussgesellschaft provoziert die Gegenreaktion, die Erhöhung der Lebensqualität. Da die Grundbedürfnisse befriedigt sind, wird reduziert. So an den eigenen Karriereansprüchen, der Zeit, die die berufliche Ausübung in Anspruch nehmen darf, oder die Beschäftigung mit materiellen Dingen, wie dem Installieren einer neuen Software auf dem Computer. Es kommt mithin zum Gegentrend, der *Entschleunigung*, der die Vorteile der modernen Kommunikationsmöglichkeiten in Frage stellt und die eigenbestimmte Nutzung der Zeit als wesentliches Bedürfnis formuliert. Der demografische Trend unterstützt diese Entwicklung, die einen aufgeklärten Konsumenten prägt, der nicht alles haben muss, sondern vor allem ein Interesse an Angeboten hat, die zur *Steigerung der Lebensqualität* beitragen.

Was bedeutet der demografische Wandel als wichtiger gesellschaftlicher Zukunftsfaktor?

Die zentralen Veränderungen, die mit dem demografischen Wandel einhergehen, sind die *Abnahme der Bevölkerungszahl* und die absolute und prozentuale *Zunahme der Zahl der Älteren*. Die älter werdende Bevölkerung in den westeuropäischen Ländern fordert auch von den Unternehmen, sich besser auf eine kontinuierlich anwachsende ältere Zielgruppe einzustellen, sei es als Zielgruppe für das eigene Angebot oder als Mitarbeiter. Da gleichzeitig der Nachwuchs ausbleibt, verändert sich die für uns so vertraute Bevölkerungspyramide in eine Spindel oder – wie *Ketzer* behauptet – in die Form einer Urne (vgl. Abbildung 4).

In Zahlen ausgedrückt bedeutet dies, das sich der Anteil der über 60-Jährigen in der deutschen Bevölkerung von ca. 21 Prozent im Jahr 2001 auf

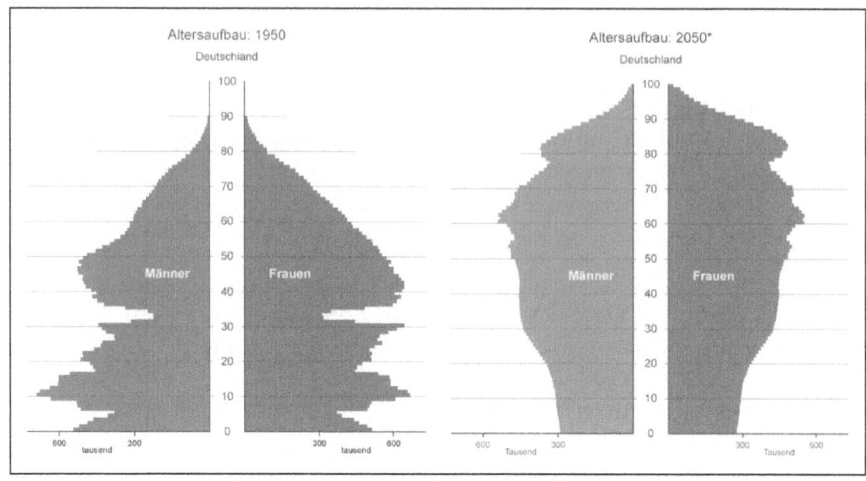

Abbildung 4: Veränderung des Altersaufbaus in Deutschland 1950 bis 2050
(Statistisches Bundesamt, 2003)

ca. 37 Prozent und damit 28 Millionen bis zum Jahr 2050 verdoppeln wird. Die so genannten *Baby Boomer* werden folglich zukünftig den Konsum besonders prägen. Parallel dazu wird der Anteil derer, die jünger als 20 Jahre sind, von 21 Prozent und 17 Millionen auf ca. 16 Prozent und 12 Millionen im Jahr 2050 sinken.

Die enorme Kaufkraft der Gruppe der 45- bis 65-Jährigen verdeutlichen die monatlichen Konsumausgaben dieser Altersgruppe, die mit 2 357 bis 2 494 Euro über dem bundesweiten Durchschnitt liegt (vgl. Abbildung 5).

Die Bevölkerungsentwicklung führt folglich zu einer *Werteverschiebung* und einem veränderten Konsumverhalten. Der Anteil der Konsumausgaben wird steigen, die ein gesünderes, längeres und qualitativ besseres Leben ermöglichen, und dies bedeutet implizit, dass die Märkte für Gesundheitsvorsorge, Wellness, Altersvorsorge sowie altersgerechtes Wohnen und Reisen die kommenden Zukunftsmärkte sind. Diesen Trend bestätigen Untersuchungen, die die Konsumausgaben der Altersgruppe 55plus untersuchen (vgl. Abbildung 6).

Die älteren Menschen sind allerdings keine homogene Gruppe, und im übrigen haben sie die gleichen Bedürfnisse wie jüngere Menschen. Ihre ständig zunehmenden Aktivitäten werden sich auch auf ihr Konsumverhalten ausweiten, wenn relevante Produkte und Dienstleistungen angeboten werden. Das Ausscheiden aus dem aktiven Berufsleben bedeutet nicht

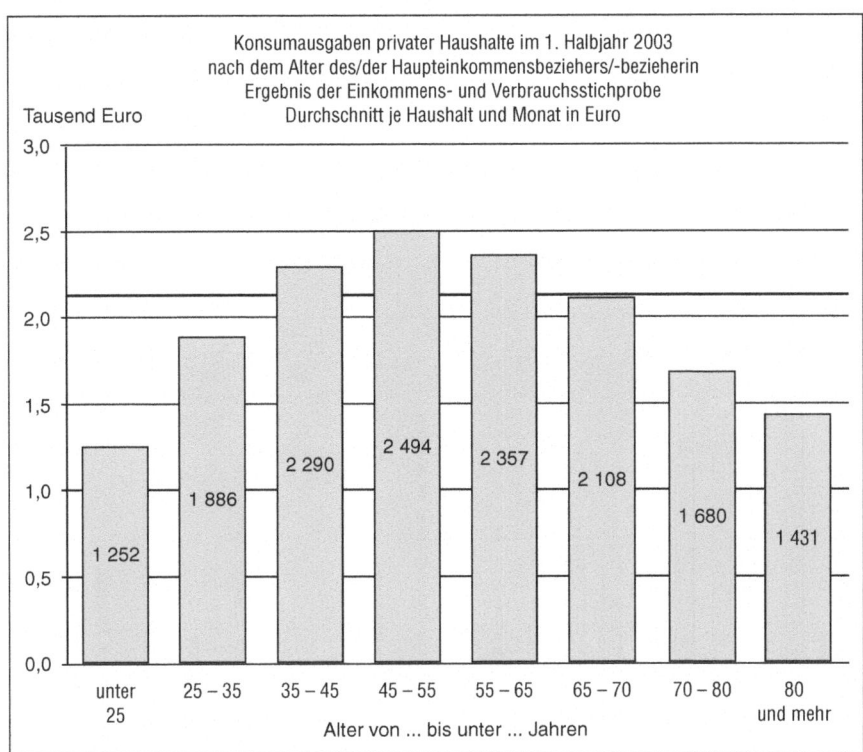

Abbildung 5: Konsumausgaben je Altersgruppe
(IHK Dortmund, 2005, S. 12)

mehr den Wechsel in ein eher passives und von gesundheitlichen Einschränkungen geprägtes Leben im letzten Lebensabschnitt. Die heranwachsenden Senioren unterscheiden sich deutlich von ihren Vorgängern, die sich zum Beispiel durch die wertprägenden Einflüsse der Kriegs- und Nachkriegszeiten sehr sparsam verhielten. Die heutigen Senioren fühlen sich deutlich jünger als ihr kalendarisches Alter, und sie verfügen über Selbstbewusstsein, geistige Frische, Körperbewusstsein und körperliche Fitness, den Wunsch nach Qualität und haben ein ausgeprägtes Interesse und besondere Erwartungen an den dritten Lebensabschnitt.

Die Heterogenität dieser Gruppe wird natürlich durch die psychischen und physischen Fähigkeiten des Einzelnen geprägt, das heißt, das Spektrum an Fähigkeiten, Einschränkungen und Bedürfnissen wird größer. Erste Versuche, Typologien zu erstellen, unterscheiden passive und damit eher *vergangenheitsorientierte Ältere* von den so genannten *Interessierten*,

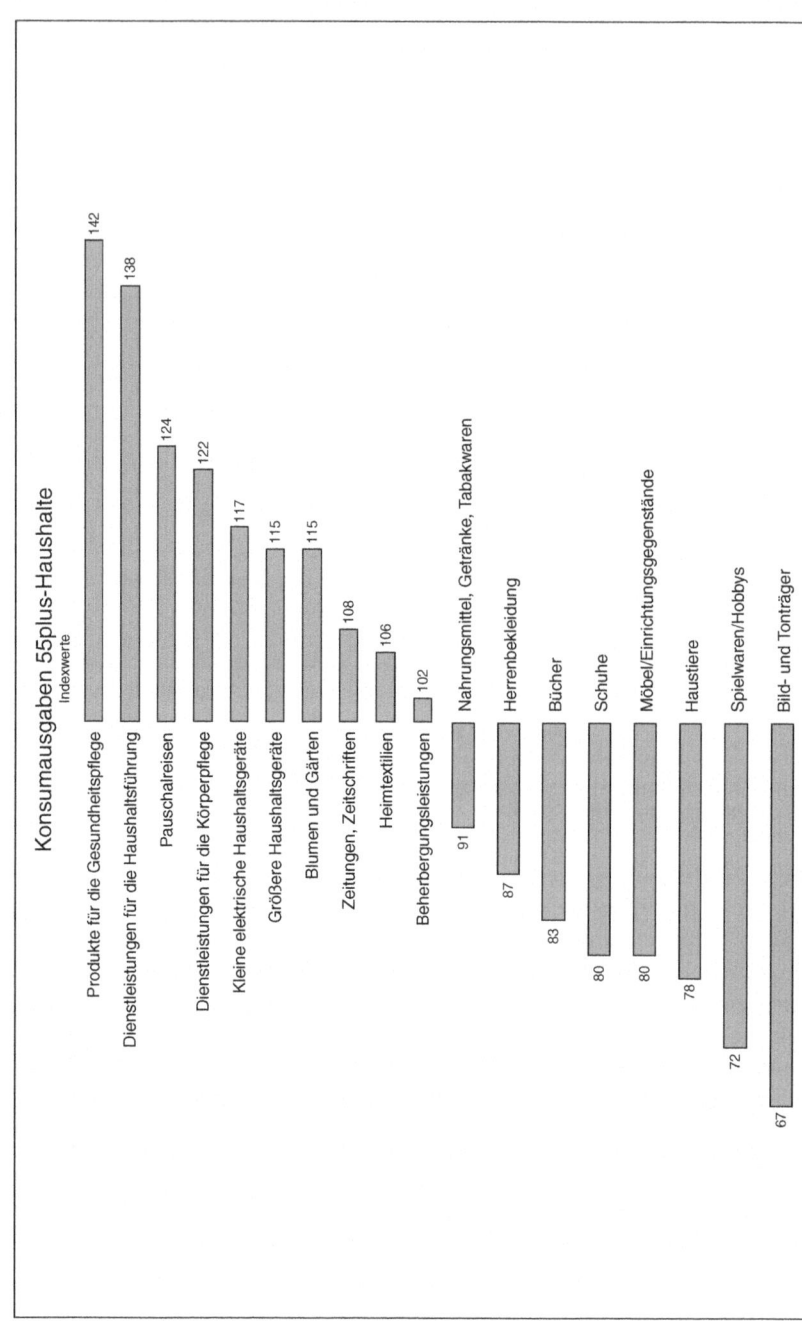

Konsumausgaben 55plus-Haushalte
Indexwerte

Produkte für die Gesundheitspflege	142
Dienstleistungen für die Haushaltsführung	138
Pauschalreisen	124
Dienstleistungen für die Körperpflege	122
Kleine elektrische Haushaltsgeräte	117
Größere Haushaltsgeräte	115
Blumen und Gärten	115
Zeitungen, Zeitschriften	108
Heimtextilien	106
Beherbergungsleistungen	102
Nahrungsmittel, Getränke, Tabakwaren	91
Herrenbekleidung	87
Bücher	83
Schuhe	80
Möbel/Einrichtungsgegenstände	80
Haustiere	78
Spielwaren/Hobbys	72
Bild- und Tonträger	67

Abbildung 6: Konsumausgaben 55plus
(BAGSO, 2005)

die die neu gewonnene Freiheit genießen, und einer weiteren Gruppe der *Erlebnisorientierten*. In jedem Fall wird das regere Konsumverhalten der Älteren Auswirkungen auf die Angebotsschwerpunkte haben; die gemeinsamen Bedürfnisse und Ansprüche der Älteren stellen spezifische Anforderungen an die Produkte und die Kommunikation. So wird in der Regel ein höheres Maß an Nutzungskomfort, Sicherheit, Zuverlässigkeit und allgemeiner Produktqualität gefordert. Hier bekommt die Marke als Garant für diese Eigenschaften eine große Bedeutung. Kaufentscheidungen werden dabei weniger spontan, sondern nach eingehender Information und Abwägung getroffen. Dabei sind Empfehlungen aus dem Verwandten- und Bekanntenkreis oft der wichtigste Auslöser (s. S. 149ff.). Neue Technologien sind dann vermittelbar, wenn sie einfach zu bedienen sind. Der Service, beispielsweise die Beratung vor und während des Kaufes, sowie die Problembehebung bei der Nutzung von Produkten, sind für den älteren Konsumenten von besonderer Bedeutung. Um einige Beispiele zu nennen:

- *Internet*
  Die Nutzung des Internets hat gerade in der Gruppe der Älteren stärker zugenommen als in der Gesamtbevölkerung. Dennoch ist diese Gruppe gespalten, da sich die eine Hälfte hartnäckig gegen technische Neuerungen wehrt. Hier sind neben der bedürfnisgerechten Gestaltung von Hard- und Software auch der klare und übersichtliche Aufbau der Homepages wichtige Erfolgsfaktoren, um diese attraktive Zielgruppe auch über dieses Medium zu erreichen.

- *Technik*
  Ergonomische Bedienung und verständliche Anleitungen sind gefordert, um dem Wunsch nach leicht versteh- und bedienbarer Technik zu folgen. Ältere Konsumenten legen keinen Wert auf modischen Schnickschnack. Die im Alter abnehmenden sensorischen und motorischen Fähigkeiten erfordern zum Beispiel besser lesbare Displays und größere Tasten bei Mobiltelefonen – Anforderungen, die inzwischen von Herstellern umgesetzt worden sind.

- *Verpackungen*
  Hier führen die gleichen Einschränkungen dazu, dass beispielsweise ein Haltbarkeitsdatum schlecht gelesen werden kann, sich die Verpackung nur schwer öffnen lässt und die Informationen auf der Verpackung zu dürftig und zu klein ausfallen.

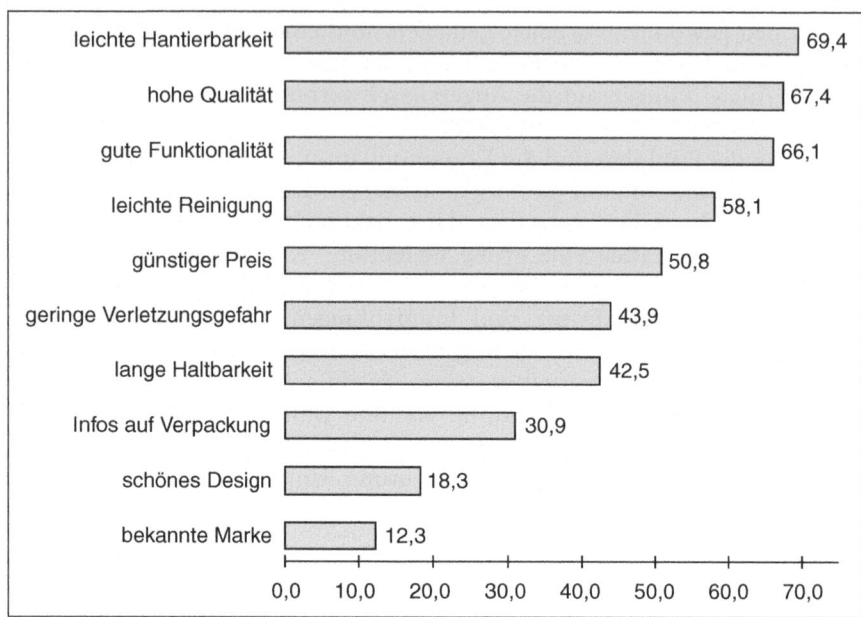

leichte Hantierbarkeit	69,4
hohe Qualität	67,4
gute Funktionalität	66,1
leichte Reinigung	58,1
günstiger Preis	50,8
geringe Verletzungsgefahr	43,9
lange Haltbarkeit	42,5
Infos auf Verpackung	30,9
schönes Design	18,3
bekannte Marke	12,3

0,0   10,0   20,0   30,0   40,0   50,0   60,0   70,0

Abbildung 7: Worauf Senioren beim Kauf von Haushaltsgegenständen achten
(Baier/Lichtenberg, 2004)

Bei einer Befragung der *Bundesarbeitsgemeinschaft der Senioren-Organisationen* (BAGSO) im Jahr 2003 wurde ermittelt, worauf Senioren beim Kauf von Haushaltsgegenständen Wert legen (vgl. Abbildung 7).

Produkte und Dienstleistungen, die sich an den Anforderungen der *Generation 50plus* orientieren, sind noch selten. Immerhin halten es 85 Prozent der in einer Untersuchung befragten Unternehmen für wichtig, ihr Angebot nach demografischen Gesichtspunkten auszurichten. Aber nur 29 Prozent haben dafür bereits konkrete Ideen (vgl. Gassmann/Reepmeyer, 2006, S. 29f.). Dabei zeigt Abbildung 8, wie groß das Potenzial für Innovationen ist, insbesondere für Branchen, die in hohem Maße älteren Menschen Angebote unterbreiten.

Dort, wo technologische Entwicklungen wie die Sensortechnik auf zielgruppenspezifische Bedürfnisse der Älteren treffen, ergeben sich viele Felder für Innovation und Wachstum; das besonders ausgeprägte Bedürfnis nach Selbstständigkeit erfordert Produkte, die auch alltagstauglich für die ältere Generation sind. Das Zusammenkommen von Kundenbedürfnissen und Technologien ist beispielsweise in den Innovationsfeldern Telemedi-

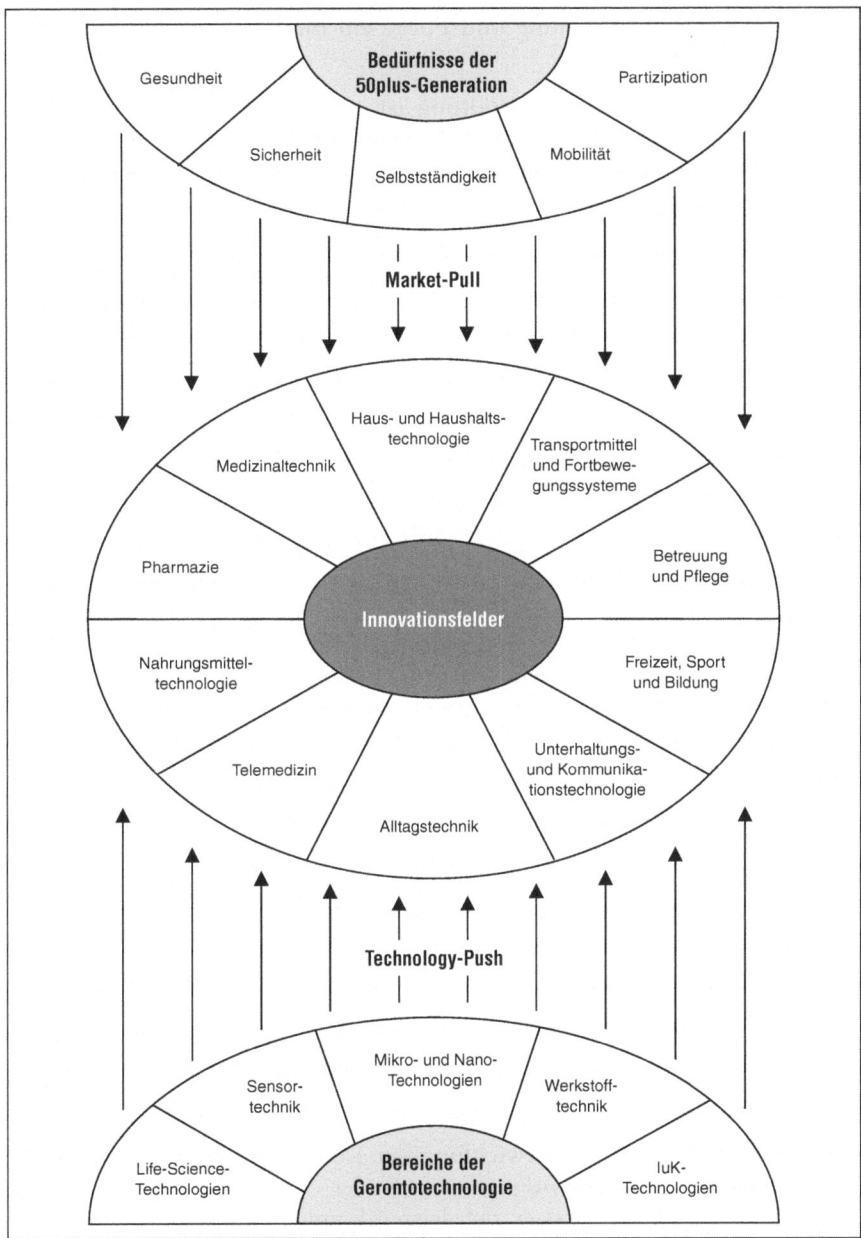

Abbildung 8: Innovationspotenzial 50plus
(nach Gassmann/Reepmeyer, 2006)

zin, Alltagstechnik, Betreuung und Pflege ein Indikator für ein hohes Innovationspotenzial.

Nach der richtigen Produktgestaltung ist ein auch *zielgruppengerechtes Marketing* notwendig. Neben einer frühen Einbeziehung von Senioren in der Testphase ist es wichtig, in der Kommunikation keine Stigmatisierung zu betreiben, sondern durch eine am Produktnutzen orientierte Ausrichtung Sonderansprachen zu vermeiden. Eine Kommunikation, die die jüngeren und älteren Zielgruppen übergreifend anspricht, ist dabei genauso denkbar, wie ein zielgruppenspezifische Ansprache, die einfach und strukturiert ist und die Nutzenorientierung dieser Kundengruppe berücksichtigt.

Wer kommt nach dem Schnäppchenjäger?

Die Tatsache, dass unsere Konsummärkte bereits stark differenziert und gesättigt sind und viele Konsumenten trotz der Preiskämpfe der vergangenen Jahre scheinbar die Lust am Kaufen verloren haben, macht es notwendig, Kundenbedürfnisse und daraus abgeleitetes Konsumverhalten besser und genauer zu verstehen. Betrachtet man beispielsweise die Ausstattung der Haushalte in Deutschland mit technischen Produkten (Telefon, Videorecorder, PC), so lässt die Sättigung in dieser Produktkategorie nur noch wenig oder gar keinen Raum mehr für Wachstum.

Mittelfristig wird es laut dem *Deutschland-Report* von *Prognos* zu einigen strukturellen Veränderungen des privaten Konsums kommen. So wird tendenziell der Anteil der Ausgaben für Bildung, Freizeitgestaltung, Gesundheitspflege und Vorsorge an den gesamten Konsumausgaben steigen, während die Anteile für Bekleidung wie für Nahrungs- und Genussmittel eher sinken. Der Handel erwartet für die nächsten 15 Jahre ein überdurchschnittliches Wachstum insbesondere in den durch Dienstleistungen geprägten Bereichen, wie etwa bei Telekommunikation, Finanzdienstleistungen und Gesundheitspflege (vgl. Abbildung 9; weiterführend s. S. 36ff.).

Eine kurze geschichtliche Entwicklung der Konsumtypen (vgl. Abbildung 10) beginnt mit dem *Normkonsumenten* der 50er und 60er Jahre, der kaufte, was es gab und was er sich leisten konnte. Der *erratische Konsument* suchte nach Alternativen und begann untreu zu werden. Der *multioptionale Konsument* kaufte nicht nach seiner Zugehörigkeit zu einer

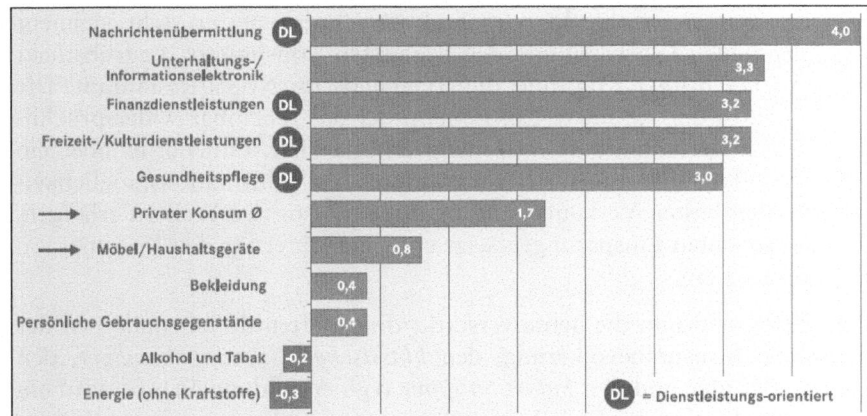

Abbildung 9: Konsumschwerpunkte der Zukunft (in Prozent)
(Eggert, 2006; Quelle: Prognos Deutschland Report 2002-2020; Frankfurter Allgemeine Sonntagszeitung, 24.11.2002, Nr. 47)

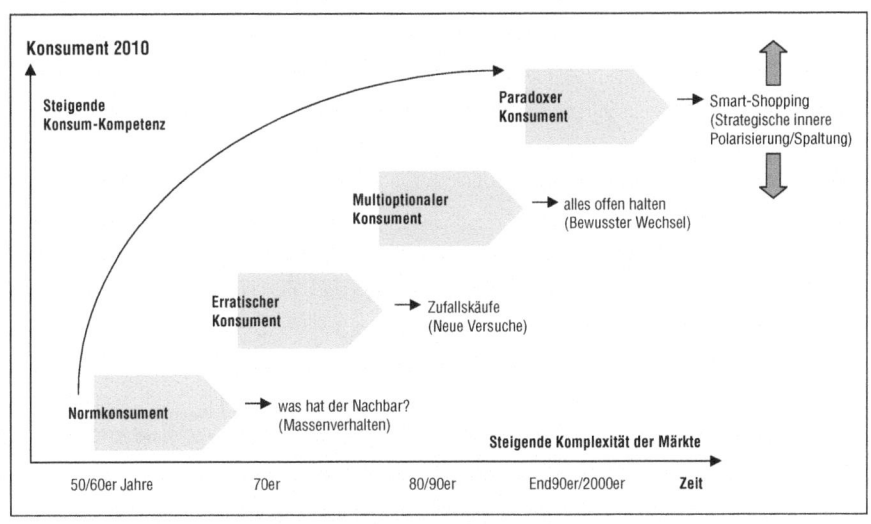

Abbildung 10: Entwicklung verschiedener Konsumtypen
(vgl. Eggert, 2006)

Schicht, Klasse, Geschlecht oder Einkommensgruppe; er steht vielmehr für einen neuen Lebensstil und den bewussten Konsummix. Er frühstückt morgens bei *Burger King* und diniert abends im Nobel-Restaurant. Die Steigerung ist der *paradoxe Konsument*, der das scheinbar widersprüchliche Konsumverhalten zum Stilprinzip erhoben hat. Obwohl er über ein ausreichendes Einkommen verfügt, nutzt er alle Informationsmöglichkeiten, um den besten Verkaufskanal und den günstigsten Preis zu erlangen. Die so erreichten Einsparungen setzt er zielgerichtet für den Konsum von Luxusgütern ein.

Betrachtet man nun die heute verstärkt diskutierten drei Grundtypen der deutschen Konsumbevölkerung, den *klassischen Schnäppchenjäger*, den *Qualitätskäufer* und den *Smart Shopper* (vgl. Abbildung 11), so wird ein deutlicher Anstieg des Preis-Leistungs-orientierten Konsumenten, also des *Smart Shoppers* erwartet (vgl. Eggert, 2006). Dabei ist unklar, wie stark

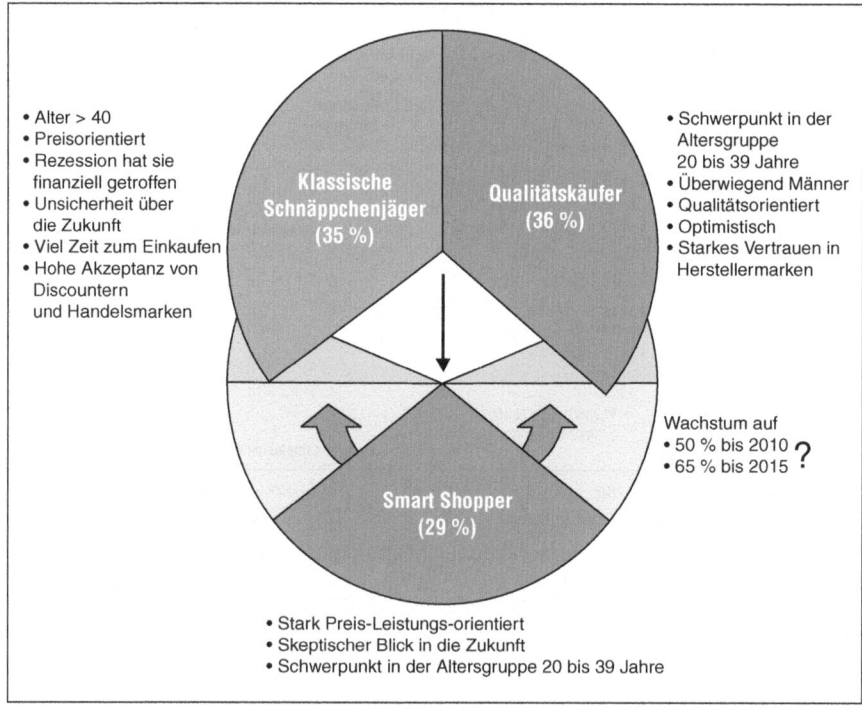

Abbildung 11: Grundtypen der Konsumbevölkerung (vgl. Eggert, 2006)

die Zunahme dieses Konsumententyps ausfallen wird und besonders, zu welchen Lasten diese erfolgen wird (vgl. zu Handlungskonzepten S. 66ff.).

Trend- und Zukunftsforscher differenzieren noch weiter und orientieren sich an vielfältigen *Zukunftsfaktoren*. Eine Aufzählung der aktuell diskutierten Trends (vgl. Huber, 2006) macht deutlich, dass die Zuordnung zu homogenen Zielgruppen nicht mehr eindeutig vorgenommen werden kann, weil sich die nachfolgenden Entwicklungen auch in ein und derselben Person überlagern:

- Gesundheits- und Wellness-Orientierung
- Erlebnistrend
- Convenience-Orientierung
- Individualisierung
- Qualitäts-Orientierung
- Discount-Orientierung
- Instant-Mentalität
- Spaß-Orientierung

Diese Aufzählung ist noch nicht vollständig. Werden folglich die Veränderungen im Freizeitverhalten, das gestiegene Ernährungsbewusstsein, das Konsumerlebnis an sich, die Fokussierung auf Bequemlichkeit oder der zunehmende Wunsch nach Differenzierung und Selbstverwirklichung dominierende Faktoren eines neuen Käufertypus sein? Die Individualisierung, die sich beispielsweise im Trend zum Singlehaushalt und den steigenden Scheidungsraten ausdrückt, führt im Konsumverhalten zum so genannten *hybriden* Konsumenten und im übrigen auch zu einer geringeren Bindungskraft von generellen Modetrends. Um einen individuellen Lebensstil zu pflegen, der aufgrund der für die meisten zutreffenden Einkommensrestriktionen nicht umfassend ausgelebt werden kann, wird über alle Produktkategorien selektiv konsumiert. So leistet man sich einen aufwändigen und erlebnisreichen Urlaub, schränkt dafür aber die Ausgaben beim Bekleidungskauf ein; dabei führt die partielle Fokussierung auf den Grundnutzen auch zum selektiven Kaufen. Man kann Bekleidung genauso gut bei *Aldi* oder *Tchibo* erwerben, da die dort angebotenen Produkte einen hohen Nutzenwert und gute Qualität besitzen. Dieser Wechsel zwischen Luxuskauf und Konsumzurückhaltung führt teilweise zu einem höheren Anspruchsniveau der Kunden und erfordert eine differenzierte Auseinandersetzung mit dem Kunden und seiner Typologie (vgl. zu einer Antwort darauf S. 110ff.).

Auf der Suche nach emotionalen Anregungen tritt der primäre Nutzen von Produkten immer stärker in den Hintergrund. Erleben und Spaß beziehen sich dabei nicht ausschließlich auf das Produkt, sondern auch auf den Kaufvorgang. Den *emotionalen Mehrwert,* den der Konsument sucht, kann also in den gestiegenen Ansprüchen an das Produktdesign, aber auch den begleitenden Kundenservice und damit einer besseren Kundenorientierung verstanden werden.

Die durch das Internet gestiegene Transparenz der Märkte unterstützt ein *smartes Konsumverhalten.* Die bessere Information und gestiegene Kompetenz des Konsumenten führt ebenfalls zu ständig steigenden Ansprüchen und einer erhöhten Preissensibilität. Auch wenn technische Unterstützung bei der Informationssuche oder dem Kaufvorgang Tätigkeiten auf den Konsumenten verlagern, ist der Bedarf an *persönlicher und kompetenter Beratung,* die individuell und authentisch ist, gestiegen.

Der kompetente Konsument sucht sich seinen individuellen Konsumweg und baut dabei auch auf die verbreitete Erkenntnis, dass No-Name-Produkte aus den Fabriken der Markenhersteller kommen. Dieses Wissen fördert die *Discount-Mentalität* und das *hybride Einkaufsverhalten* auch in den gehobenen Einkommensschichten. Jüngste Untersuchungen des Marktforschungsunternehmens AC Nielsen (2006) belegen den anhaltenden Siegeszug der Discounter. Sie stellen aber auch fest, das junge Singles und Paare weniger an Schnäppchen interessiert sind und wieder mehr Wert auf Service und Bequemlichkeit legen. Die *Studie MarkenProfile11* des *Stern,* die das Konsumverhalten und die Markenpräferenzen im Jahr 2005 untersuchte, stellt fest, dass es ein *Umdenken zu mehr Qualitätsorientierung* bei den Verbrauchern gibt und beispielsweise bei Gütern des täglichen Bedarfs die reinen Preiskäufer nur noch in geringem Maße zugenommen haben. Bei technischen Produkten, wie Computern, Mobiltelefonen, Foto- und Videokameras sowie Unterhaltungselektronik, ist entgegen der Erhebung von 2003 ein Trend zum *Smart Shopping* zu erkennen. Eine deutliche Zunahme der Qualitäts- und Markenkäufer ist beim *demonstrativen Konsum,* also bei Möbeln, Bekleidung und Schuhen, gemessen worden.

Die kurzfristigen Trends wie die mittelfristigen Prognosen ergeben in Summe eines: Die Kunden von morgen werden anspruchsvoller sein, sie haben aus den zum Teil schlechten Erfahrungen mit Billigprodukten gelernt und suchen Nachhaltigkeit. Sie setzen Qualität in Beziehung zum Preis und sind bereit, selektiv in verschiedenen Preis- und Qualitätssegmenten zu kaufen. Es wird auch weiterhin den Wechsel zwischen Discount und Fachhandel geben, was sich branchenübergreifend beobachten lässt. Zukünftig wird die Qualität des Produktes, seine Funktionalität und Zuverlässigkeit, aber auch die Erfahrung und das Erlebnis des Kaufprozesses gleichermaßen wichtig.

Literatur

ACNielsen (2006), Discounter im Basisgeschäft weiter erfolgreich, Pressemitteilung, Frankfurt, 26.7.2006

BAGSO – Bundesarbeitsgemeinschaft der Senioren-Organisationen (2005), Publikation Nr. 14, 2005, www.bagso.de/publikationen.html

Baier, E./Lichtenberg, W. (2004), Nutzergerecht – Eine selbstverständliche Anforderung an den Hersteller?, in: Nutzergerechte Produkte & Dienstleistungen – Service für Ältere? Dokumentationen von zwei Workshops, Bonn 2004

Eberling, M. (2004), Nonstop-Gesellschaft, in: Heitkötter, M./Schneider, M. (2004, Hrsg.), Zeitpolitisches Glossar, München 2004

Eggert, U. (2006), Zukunft Handel – Handel der Zukunft, Vortrag an der Fachhochschule für Wirtschaft Berlin, Berlin, 8.2.2006

Gassmann, D./Reepmeyer, G. (2006), Wachstumsmarkt Alter – Innovationen für die Zielgruppe 50+, München/Wien 2006

Huber, T. (2002), Consumer Trends 2005 – 17 Konsumententrends für das Zukunftsmarketing, www.zukunftsinstitut.de

Industrie- und Handelskammer zu Dortmund (IHK, 2005), Leitfaden: „Marketing im Handel für die Generation 50+", Juli 2005, www.dortmund.ihk.de

Langheinrich, M./Mattern, F. (2003), Digitalisierung des Alltags, in: Aus Politik und Zeitgeschichte, B42/2003

Mićić, P. (2006), Das ZukunftsRadar – Die wichtigsten Trends, Technologien und Themen für die Zukunft, Offenbach 2006

o.V. (19.7.2006), Siegeszug der Discounter, in: Süddeutsche Zeitung, 19.7.2006, S. 19

Statistisches Bundesamt (2003), www.destatis.de/basis/d/bevoe/bevoegra2.htm

stern (2005), Studie Markenprofile 11, Hamburg, 5.10.2005, www.guj.media.de

Wirtz, B./Burda, H./Beaujan, R. (2006), Deutschland online 3, www.studie-deutschland-online.de

Wolfgang Hartmann

Schlüssel 1: Marketing nach innen – Das ungenutzte Erfolgspotenzial

Warum ein „Marketing nach innen" heute so wichtig ist!

In vier unterschiedlichen Feldern kann jedes Unternehmen, das Marketing Excellence anstrebt, heute feststellen, welche Bedeutung dem Thema „Marketing nach innen" zuzumessen ist. Hierzu zählen neben der „wahrgenommenen Service-Qualität aus Kundensicht" und dem „Engagement der Mitarbeiter" auch die „Dominanz des Dienstleistungsanteils" und die „Verschiebung im internationalen Wettbewerb" (vgl. Abbildung 12). Diese vier Treiber des Marketing nach innen werden nachfolgend kritisch beleuchtet.

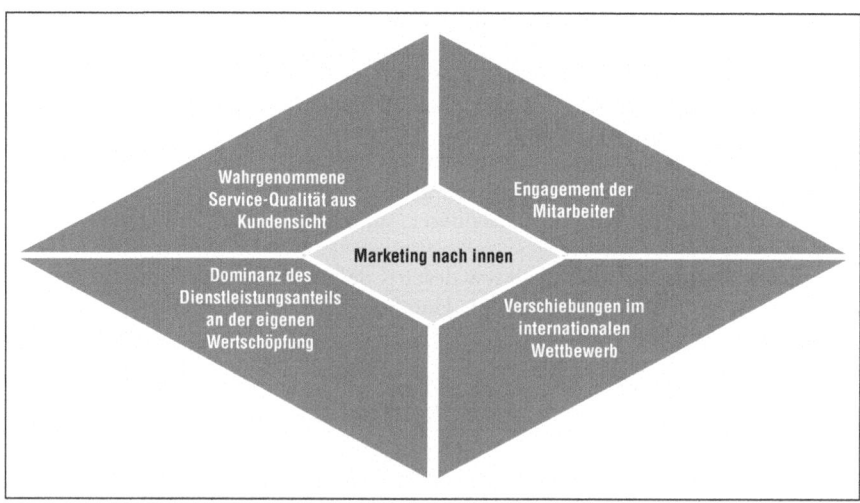

Abbildung 12: Treiber des „Marketing nach innen"
(eigene Abbildung)

Woran der Kunde merkt, ob das „Marketing nach innen" funktioniert

Per E-Mail wurde ich vom *dba*-Service Center darüber informiert, dass die Abflugtermine meiner gebuchten Flüge von Köln/Bonn nach Berlin am 3. Januar von 19.50 Uhr auf 18.40 Uhr wie auch der entsprechende Rückflug vorverlegt seien. Verbunden mit dem Hinweis „Sollten diese Zeiten nicht in Ihre Terminplanung passen, so rufen Sie uns bitte unter 01805-359 322 (0,12 Euro pro Minute) (!!!!, Anmerkung des Verf.) an." Als ich zur angegebenen Stunde in Köln/Bonn einchecken wollte, hieß es am Counter lapidar: „Der Flug geht jetzt doch erst um 19.50 Uhr." Meine Frage, warum ich über diese Rückänderung nicht ebenfalls per E-Mail informiert wurde, beantwortete man mit Achselzucken. Auf meine Frage, wo ich mich beschweren könne, wurde ich auf den *dba*-Ticketschalter gegenüber verwiesen.

Die Dame, bei der ich meine Reklamation vorbrachte, war sichtlich gelangweilt. Ich solle mich dort beschweren, wo ich gebucht hätte. Da *dba*-Flüge klassischerweise im Internet gebucht werden, so auch von mir, war dieser Tipp nicht wirklich hilfreich! Um meinen Unmut zu kanalisieren, drückte sie mir einen krumm und schief geschnittenen Zettel in die Hand (Abbildung 13). Und schon im Weggehen rief mir die Dame noch

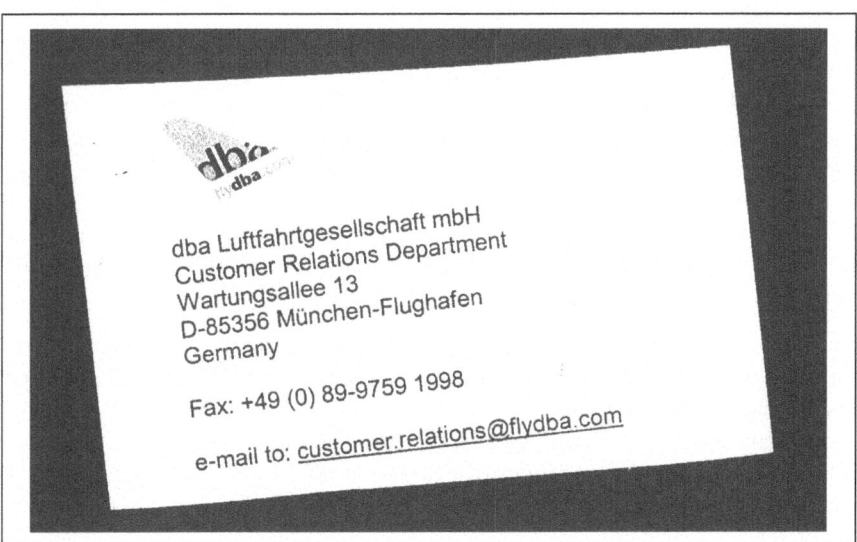

Abbildung 13: Beschwerdemanagement à la *dba* im Januar 2006
(eigene Abbildung)

hinterher: „Und was habe *ich* damit zu schaffen? Dafür sind doch andere verantwortlich!"

Meine mit höchster Priorität versehene E-Mail-Anfrage an das „Customer Relations Department der *dba*", ob denn mein Rückflug jetzt auch zum ursprünglichen Termin stattfände, wurde nie beantwortet. Ein echtes Highlight in Sachen Kundenorientierung und Service-Qualität!

Rechtfertigt allein die Ansiedlung im Low-Cost-Sektor diese Service-Qualität? Sicherlich nicht, wie eine Kundin in der *Douglas*-Filiale in Berlin erlebte. Nicht im Edel-Outfit war die junge Dame in der Parfümerie unterwegs und ließ sich von einer scheinbar freundlichen Dame beraten, bis diese die ernst gemeinte Frage stellte: „Können Sie sich diese Preise überhaupt leisten?"

Eine Kassiererin beim *dm-Markt* wurde von einer Kundin besorgt angesprochen, ob beim Einsatz der *Payback*-Karte nicht zu viele Daten gewonnen würden, die unter Umständen missbraucht werden könnten ... und wurde in ihren Ängsten von der Kassiererin bestärkt, die sich aufgrund ihrer eigenen Unsicherheiten auch nicht für eine *Payback*-Teilnahme entschieden hatte.

Ein Kunde hat von seinem PC-Lieferanten ein interessantes Angebot per E-Mail zugeleitet gekommen. Interessiert wendet er sich an die angegebene Telefonnummer, um weitere Informationen über das ausgelobte Produkt zu erhalten. Im Call Center wird er freundlich begrüßt, doch über das versandte Mailing ist man augenscheinlich nicht informiert. Die hilflos anmutende Aussage, „können Sie mir das Anschreiben bitte einmal vorlesen", macht deutlich, dass zentrale Informationen, die für eine ganzheitliche und in sich schlüssige Kundenbetreuung notwendig sind, innerhalb der eigenen Organisation nicht bei allen relevanten Kontaktpunkten des Kunden – heute liebevoll *Customer Touch Points* genannt – angekommen sind.

Eines sei hier deutlich gesagt: Mir geht es bei diesen Beispielen nicht primär um die „Schuld" einzelner Mitarbeiter. Die zentrale Frage ist, ob hier das Management seine Aufgaben wahrgenommen hat, eine zielorientierte und offene Kommunikation *innerhalb* des Unternehmens sicherzustellen. Was allerdings an der „Kundenfront" ankommt, ist – wie diese Beispiele zeigen – häufig nicht sehr zielführend und auch alles andere als kundenorientiert.

Woran das Unternehmen merkt, ob das „Marketing nach innen" funktioniert

87 Prozent der knapp 32 Millionen Arbeitnehmer in Deutschland verspüren *keine echte Verpflichtung* gegenüber ihrer Arbeit. *69 Prozent* machen lediglich *Dienst nach Vorschrift* und *18 Prozent* haben ihre *innere Kündigung* bereits vollzogen (vgl. hierzu und im Folgenden Gallup, 2005). Damit erreicht der Anteil der Beschäftigten mit einer geringen oder keiner emotionalen Bindung an ihren Beruf ein erschreckend hohes Niveau (vgl. Abbildung 14). Interessant ist, dass es dabei zwischen den alten und neuen Bundesländern keine erkennbaren Unterschiede gibt. Der Anteil der Arbeitnehmer in Deutschland, die eine *hohe emotionale Bindung* an ihre berufliche Aufgabe bzw. zum Arbeitsumfeld aufweisen, liegt mit *13 Prozent* im Vergleich zum restlichen deutschsprachigen Raum (Schweiz 22 Prozent und Österreich 19 Prozent) und sogar gegenüber den USA mit 29 Prozent (Stand 2004) weit abgeschlagen (Gallup, 2005).

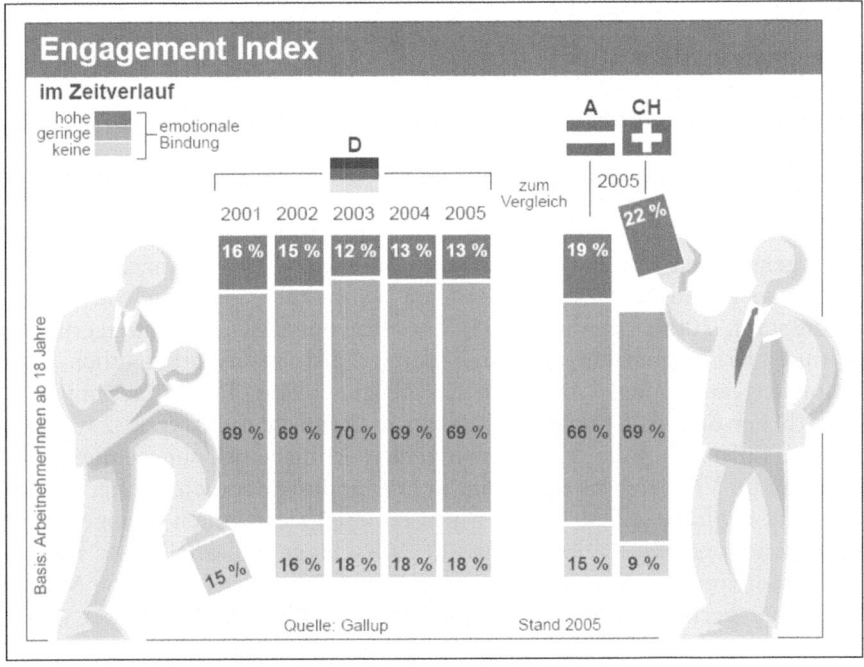

Abbildung 14: Entwicklung des Engagement Index von Gallup
(Gallup, 2005)

Warum ein „Marketing nach innen" heute so wichtig ist! **39**

Vergleicht man die Ergebnisse von Gallup aus den Jahren 2001 bis 2005, dann wird deutlich, dass es sich nicht um ein temporäres Problem, sondern um einen bereits seit langer Zeit laufenden Prozess handelt. Die Zahlen über den Abschied in die innere Emigration halten sich seit Jahren langsam steigend auf einem beängstigend hohen Niveau – und das trotz schwieriger wirtschaftlicher Lage.

Anscheinend interessierte sich aber niemand für diese Ergebnisse, denn nach keiner der in den letzten Jahren von *Gallup* veröffentlichten Studien ging ein Aufschrei durch Deutschland, dass sich hier etwas tun müsse. Erkenntnisse über das Ausmaß der inneren Kündigung werden anscheinend als gegeben hingenommen. Denn welchen strategischen Fokus setzen Unternehmen heute?

Aus dem Handelsblatt Business-Monitor International 2006, einer Umfrage unter 1 212 Führungskräften in Deutschland, Österreich, der Schweiz, in Frankreich, Italien und Großbritannien gehen folgende strategische Schwerpunktsetzungen der Unternehmen für 2006 und die Folgejahre hervor (Droege & Comp., 2005, S. 18; Fröndorff, 2006, S. 18):

- weiteres Investment in Wachstum
- Kostensenkung
- Neuorganisation

Ob dieser Fokus immer richtig gesetzt ist, muss bezweifelt werden. Denn die von *Gallup* gewonnenen Erkenntnisse bedeuten nichts anderes, als dass es auf breiter Front zum Bruch des „psychologischen Arbeitsvertrages" gekommen ist, der die unausgesprochenen Erwartungshaltungen, Hoffnungen und Wünsche der Parteien beinhaltet (vgl. vertiefend Brinkmann/Stapf, 2005; Gössing, 2005). Das Ergebnis ist eine Verweigerungshaltung der Mitarbeiter, wodurch deren Leistungsniveau deutlich und nachhaltig unter dem vorhandenen Potenzial bleibt. Dessen gesamtwirtschaftlicher Schaden beläuft sich allein in Deutschland auf ca. 250 Milliarden Euro pro Jahr. Zum einen fehlen Mitarbeiter ohne emotionale Bindung im Vergleich zu denen mit hoher Bindung deutlich häufiger (acht zu sechs *Fehltage*). Zum anderen präsentieren sie deutlich weniger *Verbesserungsvorschläge* (fünf zu zwölf Vorschläge innerhalb der letzten sechs Monate). Auch bei der *Mund-zu-Mund-Propaganda* sind die Mitarbeiter mit geringer emotionaler Bindung deutlich zurückhaltender (Gallup, 2005; vgl. Abbildung 15).

Wenn Unternehmen eine Neuorganisation anstreben, mit der nachhaltiges und profitables Wachstum erreicht werden soll, dann darf ein wichtiger

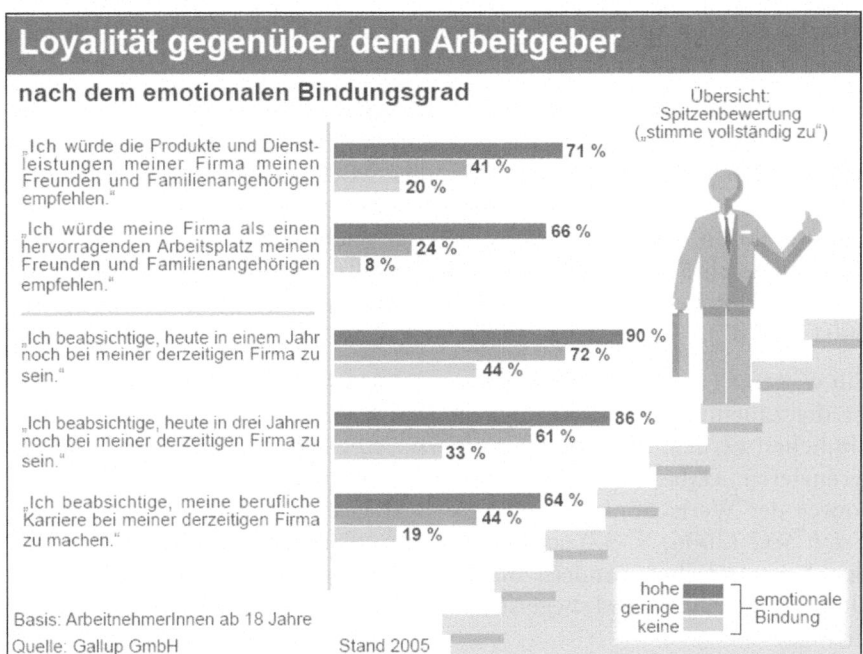

Loyalität gegenüber dem Arbeitgeber

nach dem emotionalen Bindungsgrad

Übersicht:
Spitzenbewertung
(„stimme vollständig zu")

„Ich würde die Produkte und Dienstleistungen meiner Firma meinen
Freunden und Familienangehörigen
empfehlen." — 71 % / 41 % / 20 %

„Ich würde meine Firma als einen
hervorragenden Arbeitsplatz meinen
Freunden und Familienangehörigen
empfehlen." — 66 % / 24 % / 8 %

„Ich beabsichtige, heute in einem Jahr
noch bei meiner derzeitigen Firma zu
sein." — 90 % / 72 % / 44 %

„Ich beabsichtige, heute in drei Jahren
noch bei meiner derzeitigen Firma zu
sein." — 86 % / 61 % / 33 %

„Ich beabsichtige, meine berufliche
Karriere bei meiner derzeitigen Firma
zu machen." — 64 % / 44 % / 19 %

hohe / geringe / keine — emotionale Bindung

Basis: ArbeitnehmerInnen ab 18 Jahre
Quelle: Gallup GmbH   Stand 2005

Abbildung 15: Loyalität gegenüber dem Arbeitgeber
(Gallup, 2005)

Erfolgsfaktor, nämlich die Mitarbeiter, nicht länger vernachlässigt werden. Diese müssen nicht nur die Neuorganisation mit Leben füllen, sondern werden aufgrund der zunehmenden Bedeutung von Dienstleistungen
einen immer größeren Anteil an der Unternehmenswertschöpfung erbrin-
gen.

Wachsende Bedeutung der Dienstleistungen

Ein weiterer Aspekt ist bei der Orientierung nach innen zu berücksichtigen. Die etablierten Industrienationen entwickeln sich immer stärker zu
Dienstleistungsgesellschaften. Diese Tendenz hat im Jahr 2006 in
Deutschland einen neuen Höhepunkt erreicht: 71,9 Prozent aller Erwerbs-
tätigen sind im Dienstleistungssektor beschäftigt; noch 1991 waren dort
bei ungefähr gleich hoher Erwerbstätigenzahl nur 59,5 Prozent tätig
(o.V., 3.1.2006, S. 4). Das heißt nichts anderes, als dass der Mitarbeiter
als zentrale Ressource im Unternehmen eine immer größere Bedeutung er-

langt, weil er in den *Wertschöpfungsprozess am Kunden* viel intensiver eingebunden ist.

Was heißt das konkret? Wodurch wird das Image eines Unternehmens heute vielfach schon am stärksten beeinflusst? Im Handel wird das Unternehmensimage zu 60 Prozent von den Mitarbeitern geprägt (Merkle, 2005). Gerade bei Dienstleistungen entsteht Qualität im Prozess der Kundeninteraktion, womit Möglichkeiten zur nachträglichen Fehlerbehebung stark eingeschränkt sind, weil gegebenenfalls notwendige Nachbesserungen in der Regel für den Kunden unmittelbar erlebbar werden (Bruhn, 2001, S. 707).

Ein weiterer Faktor, der die Relevanz des Marketing nach innen verstärkt, ist die zunehmende Notwendigkeit, sich bei Angeboten, die sich immer ähnlicher werden, über die *Dienstleistungsqualität* im Wettbewerb zu differenzieren. Dabei wird der Mitarbeiter automatisch zur zentralen Ressource der Wertschöpfung und zum strategischen Erfolgsfaktor. Wie hat *Erich Sixt* (2006, S. 37) so treffend formuliert: „Der Kunde sieht nicht den Vorstandschef, sondern die Damen und Herren an den Countern. Deren Motivation und Begeisterungsfähigkeit ist entscheidend für den Erfolg."

Herausforderungen, die sich aus dem internationalen Wettbewerb ergeben

Eine zusätzliche Notwendigkeit, sich mit der strategischen Ressource Mitarbeiter umfassender zu beschäftigen, resultiert aus der *Globalisierung.* Analysiert man das globale Umfeld, in dem deutsche Unternehmen heute aktiv sind, dann lässt sich ein Split hinsichtlich der *Lerndynamik* zwischen den Nationen feststellen. Während noch in den 90er Jahren Bücher wie *Peter Senges „The Fifth Discipline"* (1990) das lernende Unternehmen erfolgreich propagierte, findet sich das *organisationale Lernen* heute immer weniger auf den Agenden der Unternehmen. Das *Management des Abschwungs* verbunden mit *Kostensenkungsprogrammen* und damit einhergehenden *Standortverlagerungen* haben den Fokus der Top-Manager der letzten Jahre dominiert. Beim Kampf ums Überleben wurden gerne auch Budgetansätze für *Training* und *Organisationsentwicklung* gekappt, weil solche Kürzungen unmittelbar ergebniswirksam waren – und sich mögliche „Nebenwirkungen" erst längerfristig zeigen.

Dagegen sind die zwei wichtigsten kommenden Volkswirtschaften, *Indien* und *China*, in einer wahren *Lerneuphorie.* Der jungen Generation in beiden Ländern ist bewusst, dass sie die Möglichkeit hat, einen Sprung auf der Einkommensskala zu machen, der keiner der vorhergehenden Generationen möglich war. Gleichzeitig dominiert in beiden Ländern diese Bevölkerungsgruppe. So beträgt in Indien der Anteil der Bevölkerung im Alter von 0 bis 14 Jahren 31,2 Prozent (von 1,08 Mrd. Einwohnern) und in China 21,4 Prozent (von 1,3 Mrd.); in Deutschland liegt deren Anteil bei lediglich 14,4 Prozent (Stand 2005; United Nations, 2006).

Auch im Management der dort agierenden Unternehmen ist eine extrem große Lernbereitschaft gegeben, weil es gilt, ein Entwicklungsdefizit möglichst schnell abzubauen. So hieß es nach der Akquisition der PC-Sparte von *IBM* durch das chinesische Unternehmen *Lenovo:* „... the deal was driven not only by a hunger for scale but also by a desire among Lenovo's Chinese executives to keep climbing the learning curve as fast as humanely possible. ... there is ... a ,we can really learn from these people' enthusiasm that is rarely in evidence among US or European acquirers. ... The desire to learn arises instead from a potent mix of greed and fear, lace with considerable intelligence and a sprinkling of humility. It is the classic entrepreneurial cocktail" (London, 2005, S. 9). Und genau dieser Cocktail wird uns herausfordern – und zwar in einer Vielzahl von Branchen.

Diese Entwicklung wird durch die *Verschiebung in der Weltbevölkerungsstruktur* noch weiter verschärft. Vor 100 Jahren war jeder dritte Mensch ein Europäer, 1950 nur noch jeder fünfte, und im Jahr 2050 wird deren Anteil auf 7 Prozent und damit zu einer Minderheit geschrumpft sein (Miegel, 2005, S. 33; vgl. Abbildung 16).

In den 80er Jahren waren es noch die europäischen und US-amerikanischen Unternehmen, die massiv gelernt haben – damals von japanischen Vorbildern. Systeme wie *Total Quality Management, Lean Production, Six Sigma* und andere wurden aufgrund der Überlegenheit japanischer Unternehmen in vielen Branchen erfolgreich aufgegriffen und umgesetzt – mit dem Erfolg, dass sich die Wettbewerbsfähigkeit europäischer und amerikanischer Unternehmen wieder deutlich verbesserte. Und jetzt stehen wir wieder an einer Wegscheide, die so dramatisch werden kann wie damals.

Die *lernende Organisation als Erfolgsfaktor* ist damit nicht nur eine nationale, quasi volkswirtschaftliche Aufgabe, sondern eine einzelwirtschaftliche Herausforderung für jedes Unternehmen. Und eine Bereitschaft zum

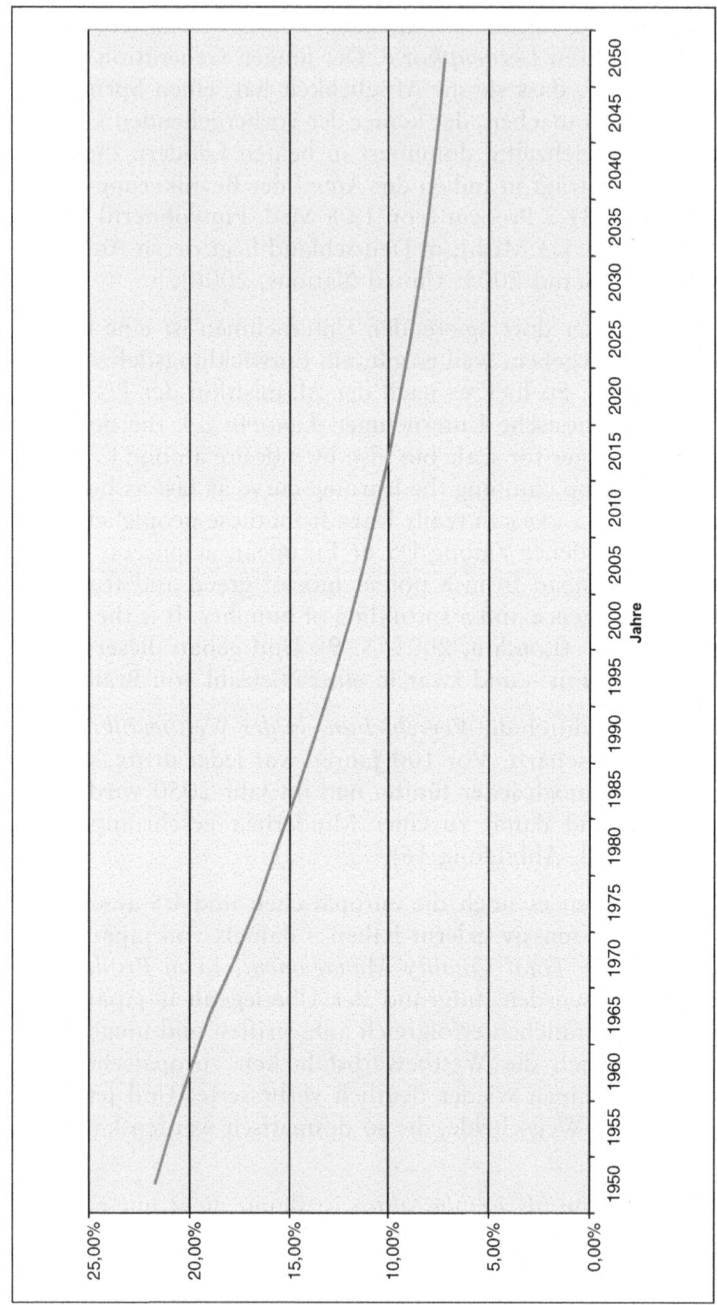

Abbildung 16: Anteil der Europäer an der Weltbevölkerung
(eigene Abbildung nach United Nations, 2006).

Schlüssel 1: Marketing nach innen

Lernen in der Organisation setzt motivierte Mitarbeiter voraus. In der Politik scheint dieses Manko schon angekommen zu sein, wie das folgende Zitat der Bildungsministerin Schavan zeigt: „Dieses Land muss begreifen, dass künftiger Wohlstand und das Selbstbewusstsein künftiger Generationen wesentlich zu tun hat mit Bildung, Wissenschaft und Forschung. Wir müssen hier mehr Leidenschaft entwickeln." (Schavan, 2005, S. 3). Die Frage ist nur, in welcher Konsequenz dies auf politischer, insbesondere aber auch auf Unternehmensebene umgesetzt wird.

Was versteht man eigentlich unter „Marketing nach innen"?

Der Schwerpunkt von Marketing-Wissenschaft und -Praxis ist vor allem das „nach außen gerichtete Marketing", bei dem unter anderem die Preisstrategie, das Produktdesign, die gewählten Vertriebsformate und vor allem die Instrumente der Kommunikationspolitik im Mittelpunkt stehen. Es dominiert häufig das Ziel, überzeugende Marketingideen schnell und noch vor einer möglichen Wettbewerberaktion in den Markt hineinzutragen. Häufig wird dabei nicht nur vergessen, dass alle guten Ideen vom Unternehmen prozessual „gemanagt" werden müssen, sondern dass auch alle als *Customer Touch Points* bezeichneten Anlaufstationen des Kunden – sei es der POS, die Hotline oder das für die Korrespondenz zuständige Customer Service Center – ebenfalls und am besten noch *vor* dem Kunden über die Aktionen zu informieren sind. Häufig ist der Kunde nicht nur der erste, sondern auch der einzige, der derartige Kommunikationsstörungen erkennt – mit der entsprechenden Auswirkung auf das Unternehmensimage.

Beim *Marketing nach innen* ist folglich die Kommunikation gemeint, die das, was an Unternehmens- und Marketingzielen und -strategien definiert wird, im Unternehmen selbst vermittelt. Teilweise findet sich hierfür auch der Begriff *interne Kommunikation*, worunter zumeist eine kaskadenartige, von oben nach unten verlaufende Informationsbereitstellung verstanden wird. Das hier angesprochene Konzept des Marketing nach innen greift darüber weit hinaus und stößt zusätzlich auch eine dialogische Kommunikation an, um kontinuierliche Rückinformationen aus allen relevanten Unternehmensbereichen zu erhalten. In Summe wird dabei auch die Überwindung der klassischen Grenzen zwischen Marketing- und Personalarbeit in funktional aufgestellten Unternehmen deutlich (vgl. Abbildung 17).

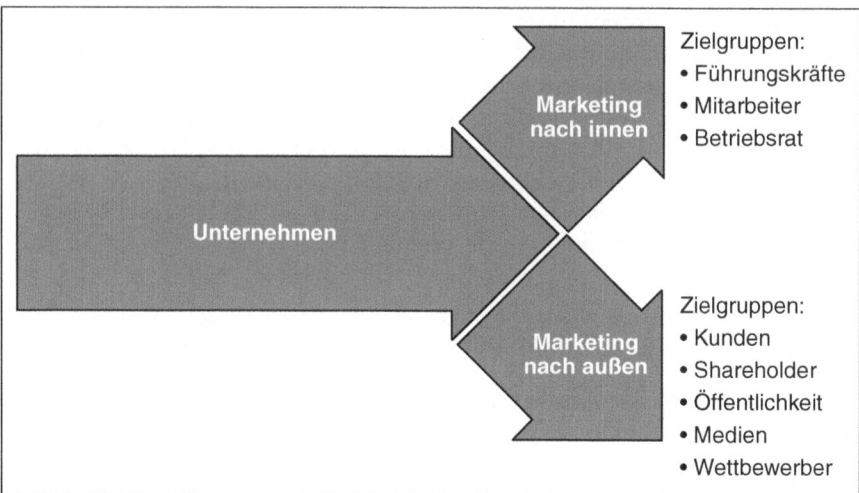

Abbildung 17: Ausgestaltung eines „Marketing nach innen"
(eigene Abbildung)

Hinsichtlich der Umsetzung des Marketing nach innen ist eine Orientierung an folgendem *Planungsprozess* sinnvoll (vgl. Abbildung 18). Basierend auf den Unternehmenszielen sind zunächst die Ziele für das *Marketing nach innen* selbst zu definieren, bevor dann dessen Konzeption erstellt wird. Dabei sind unter anderem folgende Aufgaben zu bearbeiten:

- Segmentierung der Mitarbeiter hinsichtlich ihrer Informationsbedürfnisse
- Festlegung der Kommunikationskanäle
- Erarbeitung von Feedback-Mechanismen
- Fixierung der kommunikativen Schwerpunkte
- Definition von Kontrollpunkten

Entscheidend ist, dass der gesamte Prozess des Marketing nach innen kritisch begleitet wird und eine kontinuierliche Überprüfung folgender Fragestellungen erfolgt:

- Wird den sich verändernden Informationsbedarfen der unterschiedlichen Zielgruppen ausreichend Rechnung getragen?
- Werden die angebotenen Informationskanäle genutzt?
- Wird von der Möglichkeit, Feedback zu geben, auch ausreichend Gebrauch gemacht?

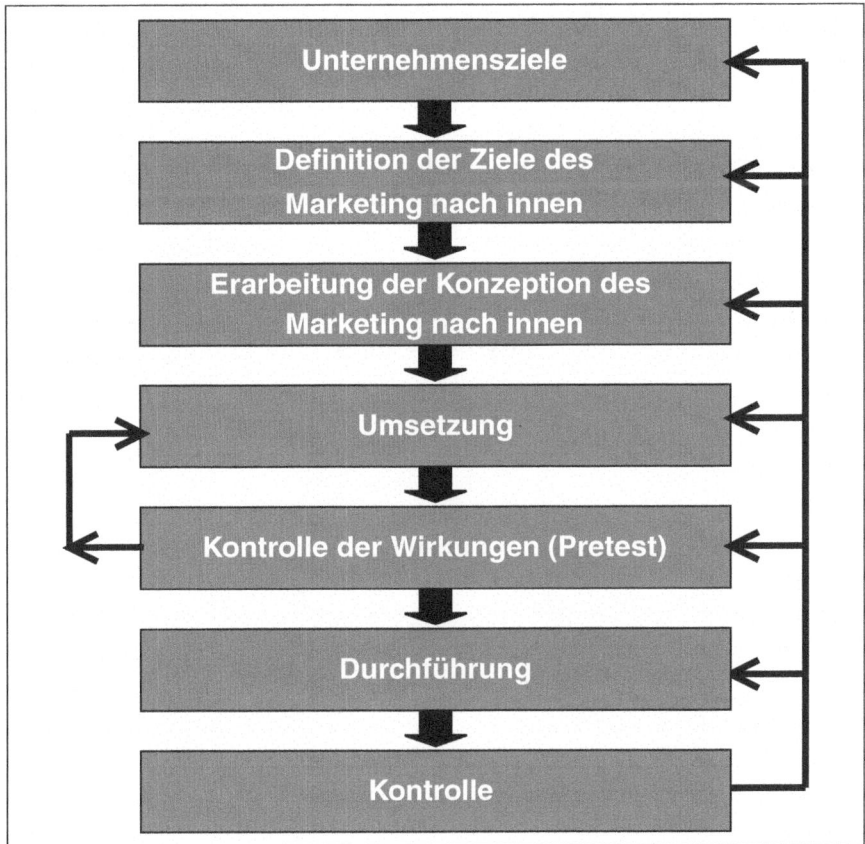

Abbildung 18: Planungsprozess des Marketing nach innen (eigene Abbildung)

Mit dem einmaligen Installieren eines Konzepts des Marketing nach innen ist das Ziel einer umfassenden *Mobilisierung der unternehmensinternen Effizienzreserven* bei weitem noch nicht erreicht.

Ausprägungen des Marketing nach innen

Leitideen für ein Marketing nach innen

Die Leitideen für ein Marketing nach innen lassen sich auf einen einfachen Nenner bringen: Wertschätzung – Information – Dialog (vgl. Abbildung 19).

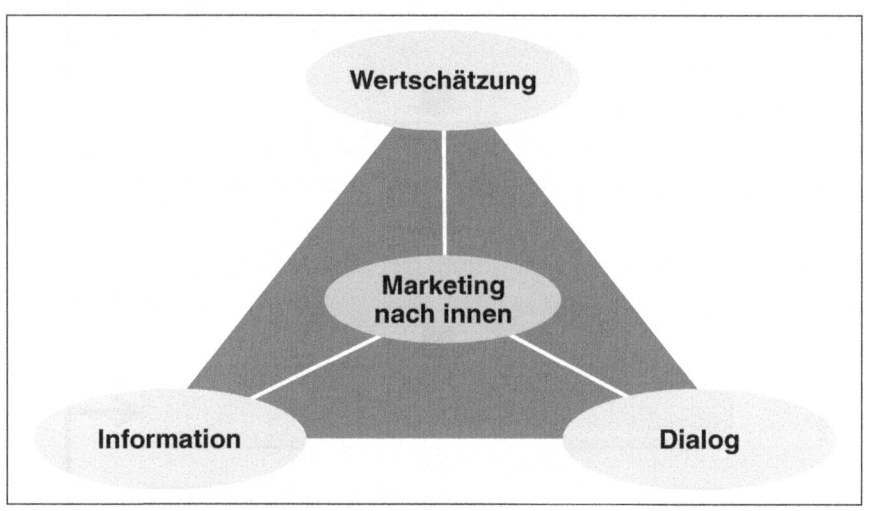

Abbildung 19: Leitideen des Marketing nach innen
(eigene Abbildung)

Wertschätzung, ein respektvoller Umgang mit den Mitarbeitern – eine Selbstverständlichkeit? Weit gefehlt! Welche Ausprägungen fehlender Wertschätzung findet man jeden Tag x-fach in den meisten Unternehmen? Der Chef oder andere Führungskräfte, die ihre Mitarbeiter nicht grüßen oder ihnen nicht zum Geburtstag gratulieren, obwohl ihnen dieser bekannt ist. Ein Abteilungsleiter, der seine schlechte Laune vom Wochenende regelmäßig am Montagmorgen mit in das Unternehmen hineinträgt. Fehlende Informationen über neue Mitarbeiter, die auf einmal auftauchen – und keiner weiß Bescheid! Entscheidungen über Standortschließungen, die betroffene Mitarbeiter der Tagespresse entnehmen müssen, und, und, und. Die oben beschriebenen Prozentwerte der fehlenden Identifikation mit dem Unternehmen liegen hierin begründet.

Wie unterschiedlich sich Wertschätzung in ein und demselben DAX-gelisteten Unternehmen zeigen kann, macht folgendes Beispiel deutlich. Bei einer Weihnachtsfeier setzt sich der Vorstandsvorsitzende an verschiedenen Tischen zu seinen Führungskräften, um mit ihnen zu plaudern. Bei einer bereichsspezifischen Führungskräfteveranstaltung desselben Unternehmens lässt ein Vorstand durch einen Bereichsvorstand einen schon von Führungskräften belegten Tisch „freimachen" und neu eindecken, um sich dann dort exklusiv mit seiner „Corona" zum Essen niederzulassen. Ein Erlebnis der besonderen Art, welches zu einer Vielzahl bissiger Bemerkungen ob der Unsicherheit des Bereichsvorstandes führte. Und diese Beispielliste ließe sich beliebig fortsetzen.

Vor diesem Hintergrund ist es fast schon erstaunlich, dass viele Unternehmen häufig Mitarbeiter mit „sozialer Intelligenz" suchen – denn manchmal ist man geneigt zu fragen, ob dieses Kriterium nur für Mitarbeiter, nicht aber für Vorgesetzte gilt. „Dabei haben die meisten Führungsverantwortlichen den nötigen IQ, um die Probleme zu erkennen. Was fehlt, ist die emotionale Intelligenz, um sie zu lösen" (Goldfuß, 2006, S. 1).

Wertschätzung drückt sich gerade auch durch ein Interesse am Menschen und nicht nur am Leistungsträger aus. Damit soll hier beileibe keiner „Kuschelkultur" das Wort geredet werden. Aber Leistung zu fordern und Mitarbeiter wertschätzend zu behandeln, stellt eben nur scheinbar einen Widerspruch dar. Die Kausalität ist umgekehrt. Wertschätzung zahlt in hohem Maße auf *Leistungsbereitschaft* und *Motivation* ein, nicht dagegen auf das *Leistungspotenzial*, das durch andere Faktoren beeinflusst wird. Der Zusammenhang wird im *Eisberg-Modell der Leistungserbringung* deutlich (vgl. Abbildung 20).

Wir alle haben während unserer Ausbildung von *Herzberg* gehört, der die Bedingungen für die *Entstehung von Zufriedenheit bzw. Unzufriedenheit* beim arbeitenden Menschen untersuchte. Er definiert zum einen so genannte *Motivatoren* (Satisfiers), die zu Arbeitszufriedenheit führen und zu denen Leistungserfolg, die Arbeit selbst, Verantwortung, Entfaltungsmöglichkeiten und insbesondere auch Anerkennung zählen. Zum anderen hat er *Hygienefaktoren* (Dissatisfiers) herausgearbeitet, deren Nichterfüllung Unzufriedenheit erzeugt, deren Erfüllung aber noch keine Zufriedenheit schafft. Hierzu zählen unter anderem Gehalt, zwischenmenschliche Beziehungen, Kollegen, physische Arbeitsbedingungen, Führung. Selbst die teilweise vorgebrachte Kritik an seinem Ansatz sollte uns nicht daran hindern, die zentrale Botschaft dieser Erkenntnisse im Unternehmensalltag umzusetzen (vgl. weiterführend Steinmann/Schreyögg, 2002, S. 502-506).

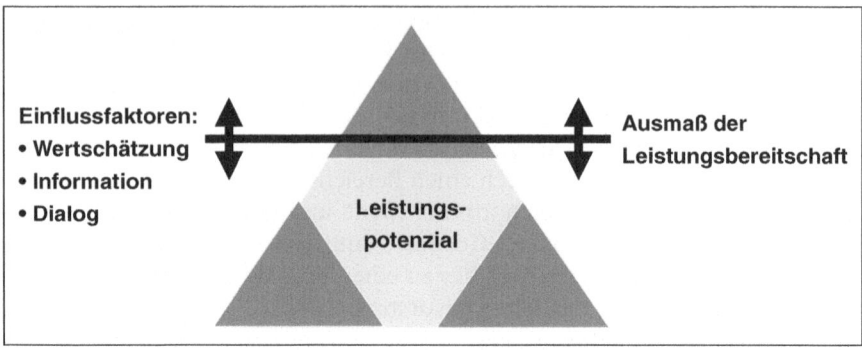

Abbildung 20: Eisberg-Modell der Leistungserbringung
(eigene Abbildung)

Nur – warum wird davon in den Unternehmen so wenig umgesetzt? *G. Wood*, Geschäftsführer von *Gallup* Deutschland, bringt es auf den Punkt: „Deutsche Führungskräfte sind zu autoritär, hören nicht auf ihre Mitarbeiter und sparen zu sehr mit Lob und Anerkennung" (Samhoud et al., 2005, S. 73f.). Soll man deshalb über den schwäbischen Ausspruch „Net gebruddelt is g'nug gelobt!" nun lachen oder eher weinen? Fällt nicht das Urteil in gutem *Trapattoni*-Deutsch „Spielen wie Flasche leer!" irgendwann auf den Trainer zurück, weil er es nicht versteht, sein Team zu motivieren – im Sport wie außerhalb? Warum machen denn viele Mitarbeiter, die im Unternehmen oft nur die graue Maus spielen, außerhalb des Unternehmens gleichsam Karriere – sei es im Schützen- oder Karnevalsverein, im Sport oder in karitativen Organisationen? Zeigt sich hier nicht ein riesiger Handlungsbedarf, eine Chance zur Effizienzsteigerung, die über die Diskussion um eine zwölf- oder fünfzehnminütige längere körperliche Anwesenheit im Unternehmen weit hinausgeht? Und die zunächst einmal kaum Kosten verursacht. Das zentrale Zauberwort auf dem Weg dorthin heißt *Wertschätzung*.

Beim Thema *Information* geht es zunächst „ums große Ganze", das heißt um die Frage, wohin sich ein Unternehmen entwickeln soll. Hierbei kann man sich gut an dem Zitat von Antoine de Saint-Exupéry orientieren:

„Wenn du ein Schiff bauen willst, dann trommle nicht Männer zusammen, um Holz zu beschaffen, Aufgaben zu vergeben und die Arbeit einzuteilen, sondern lehre sie die Sehnsucht nach dem weiten, endlosen Meer."

Zu esoterisch? Ich glaube nicht. Denn, was glauben Sie, lässt den Vorstandschef *Herbert Hainer* von *Adidas* das folgende Ziel formulieren: „In

Asien werden wir in vier Jahren zwei Milliarden Euro Umsatz machen!"
(dpa, 2.01.2005). Ein ehrgeiziges Ziel, das – wenn es gut im Unternehmen
kommuniziert wird – mit Sicherheit viele motiviert, an dieser großen Herausforderung mitzuwirken.

Der *Dialog* schließlich ist stärker auf die operative Ebene ausgerichtet und
soll sicherstellen, dass die unternehmensinternen Prozesse korrekt ablaufen. Dabei gilt: Primär *informatorische Kommunikation* schafft Transparenz und kann darüber Commitment mit dem Unternehmen erzeugen,
während sich die *motivatorische Kommunikation* direkt auf die Motivation und dann auf das Commitment auswirkt (vgl. Abbildung 21).

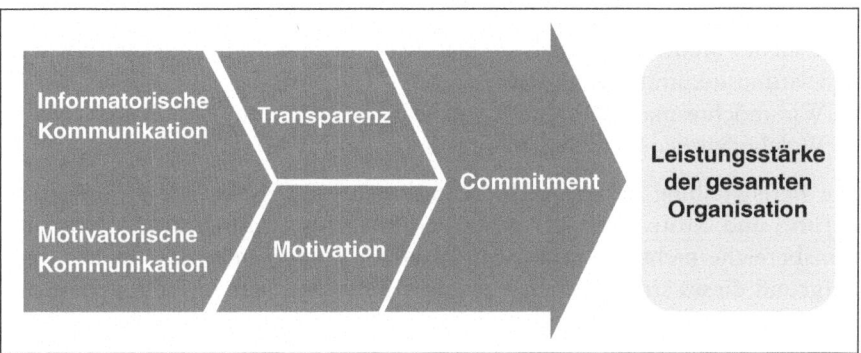

Abbildung 21: Wirkungskette der Kommunikation
(eigene Abbildung)

Während es früher immer hieß: „Der Gewinn liegt im Einkauf", so kann
dem angesichts der oben aufgeführten Erkenntnisse entgegengehalten
werden: „Der Gewinn liegt im Mitarbeiter!" Denn zum einen wurde die
Kostenoptimierung, und nicht nur auf der Einkaufsseite, in den letzten
Jahren schon konsequent umgesetzt, und zum anderen steigt angesichts
der zunehmenden Verschiebung zum Dienstleistungssektor der Anteil der
Arbeitskosten deutlich an. So wird es höchste Zeit, das in vielen Bereichen
noch schlummernde Mitarbeiterpotenzial zu aktivieren (vgl. hierzu auch
Lundin et al., 2001).

Sicherstellung des „strategischen Informationsflusses" im Unternehmen selbst

Welche Informationsströme in einem Unternehmen sind besonders wichtig? Dazu zählen die *strategischen Guidelines*, die von der Unternehmensführung zur Zielorientierung des gesamten Managements sowie der Mitarbeiter kommuniziert werden müssen. Dabei geht es vor allem um folgende Bereiche:

● In welchen Feldern möchte das Unternehmen in Zukunft tätig sein?
● Welche Umsatz- und Ergebnisziele strebt das Unternehmen im nächsten Jahr an?
● Gegen welche Wettbewerber möchte man sich abgrenzen?
● Welcher Stellenwert wird Innovationen, der Produkt- und/oder Dienstleistungsqualität zugemessen?
● Wie möchte man den Kunden gegenüber auftreten?
● Welche Service-Ziele hat man sich gesetzt?

Die Bereitstellung derartiger Informationen ermöglicht eine Grundorientierung und Motivation der Mitarbeiter. Denn wenn derartige Informationsbereiche nicht *top-down* gefüllt werden, so besteht das Risiko, dass aufgrund dieses strategischen Vakuums Bereichs- oder Abteilungsziele definiert werden, die nicht oder nicht ausreichend auf die Gesamtziele des Unternehmens einzahlen.

Die notwendige Informationskaskade beginnt auf der obersten Hierarchiestufe. Dem Unternehmen stehen eine Vielzahl von Möglichkeiten zur Befriedigung der Informationsbedürfnisse der Mitarbeiter zur Verfügung. Dabei handelt es sich nicht – wie oft gerne gesagt – um eine *Holschuld der Mitarbeiter*. Hier hat das Management auch ganz deutlich eine *Bringschuld gegenüber den Mitarbeitern*. Für deren Erbringung bieten sich verschiedene Medien und Konzepte an:

● Intranet
● Rundschreiben
● „Schwarzes Brett"
● Mitarbeiterzeitschriften
● Informationsveranstaltungen des Managements
● Weblogs

Die Entwicklung und der Einsatz derartiger Maßnahmen sind konkreter Ausdruck der Wertschätzung gegenüber den Mitarbeitern. Dabei wird deutlich, dass Ressourcen bereitgestellt werden, um dem Informationsbedürfnis der Mitarbeiter Rechnung zu tragen. Über Intranet, Rundschreiben und/oder Mitarbeiterzeitschriften kann zum Beispiel darüber kommuniziert werden, für welche Kunden das Unternehmen arbeitet, verschiedenen Abteilungen und/oder Niederlassungen stellen sich vor, neue Produkte werden präsentiert, Mitarbeiter kommen zu Wort etc. Das Management kann sich Zeit nehmen, um beispielsweise alle sechs Monate zu unterschiedlichen Themen aus dem Unternehmensalltag gegenüber den Mitarbeitern Stellung zu nehmen.

Wenn man die Erfahrung gemacht hat, dass sich auf Informationsveranstaltungen des Managements meist nur wenige Mitarbeiter trauen, Fragen zu stellen, dann kann hier der Betriebsrat zur Entgegennahme von Fragen und zu deren Weiterleitung eingebunden werden – was natürlich einen entspannten Umgang mit dem Betriebsrat voraussetzt; aber vielleicht hilft ja auch hier ein wertschätzender Umgang weiter. Auf diese Weise kann ein *Wir-Gefühl*, ein *Stolz auf das eigene Unternehmen*, eine *Identifikation mit den Zielen und Aufgabenstellungen* erreicht werden.

In der Regel fühlen sich gerade einmal ein Viertel der Mitarbeiter von ihrem Vorgesetzten umfassend informiert (Lutz, 2006, S. 2). Natürlich kann nicht allen Informationswünschen aller Mitarbeiter vollumfänglich Rechnung getragen werden. In einer entsprechenden Diskussion hat mir ein Vorgesetzter einmal gesagt: „Selbst beim besten Willen kann ich Ihnen wahrscheinlich nur 50 Prozent der gewünschten Informationen bereitstellen. Entscheidend ist jedoch, womit Sie den Rest auffüllen, mit Vertrauen oder mit Misstrauen!" Und auch das ist eine Aufgabe des Managements.

Ein innovatives Instrument der dialogischen Kommunikation stellen *Weblogs* (abgekürzt *Blogs*) dar. Während in Internet-Tagebüchern bisher primär Teenager über ihre Schulprobleme berichtet und Techniker über Produktinnovationen diskutiert haben, setzen zunehmend auch Unternehmenslenker (beispielsweise bei *Intel*, *GM* und *Sun Micro Systems*) auf Blogs, um mit der Belegschaft und den Kunden zu kommunizieren (Lembke, 2006, S. 44). Diese Kommunikationsform entwickelt sich durch *Mitarbeiter-Blogs* zum Teil zur dialogischen Kommunikation weiter, wodurch sich Mitarbeiter aller Hierarchieebenen über ihre Arbeit, neue Produkte und anderes austauschen können. Gleichzeitig geben diese Mitarbeiter-Blogs dem Unternehmen ein zusätzliches Gesicht nach außen; dass durch authentische Mitarbeiter-Tagebücher tatsächlich der Unternehmenswert gesteigert werden kann, wie teilweise behauptet wird, scheint jedoch etwas zu hoch gegriffen (vgl. Lembke, 2006, S. 44).

Sicherstellung einer „dialogischen Kommunikation" im Unternehmen

Zur Sicherstellung einer hohen Motivation der Mitarbeiter gehört deren frühzeitige informatorische Einbindung in kundenorientierte Maßnahmen, um auf entsprechend informierte Kunden, sei es am POS oder im Customer Service Center, ausreichend vorbereitet zu sein. Schließlich stellen derartige Informationen, gleichsam als „Schmierstoff des Marketing nach innen", die Voraussetzung dafür dar, dass im Unternehmen eine überragende Servicequalität erreicht werden kann. Denn die Zielsetzung sollte immer sein, dass durch das Unternehmen gut informierte Kunden auf ebenso gut informierte Mitarbeiter treffen. Das gilt auch für das bereits erwähnte *Payback*-Beispiel. Vorbehalte von Mitarbeitern gegenüber der Datensammlung sind legitim; aber dann ist es eine wichtige Aufgabe der Führung, deutlich zu machen, welche Maßnahmen *Payback* zum Schutz der Daten einsetzt, um mögliche Vorbehalte zunächst bei den Mitarbeitern und damit auch bei den Kunden abzubauen. Dies ist ein Teil der umfassenden dialogischen Kommunikation, um eine gute Informationsversorgung aller Customer Touch Points und aller Abteilungen mit nach außen gerichteten Aufgaben sicherzustellen (vgl. Abbildung 22).

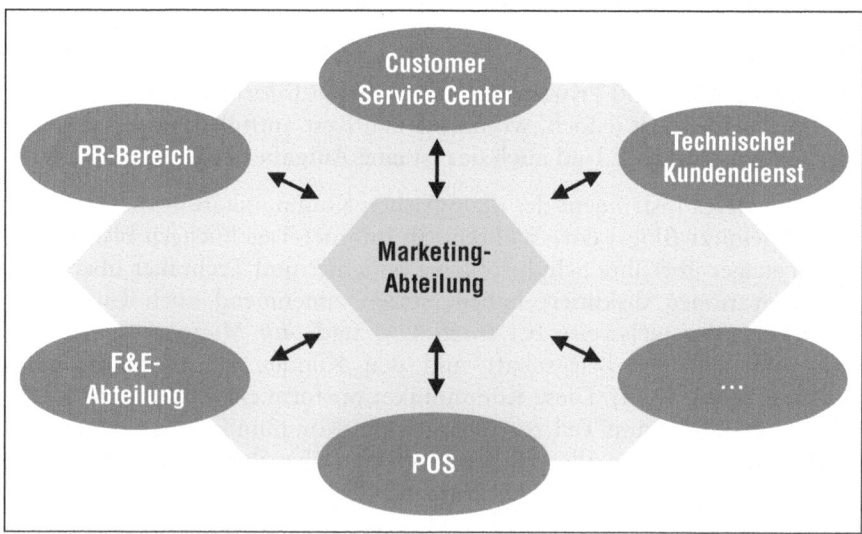

Abbildung 22: Dialogische Kommunikation
(eigene Abbildung)

Häufig ist zu beobachten, dass in den Offline-Medien auf bestimmte Homepages verwiesen wird, auf denen man sich anmelden oder weitere Informationen erhalten kann. Doch nicht selten führen solche Verweise ins Nirvana: Seiten sind noch im Aufbau, versprochene Informationen wurden nicht eingestellt. Hier wird dem Kunden deutlich, dass es in vielen Unternehmen immer noch eine *kognitive Firewall* zwischen den für die Online- bzw. für die Offline-Medien zuständigen Abteilungen gibt und deshalb eine Multi-Channel-Kommunikation nicht funktioniert (vgl. vertiefend S. 129ff.). Häufig ist es allerdings nur der Kunde, der solche Kommunikationsstörungen erlebt.

Weitaus gravierender sind derartige Kommunikationsstörungen, wenn es beispielsweise um die *Entwicklung und Umsetzung eines CRM-Projekts* in einem Unternehmen geht. Noch immer gibt es Unternehmen, in denen die Entscheidung für die Einführung eines bestimmten Konzepts (inkl. Software) in der Unternehmensleitung fällt, ohne die für die Umsetzung verantwortlichen Mitarbeiter in den Entscheidungs- und Entwicklungsprozess umfassend einzubinden. Häufig scheitert eine solche als „Bombenwurf-Strategie" bezeichnete Vorgehensweise an der Motivation der Mitarbeiter bzw. daran, dass relevante Geschäftsprozesse beim Design der Lösung nicht berücksichtigt wurden und deshalb das ganze System nicht einsetzbar ist.

Ausdruck eines Marketing nach innen kann hier die Zielsetzung sein, *Betroffene zu Beteiligten zu machen,* um auf diese Weise einen umfassenden Informationsfluss im Zuge der Systementwicklung wie auch die Einsetzbarkeit des Konzepts im Unternehmen sicherzustellen. Eine Studie von *Roland Berger* (2003) hat die Relevanz eines entsprechenden Vorgehens nochmals unterstrichen, weil als zentrale Störfaktoren einer CRM-Implementierung an erster Stelle die unklare strategische Einordnung (85 Prozent) genannt wurde. Darüber hinaus wurde von 81 Prozent der befragten Entscheidungsträger ein IT-Umsetzungsproblem genannt. Ursache hierfür kann das Missverständnis darstellen, CRM als Software und nicht als eine umfassende Denkhaltung des gesamten Unternehmens anzusehen. Denn zunächst muss den Mitarbeitern die Relevanz einer entsprechenden Kundenorientierung deutlich gemacht werden, bevor über die Konzeption des Gesamtsystems und – abgeleitet davon – über eine Software zu entscheiden ist. Schließlich steht und fällt die *Akzeptanz eines CRM-Konzepts* in einem Unternehmen mit der Begeisterung sowie dem Ideenreichtum, mit dem dieser „philosophische Ansatz" im Unternehmen aufgenommen wird. Die Voraussetzung hierfür ist wiederum, dass die Mitarbeiter die

Relevanz eines solchen Konzepts für das eigene Unternehmen erkannt haben.

Auch bei dessen Umsetzung, beispielsweise in Gestalt eines Kundenbindungsprogramms, gilt, dass idealerweise zunächst die Mitarbeiter über dessen Inhalte und Mechaniken zu informieren sind, bevor das Programm der Öffentlichkeit präsentiert wird. Ein ideales Vorgehenskonzept wurde dabei zum Beispiel von einem Finanzdienstleister gewählt. Zunächst erfolgte eine umfassende Kommunikationskampagne nach innen, um alle Mitarbeiter über das das neue Kundenbindungsprogramm zu informieren. Erst im daran anschließenden zweiten Schritt wurden die Kunden und weitere externe Zielgruppen informiert (vgl. vertiefend Hartmann/Kreutzer/Kuhfuß, 2004, S. 197-201).

Ein weiterer zentraler Aspekt der dialogischen Kommunikation ist das *unternehmensinterne Ideenmanagement*. Nur gut informierte und motivierte Mitarbeiter nehmen, wie oben gezeigt, die Herausforderung an, sich aktiv an der innovativen Weiterentwicklung des Unternehmens zu beteiligen. Gleichgültig, ob es ein web-basiertes Ideenmanagement ist, wie es bei *Chemetall* eingesetzt wird, oder ob es das Programm *smartidee* von O_2 ist. Unternehmen gelingt es nur dann, Mitarbeiter zu einem engagierten Mitmachen zu bewegen, wenn die oben genannten Voraussetzungen erfüllt sind. Einen besonders mutigen Weg beschritt man dabei bei einem Zigarrenhersteller mit dem *Dannemann Innovations-Programm*. Die zentrale Botschaft dieses Programms lag darin, dass derjenige, der einen Einfall hat, diesen auch selbst umsetzen sollte. Auf diese Weise wollte man verhindern, dass gute Ideen in der Bürokratie hängen bleiben, getreu der Erfahrung: „Eine gute Idee in den Briefkasten einzuwerfen, und dann passiert nichts, das ist doch für die Mitarbeiter demotivierend" (Großer, 2006, S. 2). Bei *Dannemann* wurde dieser Briefkasten durch Mentoren als Anlaufstelle ersetzt. Diese sind Mitarbeiter unterschiedlicher Unternehmensbereiche und Hierarchieebenen und fungieren als Gesprächspartner bei neuen Ideen. Umgesetzt werden diese in einem Team, welches der Ideengeber zusammenstellt. Dabei zeigt sich hinsichtlich des Anreizmechanismus für den Ideengeber einmal mehr: „Wichtiger als Geld ist den meisten das Gefühl, ernst genommen zu werden. Nicht hinnehmen müssen, sondern ändern können" (Großer, 2006, S. 4).

Integration in die Balanced Scorecard

Wenn Unternehmen die *interne Effizienzreserve der Mitarbeiter* erschließen möchten, dann müssen dafür auch die relevanten Steuerungsinformationen vorhanden sein. Aber viel zu viele Unternehmen handeln noch im Blindflug. Sie haben weder Ziele definiert noch Messkriterien festgelegt, mit deren Hilfe sie kritische Veränderungen an der „Mitarbeiterfront" feststellen können. Aber wie soll dann zielorientiert Abhilfe geschaffen werden? Eine im Jahr 2005 durchgeführte Studie bei Marketing-Entscheidungsträgern in Deutschland zeigt, dass bei den relevanten Steuerungsgrößen im Marketing auf den Spitzenplätzen Bekanntheitsgrad (82 %), Umsatz/Absatz (79 %) und Produktqualität (71 %) stehen. Ein mitarbeiterverbundenes Ziel in Gestalt der Servicequalität rangiert mit 23 Prozent der Nennungen erst auf Platz 16 und mitarbeiterbezogene Ziele fehlen ganz (vgl. Abbildung 23).

Deshalb ist in den diskutierten *Balanced-Scorecard*-Konzepten die *Mitarbeiterperspektive* deutlicher zu integrieren. Auf diese Weise wird zum einen die Orientierung des Unternehmens an mehreren Zielsetzungen deutlich (inkl. der Perspektive eines Marketing nach innen). Zum anderen kann die Balanced Scorecard auch genutzt werden, um diese Ziele auf breiter Basis im Unternehmen zu kommunizieren. Durch die Einbeziehung möglichst vieler Mitarbeiter in den Kommunikations- und Exekutionsprozess können gleichzeitig die Energien und Potenziale der gesamten Organisation auf die Erreichung der hier fixierten Ziele ausgerichtet werden. Dabei stellt die Vermittlung von Zielen innerhalb der „Mitarbeiterperspektive" schon ein Ziel für sich dar. Ein entsprechend weiter entwickeltes Balanced-Scorecard-Konzept kann beispielsweise wie folgt ausgestaltet sein (vgl. Abbildung 24, S. 59; vgl. auch Steinmann/Schreyögg, 2002, S. 233f.).

Während die *finanzwirtschaftliche Perspektive* Auskunft darüber gibt, wie sich die Strategieumsetzung in den zentralen Ergebniskennzahlen niederschlägt, zeigt die *Kundenperspektive*, welche Ergebnisse bei den kundenorientiert definierten Ziele erreicht werden. Die *interne Prozessperspektive* liefert Erkenntnisse darüber, wie sich die internen Prozesse darstellen, und die *Mitarbeiterperspektive* zeigt, in welchem Ausmaß es gelungen ist, die Mitarbeiter auf dem Weg der strategischen Entwicklung und operativen Umsetzung „mitzunehmen". Die kritischen Messkriterien hierfür können über die Personalabteilung ermittelt oder periodisch (z. B. durch eine alle zwei bis drei Jahre durchgeführte Mitarbeiterbefragung)

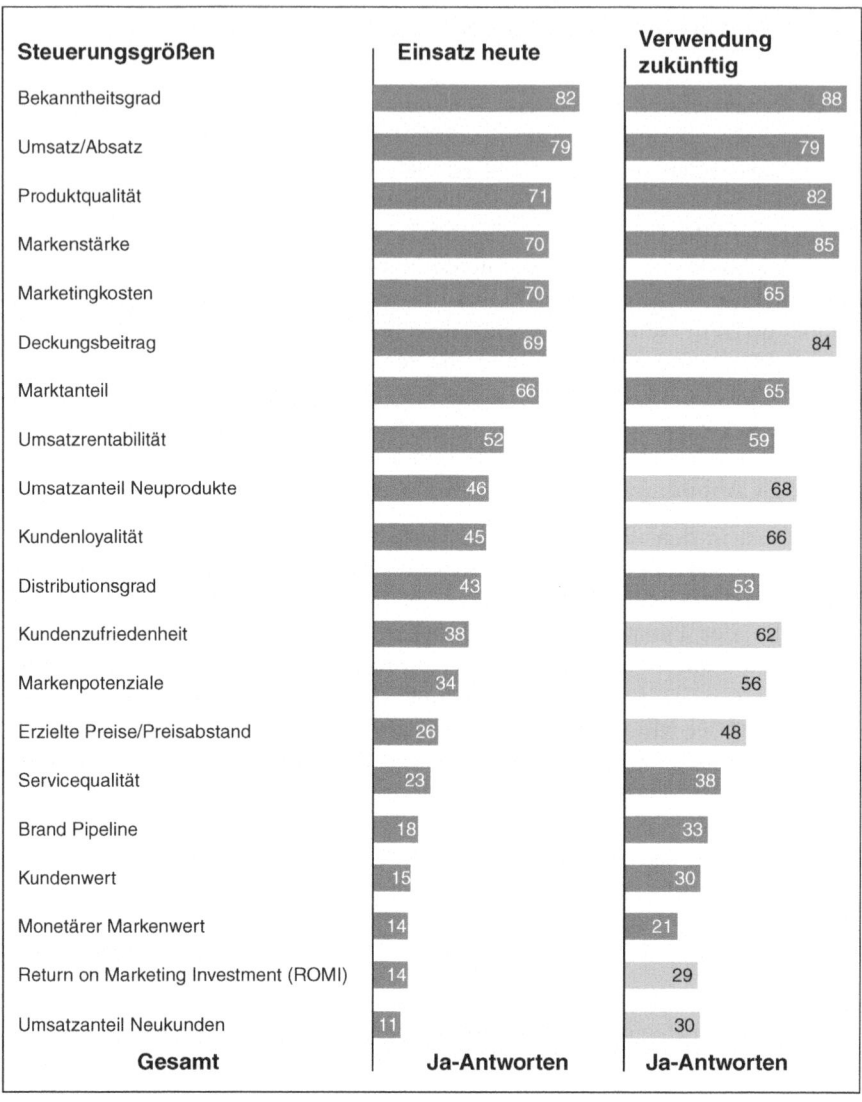

Steuerungsgrößen	Einsatz heute	Verwendung zukünftig
Bekanntheitsgrad	82	88
Umsatz/Absatz	79	79
Produktqualität	71	82
Markenstärke	70	85
Marketingkosten	70	65
Deckungsbeitrag	69	84
Marktanteil	66	65
Umsatzrentabilität	52	59
Umsatzanteil Neuprodukte	46	68
Kundenloyalität	45	66
Distributionsgrad	43	53
Kundenzufriedenheit	38	62
Markenpotenziale	34	56
Erzielte Preise/Preisabstand	26	48
Servicequalität	23	38
Brand Pipeline	18	33
Kundenwert	15	30
Monetärer Markenwert	14	21
Return on Marketing Investment (ROMI)	14	29
Umsatzanteil Neukunden	11	30
Gesamt	**Ja-Antworten**	**Ja-Antworten**

Abbildung 23: Verwendung zentraler Steuerungsgrößen im Marketing
(nach Wieselhuber & Partner, 2005, S. 26).

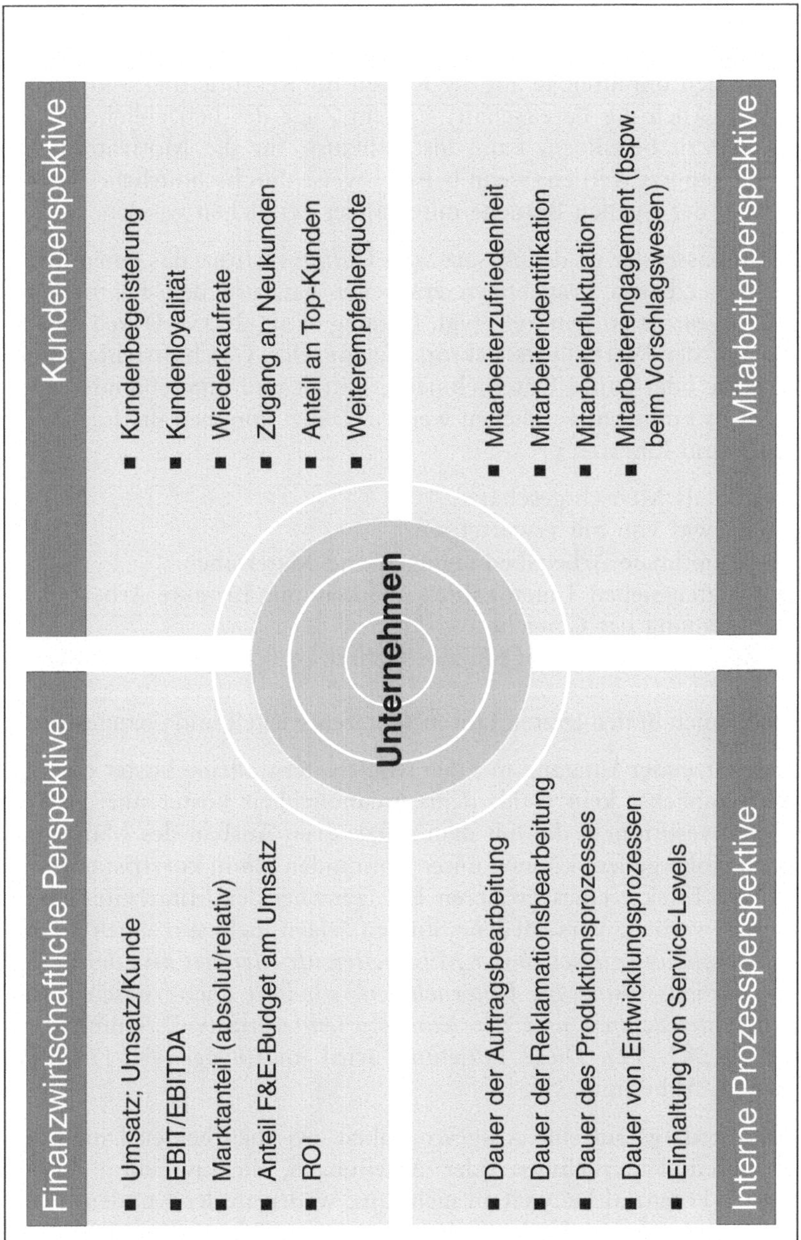

Finanzwirtschaftliche Perspektive

- Umsatz; Umsatz/Kunde
- EBIT/EBITDA
- Marktanteil (absolut/relativ)
- Anteil F&E-Budget am Umsatz
- ROI

Kundenperspektive

- Kundenbegeisterung
- Kundenloyalität
- Wiederkaufrate
- Zugang an Neukunden
- Anteil an Top-Kunden
- Weiterempfehlerquote

Unternehmen

Interne Prozessperspektive

- Dauer der Auftragsbearbeitung
- Dauer der Reklamationsbearbeitung
- Dauer des Produktionsprozesses
- Dauer von Entwicklungsprozessen
- Einhaltung von Service-Levels

Mitarbeiterperspektive

- Mitarbeiterzufriedenheit
- Mitarbeiteridentifikation
- Mitarbeiterfluktuation
- Mitarbeiterengagement (bspw. beim Vorschlagswesen)

Abbildung 24: Weiterentwickeltes Balanced-Scorecard-Konzept
(eigene Abbildung)

dafür erhoben werden. Ein zentrales Messkriterium ist unter anderem die *Mitarbeiterfluktuation* auf den unterschiedlichen Hierarchieebenen, denn diese wirkt sich unmittelbar auf die Kosten für Rekrutierung und Einarbeitung aus. Auch die Bereitschaft, sich im Zuge des betrieblichen Vorschlagswesen zu beteiligen, kann als Indikator für die Motivation der Mitarbeiter genutzt werden, wenn beispielsweise durchschnittliche Beteiligungsquoten der eigenen Branche miteinander verglichen werden.

Sehr viel umfassender ist der Ansatz vom *Gallup*-Institut, das einen international einsetzbaren Fragebogen erarbeitet hat, um den Faktor *Employee Engagement* zu ermitteln (vgl. Fleming et al., 2005). Durch dessen Einsatz kann der Wert dieses Faktors für einzelne Geschäftsfelder, Vertriebsbereiche oder ganze Unternehmen ermittelt und untereinander oder mit ähnlichen Einheiten verglichen werden. Dabei kommen die folgenden Statements zum Einsatz:

- Ich werde als Mensch geschätzt.
- Ich weiß, was von mir erwartet wird.
- Ich habe optimale Arbeitsbedingungen und Materialien.
- In den letzten sieben Tagen gab es Anerkennung für gute Arbeit.
- Meine Meinung hat Gewicht.
- Das Unternehmensziel gibt mir das Gefühl, dass meine Arbeit wichtig ist.
- Ich habe mich in den letzten Jahren weiterentwickelt und dazugelernt.

Ein wertschätzender Umgang mit den Mitarbeitern alleine kostet ein Unternehmen zunächst kein Geld, denn Freundlichkeit kostet nur ein Lächeln. Die Investitionen, die mit dem sukzessiven Ausbau des Marketing nach innen einhergehen, können unter Umständen schon kurzfristig durch die positiven Effekte eines größeren Engagements der Mitarbeiter überkompensiert werden. Verschiedene Studien zeigen nicht nur einen *positiven Zusammenhang zwischen der Mitarbeiterzufriedenheit und der Loyalität zum Arbeitseinsatz im Unternehmen*, sondern auch zwischen der *Mitarbeiterzufriedenheit und der Kundenorientierung* (vgl. Samhoud et al., 2005, S. 15, 72). Diese Beziehung wird im *Engagement-Portfolio* sichtbar (vgl. Abbildung 25).

Dabei ist allerdings auf eine Ausgewogenheit zwischen beiden Dimensionen zu achten. Unternehmen oder Abteilungen, die im Feld I liegen, schöpfen ihr Potenzial bei weitem nicht aus, weder an der Kunden- noch an der Mitarbeiterfront. Auch eine Position in den Feldern II und III steht für „Underperforming". Im Feld II sind die Mitarbeiter zwar hoch moti-

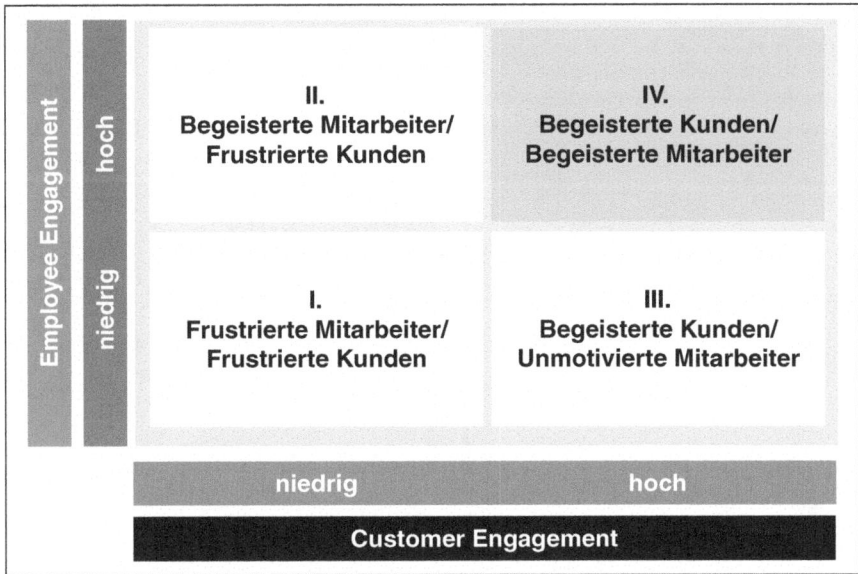

Abbildung 25: Engagement-Portfolio zur Beziehung zwischen Employee
Engagement und Customer Engagement
(eigene Darstellung nach Fleming et al., 2005, S. 7).

viert, kümmern sich aber nicht ausreichend um die Kunden (Abbildung
26 veranschaulicht eine solche Situation auf ironische Weise). Bei Feld III
machen die Mitarbeiter zwar einen guten Job, werden aber nicht ausreichend vom Unternehmen unterstützt. Studien von *Gallup* zeigen, dass ein
Leistungsoptimum (gemessen an den finanziellen Ergebnissen) erst im
Feld IV erreicht wird, in dem eine *Ausgewogenheit zwischen Customer
und Employee Engagement* gegeben ist (vgl. Fleming, et al., 2005).

Jörg Kreke, AR-Vorsitzender der *Douglas Holding*, bringt diesen Fakt auf
den Punkt: „Wenn wir den falschen Ton gegenüber unseren Mitarbeitern
in den Läden haben, dann haben sie den falschen Ton gegenüber unseren
Kunden." Nur wenn sich die Mitarbeiter mit dem Unternehmen, seinen
Werten und Leistungen identifizieren, können sie auch glaubwürdig gegenüber den Kunden agieren (Stauss, 2006, S. 73).

Deshalb ist es eine spannende Herausforderung, die häufig in unterschiedlichen Abteilungen verankerte und damit organisatorisch getrennte Verantwortlichkeit für Kunden einerseits und Mitarbeiter andererseits in
einer konstruktiven Zusammenarbeit zu überwinden. Um eine solche zu

Abbildung 26: Kundenbetreuung à la Alex
(Financial Times Deutschland, 28.6.2006, S. 2)

erreichen, müssen verschiedene Instrumente zum Einsatz kommen (vgl. Abbildung 27). Zunächst gilt es, entsprechende *Leitsätze und Visionen für das Unternehmen* zu definieren und damit die vorhandenen *Unternehmenswerte* weiter zu entwickeln. Diese sind dann in *Normen* zu gießen, die *Verhaltensregeln* und *Führungsstile* zu definieren und *Führungsinstrumente* bereitzustellen. Durch diese verändern sich die sichtbaren Verhaltensweisen – idealerweise von oben nach unten – um auf diese Weise die

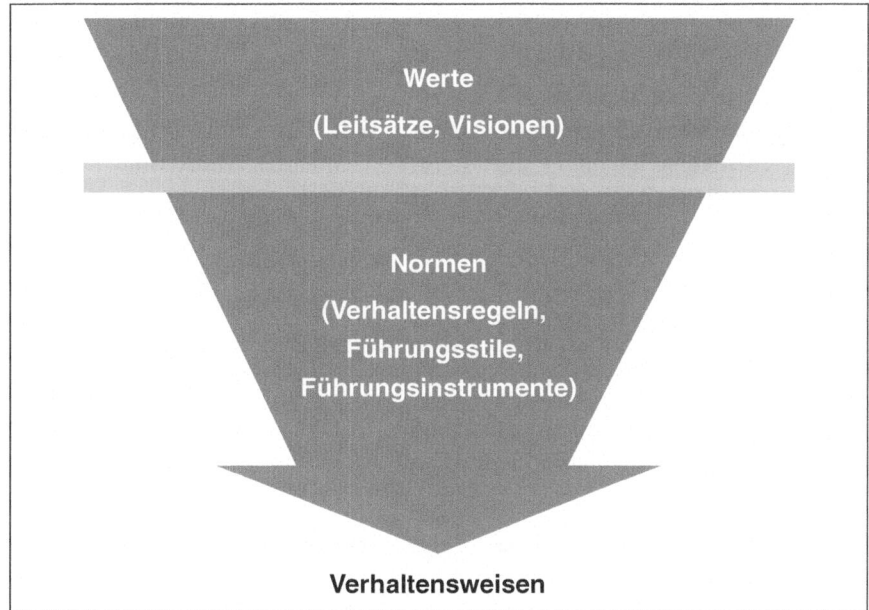

Verhaltensweisen

Abbildung 27: Instrumente zur Umsetzung eines Marketing nach innen
(eigene Darstellung)

Relevanz der Weiterentwicklung des Unternehmens zu unterstreichen. Ein solcher Prozess der Kulturveränderung im Unternehmen wird dann sichergestellt, wenn auch die Erreichung von korrespondieren Zielen in den Tantiemevereinbarungen von Führungskräften mit großem Gewicht verankert wird.

Bei konsequenter Umsetzung eines Marketing nach innen bewahrheiten sich dann auch die Thesen:

„Zufriedene Kunden durch zufriedene Mitarbeiter."

„Loyale Kunden durch loyale Mitarbeiter."

Ein gelungenes Beispiel hierfür stellt *Starbucks* dar. Schon 1999 hat *Howard Schultz*, CEO *Starbucks*, definiert: „We built business through experience not through the product" und hat deshalb im Mission Statement von *Starbucks* postuliert: „Provide a great work environment and treat each other with respect and dignity" (vgl. www.starbucks.com) – was sich nicht nur in einer extrem niedrigen Fluktuationsquote bei den Mitarbeitern, sondern auch in einem seit Jahren kontinuierlichem Umsatzwachstum niedergeschlagen hat (Everke, 2006, S. 43). Und es kommt nicht von ungefähr, dass die Mitarbeiter bei *Starbucks* als „Partner" bezeichnet werden ...

Wer also Marketing Excellence erreichen will, muss zunächst das Potenzial der eigenen Mitarbeiter durch ein konsequentes Marketing nach innen ausschöpfen.

Literatur

Brinkmann, R.D./Stapf, K.H. (2005), Innere Kündigung, München 2005

Bruhn, M. (2001), Notwendigkeit eines Internen Marketing für Dienstleistungsunternehmen, in: Bruhn, M./Meffert, H. (Hrsg.), Handbuch Dienstleistungsmanagement, 2. Aufl., Wiesbaden 2001, S. 705-731

dpa (2005), adidas-Chef Hainer erwartet rasantes Wachstum in China, 2.01.2005

Droege & Comp. (2005), Handelsblatt Business-Monitor International, Hamburg/Berlin 2005

Everke, C. (2006), Hier atmen Kinder durch, in: Frankfurter Allgemeine Sonntagszeitung, 18.6.2006, S. 43

Fleming, J.H./Coffman, C. /Harter, J.K. (2005), Manage Your Human Sigma, in: Harvard Business Review, July-August, 2005, S. 1-8

Fröndorff, B. (2006), Permanente Neuausrichtung, in: Handelsblatt, 3.01.2006, S. 18

Gallup (2005), Engagement-Index 2005, Studie zur emotionalen Bindung von ArbeitnehmerInnen in Deutschland, Berlin 2005

Gössing, L. (2005), Der Psychologische Vertrag, Saarbrücken 2005

Goldfuß, J. (2006), Chef aus Verlegenheit, in: Handelsblatt, Karriere und Management, 31.0.2006, S. 1

Großer, T. (2006), Es riecht nach Revolution, in: enable, 1/2006, S. 2

Hartmann, W./Kreutzer, R./Kuhfuß, H. (2004), Kundenclubs & More, Innovative Konzepte der Kundenbindung, Wiesbaden 2004

Lembke, J. (2006), Hier schreibt sogar der Vorstandschef, in: Frankfurter Allgemeine Sonntagszeitung, 5. März 2006, S. 44

London, S. (2005), A hunger for knowledge is China's real secret weapon, in: Financial Times, 5.10.2005, S. 9

Lundin, S.C./Paul, H./Christensen, J. (2001), Fish! Ein ungewöhnliches Motivationsbuch, Frankfurt/Wien 2001

Lutz, J. (2006), Mit Infos die Getreuen belohnen, in: Handelsblatt, Karriere und Management, 31.3.2006, S. 2

Merkle, W. (2005), Strategische Neupositionierung der Kaufhof Warenhaus AG, Vortrag auf dem marketing forum fhw, Berlin, 19.10.2005

Miegel, M. (2005), „Wir haben uns zu lange auf unseren Lorbeeren ausgeruht", in: Forum, 4/2005, S. 33-35 o.V. (3.1.2006), Dienstleister schaffen weiter neue Jobs, in: Handelsblatt, 3.1. 2006, S. 4

Roland Berger (2003), Kundenbindungsprogramme in großen deutschen Unternehmen, München, 9.5.2003

Samhoud, S./van der Loo, H./Geelhoed, J. (2005), Lust & Leistung, Mitarbeiter motivieren in schwierigen Zeiten, Weinheim 2005

Schawan, A. (2005), „Wir sind noch keine bildungshungrige Gesellschaft", in: General-Anzeiger, 27.12.2005, S. 3

Senge, P.M. (1990), The Fifth Discipline, New York 1990

Sixt, E. (2006), „Wir steigern den Gewinn um mindestens 20 Prozent", in: Frankfurter Allgemeine Sonntagszeitung, 25.6.2006, S. 37

Wieselhuber & Partner (2005), Marketing Performance, Wie fit sind Unternehmen bei der Messung und Kontrolle der Marketing-Performance, Studie von Dr. Wieselhuber & Partner, München 2005

Stauss, B. (2006), Eigeninitiative kommt an, in: acquisa, 4/2006, S. 72f.

Steinmann, H./Schreyögg, G. (2002), Management – Grundlagen der Unternehmensführung, Wiesbaden 2002

United Nations (2006), Population Division of the Department of Economic and Social Affairs of the United Nations Secretariat, World Population Prospects: The 2004 Revision and World Urbanization Prospects: The 2003 Revision, http://esa.un.org/unpp, 20 March 2006; 3:24:18 PM

Ralf T. Kreutzer

Schlüssel 2: Der entfremdete Kunde – Kaum einer hat oder will heute noch Kundenkontakt

Warum Handlungsbedarf besteht

Eine Zahl sollte uns alle zum Nachdenken anregen. Nach einer Studie des *Malik Management Zentrums* kennen in Großunternehmen 85 Prozent der Mitarbeiter ihre Kunden nur vom Hörensagen, das heißt, sie haben keinen direkten Kontakt zum Kunden (Malik, 2004, S. 35). Lediglich 15 Prozent haben einen direkten Zugang zu den Personen, auf die nach modernem Marketingverständnis die gesamte Unternehmensführung auszurichten ist. Diese Aussage gewinnt noch dadurch an Brisanz, dass mit dem Erklimmen der Hierarchie im Unternehmen der unmittelbare Kundenkontakt häufig immer weiter abnimmt. Je erfolgreicher und einflussreicher Entscheidungsträger in Unternehmen werden, desto weniger Kontakt haben sie zur Basis – obgleich auch sie nur von dieser leben und ihr Handeln folglich dominant auf diese Zielgruppe ausrichten müssten. Eine Studie von IBM in den USA und Europa zeigt, dass vier von fünf Managern Marketingaktionen durchführen, ohne die Erwartungen ihrer Kunden wirklich zu kennen (Reppesgaard, 2006b, S. 16). Dagegen zeigt eine Analyse der so genannten Hidden Champions, dass dort fünfmal so viele Mitarbeiter regelmäßig Kundenkontakt haben wie in Großunternehmen (Simon, 2006).

Aber wie wird Kundennähe heute honoriert? In der Regel sind diejenigen Mitarbeiter mit unmittelbarem Kundenkontakt eher unterdurchschnittlich bezahlt, wenn man beispielsweise an Verkäufer im Einzelhandel, Mitarbeiter im Service-Center oder Pflegepersonal in Krankenhäusern denkt. Auch hierin dokumentiert sich die Wertschätzung einer „Arbeit am Kunden".

Diese Einschätzung wird von einer Studie von *Bain & Company* unterstützt: „Es gibt viele Unternehmen, die so ausgeufert sind, dass das Management zu weit weg vom Kunden ist und nicht mehr weiß, was dessen Bedürfnisse sind und was die Leute tun, die mit den Kunden arbeiten.

Stattdessen igeln sich einige Manager im Elfenbeinturm in der obersten Etage ein und glauben, dass das, was auf dem Computerbildschirm angezeigt wird, und das, was ihnen die Stabsmitarbeiter erzählen, die Wahrheit ist" (Reppesgaard, 2006a, S. 1). Spätestens dann, wenn Manager mehr Zeit mit dem Laptop verbringen als mit dem Kunden, wird es Zeit, gegenzusteuern.

Damit wurde das Problemfeld 1 identifiziert: *Kein Kundenkontakt!*

Wenn das Top-Management Kundenkontakt hat, dann häufig zu Top-Kunden. Auf diese Weise entsteht unter Umständen ein ganz falsches Bild der Wahrnehmung des eigenen Unternehmens durch die Kunden (*Wahrnehmungs-Bias*), weil die größten und wichtigsten Kunden natürlich eine extrem verzerrte Stichprobe der gesamten Kundschaft darstellen. Wenn dann ein repräsentatives Sample aller Kunden befragt wird, kommen für das Top-Management zum Teil schockierende Ergebnisse zum Vorschein, die so gar nicht ins eigene Weltbild passen. Dieses besondere Aha-Erlebnis stellte sich beim Vorstand der französischen Privatbank *ABN AMRO* ein, als dort die Ergebnisse einer repräsentativen Kundenbefragung durch das *Gallup*-Institut präsentiert wurden (vgl. Galand/Lesur, 2006). Aufgrund der gravierenden Diskrepanzen zwischen Selbstbild und Fremdbild erstarb zunächst jegliche Kommunikation, dann machte sich im Veranstaltungsraum eisige Kühle breit. Bald setzten die klassischen Abwehrmechanismen ein: Zunächst wurden die gesamten Ergebnisse in Frage gestellt (Strategie: *Blaming the Figures*), dann wurde unterstellt, dass die falschen Kunden befragt worden wären (Strategie: *Blaming the Sample*) und schließlich wurde behauptet, dass ein US-amerikanisches Institut die französische Volksseele nicht verstehen könne (Strategie: *Blaming the Institute*). Häufig dauert es lange, bis diese *Denial Period* überwunden und die *Acceptance Period* erreicht wird; und dies ist mitnichten immer der Fall. Die Stärke des Vorstandes dieser Privatbank war, dass die Akzeptanzphase tatsächlich erreicht und man die Rückmeldungen der Kunden nicht nur ernstgenommen hat, sondern sie der weiteren Unternehmensentwicklung auch zugrunde gelegt hat. Damit war und ist die Bank viel mutiger und innovativer als das Marktumfeld, denn in Frankreich haben noch nicht einmal 50 Prozent der Privatbanken jemals eine Kundenbefragung durchgeführt (vgl. Galand/Lesur, 2006).

Bei Markenartikelherstellern liegt eine andere Verzerrung vor gemäß der These: „Alle führen Jahresgespräche. Und wer spricht mit dem Kunden?" (Brandmeyer, 2006). Die Manager fokussieren ihre Gespräche häufig auf den Handel und sehen diesen als ihren zentralen Ansprechpartner an – so, als ob der Handel auch der „Endverbraucher" wäre. Aber ein gutes „Hineinverkaufen in den Handel" setzt voraus, dass man auch weiß, wie das „Herausverkaufen aus dem Handel" verbessert werden kann. Dazu bedarf es einer weiter gefassten Definition von Kunde, einer, die über den Handelskunden hinausgeht.

Hiermit zeigt sich Problemfeld 2: *Verzerrter Kundenkontakt!*

Das Problem, das sich hier offenbart, zeigt sich häufig auch bei gruppendynamischen Prozessen. Es handelt sich um das *Auseinanderfallen von Fremd- und Eigenbild*. Die Relevanz dieser Kontrastierung kann anhand des *Johari-Fensters* veranschaulicht werden (benannt nach den Autoren Joseph Luft und Harry Ingham; Rechtien, 1999, S. 95f.; vgl. Abbildung 28). Bezüglich der Selbst- und Fremdwahrnehmung ist zwischen vier verschiedenen Quadranten zu unterscheiden. Im Quadrant I sprechen wir von der *öffentlichen Person*, weil es sich um die Verhaltensweisen und Motivationen handelt, die einer Person selbst und ihrer Umwelt bekannt bzw. für diese wahrnehmbar sind. Der *blinde Fleck* in Quadrant II umfasst die Verhaltensweisen, die andere bei einer Person wahrnehmen können, die diese Person selbst jedoch nicht kennt (zum Beispiel eingefahrene Gewohnheiten, sprachliche Marotten). Die *Privatperson* des III. Quadranten beinhaltet Aspekte, die man zwar selbst kennt, anderen gegenüber aber verborgen hält bzw. diesen nicht bekannt machen möchte. Dem IV. Quadranten ist das *Unbekannte* vorbehalten, über das sich eine Person selbst nicht bewusst ist und das auch anderen nicht bekannt ist. Häufig wird hierbei vom Unbewussten gesprochen (Rechtien, 1999, S. 95).

Übertragen auf den Unternehmensalltag dokumentiert sich im I. Quadranten die geplante und damit bewusst inszenierte *Selbstdarstellung des Unternehmens* nach außen und innen (vgl. Abbildung 29). Der III. Quadrant beinhaltet die *Interna des Unternehmens*, die im Innenverhältnis bekannt sind und dort beispielsweise zur Unternehmenssteuerung eingesetzt werden; diese können und sollen nach außen hin verborgen bleiben. Zu den unbekannten Faktoren des IV. Quadranten zählen *unausgeschöpfte Stärken*, wie bestimmte Mitarbeitertalente, die im Verborgenen blühen. Dazu zählen aber auch *nicht wahrgenommene Schwächen*, wie sie unter anderem Defizite im F&E-Bereich darstellen können, die bisher weder im Unternehmen noch im Markt aufgefallen sind.

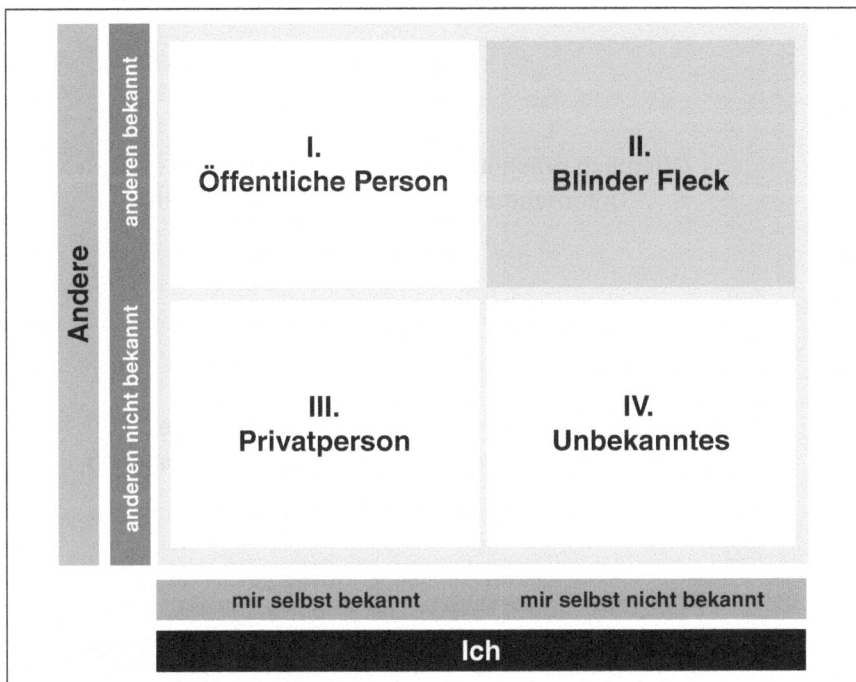

Abbildung 28: Johari-Fenster
(eigene Darstellung nach Rechtien, 1999, S. 96)

Bei unserem Thema gilt es, sich insbesondere mit dem II. Quadranten, dem *blinden Fleck des eigenen Unternehmens*, zu befassen. Was wissen andere von uns als Unternehmen, was uns selbst unbekannt ist? Was sehen andere, was wir nicht sehen? Dies kann ein tolles Image bei einer spezifischen Kundengruppe sein, die im Unternehmen nicht bekannt ist. Oder aber eine „lausige" Qualität im Service Center oder eine weit unterdurchschnittliche Produktqualität, über die jeder spricht – nur nicht im betreffenden Unternehmen selbst. Die vorgestellte Analyse soll dazu beitragen, dass der II. Quadrant keine „terra incognita" bleibt, sondern in Richtung des I. Quadranten entwickelt wird. Dazu gilt es, den oben aufgezeigten verzerrten Kundenkontakt zu überwinden, der eine ebensolche Sichtweise im Unternehmen zur Folge hat. Gleichfalls täten alle Verantwortungsträger in Unternehmen gut daran, sich selbst auf die Entdeckung ihrer „blinden Flecke" zu machen, sei es durch Coaching oder durch andere Feedback-basierte Methoden, um nicht nur am Unternehmen, sondern auch an sich selbst zu arbeiten.

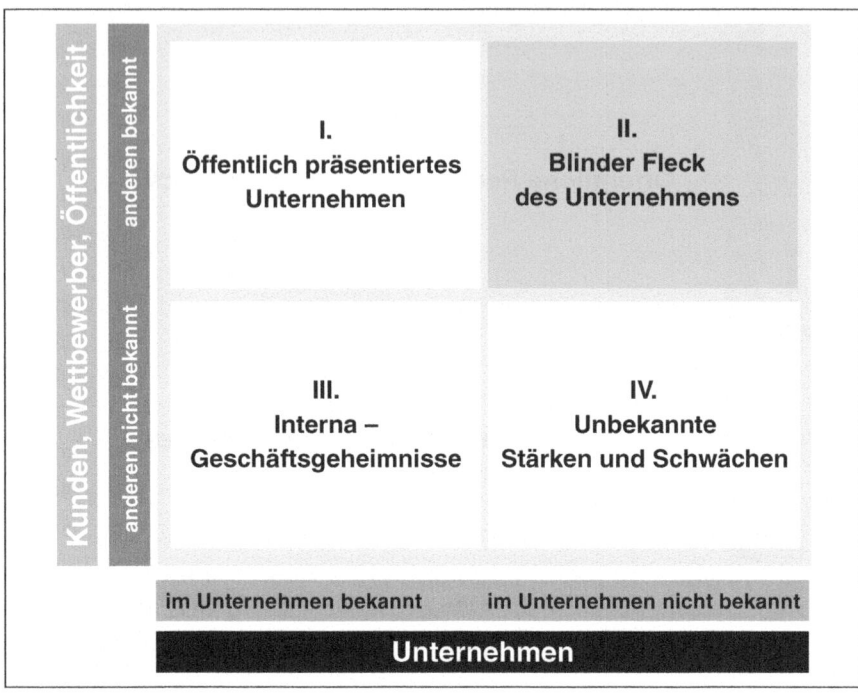

Abbildung 29: Johari-Fenster zur Unternehmensanalyse
(eigene Darstellung)

Teilweise werden in Unternehmen der Markt und die Kunden primär über die Markt- oder Marketingforschungsabteilung begutachtet. Aber auch dort häufig nicht direkt, sondern durch die Einschaltung von Marktforschungsagenturen, die bzw. deren Interviewer häufig die einzigen sind, die direkten Kontakt zum Interessenten und zum Kunden haben. Im Kern lasse ich mir als Manager dann von außen sagen, wie mein Unternehmen und meine Produkte und Dienstleistungen von meinen tatsächlichen oder gewünschten Kunden gesehen werden. Folglich ergibt sich mein Kundenbild aus den *Powerpoint*-Präsentationen der beauftragten Institute oder der unternehmenseigenen Marktforschung. Aber wie soll man einen 2,7-prozentigen Rückgang der Kundenzufriedenheit oder eine 8,2-prozentige Steigerung der Reklamationen bewerten, wenn der direkte Kontakt mit den Kunden fehlt? Die schönste Folienschlacht ersetzt nicht die direkte Konfrontation mit den Kunden!

Dabei handelt es sich um das Problemfeld 3: *Kundenkontakt nur über Marktforschung!*

Bei den Konsequenzen für das Unternehmen lassen sich Dutzende von Beispielen für Fehlentscheidungen aufgrund einer Entfremdung vom Kunden aufzeigen. Häufig liegen *Fehleinschätzungen der Erwartungshaltungen von Kunden* vor, wie dies etwa bei der Einführung der *R-Klasse* von *DaimlerChrysler* – einer Mischung aus Van, Kombi und Geländewagen – in den USA der Fall war. Vans gelten dort nicht als Luxus-Fahrzeuge, sodass die Kunden nicht bereit sind, dafür einen Preisaufschlag zu bezahlen – mit entsprechenden Auswirkungen auf die Absatzzahlen (o.V., 26.4. 2006, S. 15). Auch das Experiment *Smart*, das ca. sieben Milliarden Euro Verlust eingefahren haben soll, zeigt, in welchem Ausmaß Kundenerwartungen missinterpretiert worden sind (vgl. Zetsche, 2006, S. 33).

Beim Börsengang von *Air Berlin* 2006 kann eine dramatische *Überschätzung durch das eigene Management* diagnostiziert werden. Zunächst wurde die Aktie wie ein Markenartikel angeboten, unter anderem durch die Einbindung von *Johannes B. Kerner* als Testimonial, was insbesondere bei den relevanten institutionellen Anlegern negativ aufstieß. Dann wurde angesichts der noch „übersichtlichen" Profitabilität des Unternehmens eine viel zu hohe Preisspanne angesetzt. Diese Fehleinschätzungen führten nicht nur zu einer deutlichen Preisanpassung nach unten (von 17,50 auf 12 Euro pro Aktie), sondern auch die Menge der angebotenen Aktien musste deutlich reduziert werden (Mohr, 2006, S. 56).

Auch bei *Volkswagen* besteht aufgrund einer zunehmenden Entfremdung vom Kunden dramatischer Handlungsbedarf. Die geplante Neuausrichtung unter Federführung des Markenvorstands *Bernhard* zielt darauf ab, die *Technikverliebtheit des Managements* zugunsten von verkaufbaren Produkten zurückzufahren. Dieser lag zum einen das Ziel zugrunde, möglichst viele Innovationen in Fahrzeugen zu platzieren und dem Leitprinzip *Demokratisierung von Luxus* Rechnung zu tragen. Das damit verbundene *Overengineering* im Sinne eines technischen Perfektionismus führte dazu, dass nicht nur die Kosten stiegen, sondern auch die Länge der Produktionsprozesse selbst. So dauert heute die Fertigung eines *Golf* 48 Stunden und damit fast doppelt so lange wie die Herstellung eines vergleichbaren Fahrzeugs beim Wettbewerber (o.V., 11/2006, S. 94). Gleichzeitig stiegen natürlich auch die Kosten für die verbaute Technologie mit dem Ergebnis, dass Produkte entweder nicht mehr kostendeckend zu vermarkten oder für die Zielgruppen schlicht und einfach zu teuer wurden (wie dies zum

Beispiel beim *Golf V* sichtbar wurde). Zum anderen wurde ebenfalls versucht, bei technischen Lösungen immer wieder absolutes Neuland zu beschreiten. Dies „gelang" beim *Volkswagen* Cabrio *EOS* mit der Konsequenz, dass die Markteinführung aufgrund technischer Probleme immer wieder verschoben werden musste, bis diese – fast schon nach Ablauf der Cabrio-Kauf-Saison – im Mai 2006 erfolgte.

Nicht umsonst propagierten *Bernhard* und die Marke *Volkswagen* jetzt eine Rückbesinnung auf das, was die Marke „Volks"-Wagen einmal als ihren Markenkern besaß: die Herstellung qualitativ ausgereifter Fahrzeuge für breite Konsumentenschichten. Mit der Einführung des in Brasilien gefertigten *Fox* im europäischen Kleinwagensegment hat *Volkswagen* bereits beeindruckend deutlich gemacht, welche Erfolge hier erreicht werden können – ganz im Gegensatz zum Versuch, mit dem *Phaeton* unter der Marke *Volkswagen* in den automobilen Olymp aufzusteigen.

Dass auch bei vielen TV-Sendern nach wie vor eine große Entfremdung von der Zielgruppe vorliegt, kann an der Definition der *werberelevanten Zielgruppe* abgelesen werden. „Die 14- bis 49-jährigen Zuschauer bleiben auch in Zukunft die entscheidende Kernzielgruppe für die Werbewirtschaft", so lautet das Statement von *ProSiebenSat.1* (2005). Und als Begründung wird angeführt: „Über 80 Prozent aller TV-Werbekampagnen richten sich nach einer Untersuchung des *ProSiebenSat.1*-Vermarkters *SevenOne Media* an diese übergeordnete Zielgruppe oder an verschiedene Teil-Zielgruppen." Dient die Orientierung an den „anderen" als Rechtfertigung dafür, dass demografische Megatrends schlicht ignoriert werden (s. S. 17ff.)? Oder liegt dies einfach daran, dass dieser private Sender bei der älteren Zielgruppe im Vergleich zu *ARD* und *ZDF* deutlich unterrepräsentiert ist?

Noch ein weiteres Argument soll die Relevanz für Kundennähe unterstreichen. Unternehmen haben eine Vielzahl von Möglichkeiten, um vertragliche Bindungen zu wichtigen Partnern aufzubauen – sei es zu Mitarbeitern, Dienstleistern, Lieferanten, Absatzmittlern und Banken. Bei Kunden sind diese Möglichkeiten stark eingeschränkt. Sie finden sich zum Beispiel im Mobilfunkmarkt (aber nur bei Postpaid-Verträgen), beim Bertelsmann Club und beim Zeitschriften- und Zeitungs-Abo. Aber was bindet einen Kunden, auch morgen noch *BOSS* zu kaufen, bei *Douglas* zu shoppen, bei *McDonald's* zu speisen, *Coca-Cola* zu trinken, *Audi* zu fahren und im *Steigenberger* zu nächtigen? Nur eines: die Befriedigung der Kundenerwartungen!

Diese ausgewählten Beispiele machen eines deutlich: die Notwendigkeit der Rückbesinnung auf den Marketing-Kern, die Nähe zum Kunden.

Welche Felder sollten zur Erreichung von Kundennähe ausgelotet werden?

Im Folgenden wird exemplarisch aufgezeigt, welche Kontaktpunkte, heute häufig auch *Customer Touch Points* genannt, in den zentralen, nach außen wirkenden Erfahrungsfeldern zu analysieren sind, um die notwendige Kundennähe zu erreichen. Zusätzlich wird herausgearbeitet, welche Unternehmensbereiche oder -leistungen als „Verursacher" zu berücksichtigen sind. Dabei gilt, die an diesen Punkten ermittelten Ergebnisse zu einer Gesamtbewertung des Unternehmens und seiner Leistungen aus Kundensicht vorzunehmen – damit nicht aus einer Partialperspektive nur Stückwerk produziert wird (vgl. Abbildung 30).

Neben dem Informationsfeld „Kommunikation" ist der gesamte Such- und Kaufprozess des Kunden auf weitere relevante Touch Points und Handlungsnotwendigkeiten abzuklopfen (vgl. Abbildung 31).

Darüber hinaus ist auch die Phase des Gebrauchs und der dabei unter Umständen erforderlichen Hilfestellung auf zentrale Informationsbedarfe abzuprüfen. Dabei kann eine Orientierung an den in Abbildung 32 aufgezeigten Bereichen zweckmäßig sein.

Eine Orientierung an diesen Kriterien ist notwendig, um zunächst den Ist-Zustand als Ausdruck der *Status quo-Perspektive* zu ermitteln. Dieser muss sich die dynamische Perspektive anschließen, um die Entwicklungen im Zeitablauf zu ermitteln und gleichzeitig festzustellen, ob die eingeleiteten Maßnahmen die gewünschten Wirkungen zeigen.

Aktionsfeld des Unternehmens	Touch Points	Kundenerwartung	Involvierte Bereiche
Kommunikation	Werbung	• Ich verstehe den Anspruch der Marke • Die Botschaft ist verständlich	• Marketing-Verantwortliche • Marketingprozesse • Marke
	Public Relations	• Unternehmen stellt sich den aktuellen Herausforderungen der Zeit • Unternehmen bemüht sich um Good Corporate Citizenship	• PR-Abteilung • Vorstand/Geschäftsführung
	Sponsoring	• Ich kann das Engagement mit dem Unternehmen verbinden • Ich verbinde das Unternehmen mit sportlichem Erfolg	• Partner-Management • Marketing-Verantwortliche
	Direktmarketing	• Ich kann darüber entscheiden, ob ich es erhalten will • Enthält relevante Informationen für mich	• Marketing-Verantwortliche • Marketingprozesse
	...	...	...

Abbildung 30: Informationsfeld „Kommunikation"
(eigene Darstellung)

Schlüssel 2: Der entfremdete Kunde

Aktionsfeld des Unternehmens	Touch Points	Kundenerwartung	Involvierte Bereiche
Such- und Kaufprozess	Einzelhandel	• Ich finde dort den Auftritt, den ich von der Marke erwartet habe • Ich werde qualifiziert beraten • Alle gewünschten Produkte sind vorrätig • Das Produkt wird mir gut erklärt • Der Prozess wird effizient abgewickelt	• Store-Management • Vertriebsprozesse • Human Resources • Produkt-Marketing
	Online-Shop	• Ich finde auf der Homepage schnell die relevanten Informationen • Die Preisstruktur ist für mich gut nachvollziehbar • Ich kann vor dem Kauf die Verfügbarkeit der Produkte prüfen • Der Prozess ist für mich sicher • Ich kann eine telefonische Beratung erhalten	• Internet-Verantwortliche • Marketing-Verantwortliche • Supply-Chain-Verantwortliche
	…	…	…

Abbildung 31: Informationsfeld „Such- und Kaufprozess des Kunden"
(eigene Darstellung)

Welche Felder sollten zur Erreichung von Kundennähe ausgelotet werden?

Aktionsfeld des Unternehmens	Touch Points	Kundenerwartung	Involvierte Bereiche
	Produkt	• Das Produkt ist gut erklärt und leicht zu bedienen • Alle Funktionen arbeiten einwandfrei • Das Produkt entspricht dem aktuellen Stand der Technik • Ich erwarte eine hohe Haltbarkeit	• Produkt-Management • Marketing-Verantwortliche
Kommunikation	**Customer Service Center**	• Ich erwarte, dass der Anruf nach sieben Sekunden angenommen wird • Meine Fragen sollen möglichst sofort beantwortet werden • Ich wünsche eine fachkundige Ansprache • Im Center sollen sie mich kennen	• Call-Center-Verantwortliche • CRM-Verantwortliche • Marketingprozesse • Human Resources
	Einzelhandel	• Auf meine Fragen erhalte ich hier kompetente Antworten • Ich werde auch dann noch gut beraten, wenn ich bereits Kunde bin	• Store-Management • Vertriebsprozesse • Human Resources • Marketing-Verantwortliche
	...	...	...

Abbildung 32: Informationsfeld „Nutzungsphase des Kunden"
(eigene Darstellung)

Schlüssel 2: Der entfremdete Kunde

Auf welchem Weg kann „Kundennähe" gelebt werden?

Welches sind die zentralen Vorgehensweisen, um die oben genannten Informationsbedarfe zu befriedigen und eine größere Nähe zum Kunden zu schaffen?

Nutzung der bereits vorhandenen Customer Touch Points

Alles, was *Porsche*-Vorstand *Wiedeking* gehört hatte, war, dass ein wohlhabender Kunde, der in seinem Leben schon 49 Porsche gekauft hatte, beim Versuch, die Nummer 50 zu erwerben, verärgert die Filiale verlassen und den Kauf storniert hatte, weil er herablassend behandelt worden war. Immerhin, diese Information ist bei ihm angekommen, was für die Informationskultur im Hause *Porsche* spricht (Reppesgaard, 2006b, S. 16).

Denn um Kundennähe aufzubauen, geht es im Kern um die *Rückführung von Informationen aus dem Markt in das Unternehmen* hinein, die über Statusreports von klassischen Marktforschungsinstituten hinaus geht. Hierzu gehört das Bewusstsein, dass es neben der Marktforschung in den meisten Unternehmen bereits eine Vielzahl von Berührungspunkten zu den Kunden und Interessenten gibt, wie oben deutlich wurde. Jedes Unternehmen tut gut daran, einmal eine kritische Bestandsaufnahme dieser Touch Points vorzunehmen. Dazu zählen, wie bereits dargestellt, unter anderem der Vertrieb bzw. der Außendienst, das Customer Service Center oder die Reklamationsabteilung. Zum zweiten ist zu ermitteln, welche Botschaften über diese an Kunden und Interessenten in den Markt hinein kommuniziert und welche Werbemittel dabei verwendet werden (vgl. hierzu das Beispiel von *dba*, S. 37f.).

Eine solche Bestandsaufnahme liefert teilweise erschreckende Ergebnisse; doch zur erfolgreichen Therapie gehört nun einmal eine „objektive" Diagnose. Mit der inhaltlichen Aufnahme der „gesendeten" Informationen ist die Bestandsaufnahme aber noch nicht abgeschlossen. Sie muss vielmehr um die Fragestellung ergänzt werden, was mit den vom Markt gewonnenen Informationen passiert. Verbleiben diese in den Customer Touch Points? Und wenn ja, in den Köpfen der angesprochenen Mitarbeiter oder in auswertbaren Dokumentationssystemen? Und wenn nein, an wen werden diese Informationen im Unternehmen weitergeleitet? Sind es die richtigen Ansprechstationen, wird mit den Daten gearbeitet oder versanden sie hier (vgl. Abbildung 33)?

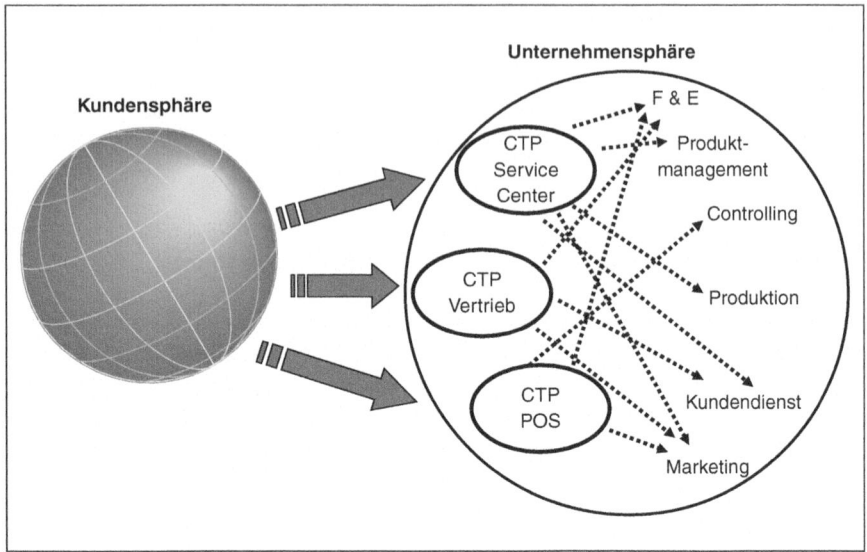

Abbildung 33: Sicherstellung eines Informationsflusses vom Markt ins Unternehmen (CTP steht für Customer Touch Points)

Dieser Rückfluss von Informationen in das Unternehmen kann über Beschwerden oder auch Lob am POS, im Service Center oder über den Vertrieb selbst erfolgen, wenn eigene Vertriebsmitarbeiter die Handelspartner und/oder Endkunden direkt betreuen. Entscheidend ist, dass die aufgelaufenen Informationen weiter in das Unternehmen hineingetragen werden. Die Vertriebsmannschaft sollte dafür nicht nur entsprechend motiviert, sondern auch entlohnt werden, wenn wichtige Informationen über den Kunden und den Markt ins Unternehmen und die Abteilungen zurück fließen. Dies kann im Marketing durch eine Anpassung der Kommunikation (z. B. in Richtung der aufgebauten Erwartungshaltungen) ebenso geschehen wie im Produktionsbereich, wo mögliche Reklamationsursachen festgestellt werden können. Im Controlling wiederum sind die finanziellen Implikationen zu ermitteln. Selbst wenn eine Reklamation beispielsweise im Customer Service Center abschließend bearbeitet werden kann, darf das Wissen über die zugrunde liegenden Ursachen dort nicht versanden, sondern muss an die verantwortlichen Bereiche im Unternehmen weitergeleitet werden (vgl. weiterführend Arussy, 2002). Denn Kunden-Feedback ist der notwendige „Schmier- und Brennstoff", um Weiterentwicklungen des gesamten Leistungsprozesses zu fördern.

Gelebte Kundennähe – oder: Manager an die „Front"

Natürlich gehört zu der oben beschriebenen Geschichte von *Porsche* noch ein Happy End: *Wiedeking* setzte sich umgehend ins Flugzeug, suchte den Kunden zu Hause auf und lud ihn zum Abendessen ein. Das kurzfristige Ergebnis: Der Kunde bestellte seinen 50. *Porsche* (Reppesgaard, 2006b, S. 16). Der langfristige Effekt: Das eindeutige Bekenntnis des ersten Mannes im Unternehmen zum Dienst am Kunden (fast) um jeden Preis – eine Botschaft, die nachhaltig in das Unternehmen hineinwirken wird. Solche Anekdoten sind prägende Elemente der Unternehmenskultur.

Jedes Unternehmen ist gut beraten, einmal für sich selbst kritisch zu überprüfen, welchen Stellenwert „Kundenkontakt" im Unternehmen selbst hat. Gehört es zum „Geist und Stil des Hauses", in regelmäßigen Abständen selbst an der „Kundenfront" aktiv zu sein, um den Kontakt zur Basis nicht zu verlieren? Ist es Teil des Selbstverständnisses, dass jede Führungskraft regelmäßig „Dienst am Kunden" tut, oder bleibt dies die Ausnahme oder sogar ganz aus?

Dass es zumindest ansatzweise auch anders gemacht wird, zeigte die Führungsspitze von *KarstadtQuelle*. In der harten Sanierungsphase legten im Weihnachtsgeschäft 2005 der Vorstandsvorsitzende und seine Kollegen am POS im wahrsten Sinne des Wortes „Hand an" – beim Verpacken der Ware für die Kunden. Außerdem fand sich das Top-Management auch im unternehmenseigenen Call Center ein, um aus erster Hand Informationen über Anliegen und Reklamationen der Kunden zu erhalten. Der *IKEA*-Gründer *Ingvar Kamprad* verordnete seinen Managern „unbürokratische Wochen" – und ließ sie beispielsweise zum Lagerverwalter werden (Gmelin, 2002). *Erich Sixt* findet sich ebenfalls zweimal im Monat – unangemeldet – in einer Filiale ein, um dort zu bedienen (Sixt, 2006, S. 37). Ex-*Telekom*-Chef *Kai-Uwe Ricke* hat 2005 verkündet, dass sich alle Führungskräfte der *Deutschen Telekom* fünf Tage pro Jahr an der Kundenfront bewähren müssen, sei es im Call Center oder in T-Points. Zur wirksamen Durchsetzung wurde dieses Programm an den Bonus der Führungskräfte gekoppelt (Simon, 2006). Wenn die dahinter liegende Einstellung damit dauerhaft im Unternehmen verankert wird, kann diese – über den gewünschten PR-Effekt hinaus – einer Entfremdung vom Kunden entgegen wirken.

Bei *Vodafone* absolvieren alle Top-Manager drei Tage im Jahr im Call Center und beantworten Kundenanrufe. Auf diese Weise erfahren sie aus erster Hand, was die Kunden und Vertriebspartner bewegt und können folglich auch viel kundenorientierter agieren. Gleichzeitig können sie am eigenen Leib erfahren, welche Kompetenzen ein Servicemitarbeiter benötigt, um möglichst viele Kundenanliegen unmittelbar lösen zu können (Reppesgaard, 2006a, S. 1).

Malik (2004, S. 35) fordert diesen Kontakt zur Basis und eine praktizierte Kundennähe als Teil der Unternehmenskultur drastisch ein: „Ich sehe zum Beispiel keinen Grund, warum Vorstände jeden Morgen mit der Chauffeurslimousine zur Arbeit gefahren werden. Und nicht gelegentlich einen Bus nehmen oder die U-Bahn. ... Sie sollen nicht in der Business Class reisen oder mit dem Firmenjet. Sie sollten vielmehr dort anstehen, wo alle anstehen am Flughafen. Sie sollen die Welt spüren. Viele Manager leiden unter sensorischer Deprivation. ... Sie kennen die wirtschaftliche Realität nicht mehr, sie sind viel zu weit weg von dem Ort, an dem tatsächlich die Wertschöpfung entsteht."

Dieser „Fronteinsatz" muss dabei nicht auf Manager beschränkt bleiben. Der Brüsseler Industriekommissar *Günter Verheugen* hat seinen Spitzenbeamten Betriebspraktika verordnet, um Antworten auf folgende Fragen zu erhalten: „Ich möchte von den Unternehmern wissen, wie viel Zeit sie zum Beispiel aufwenden müssen, um europäische Auflagen zu erfüllen, die ihnen in der Produktion fehlt. Wie hoch sind die Kosten der Bürokratie, die wir mit unseren Richtlinien auslösen?" (Drewes, 2006, S. 17). Dies ist ein exzellentes Beispiel für praktizierte Kunden- bzw. hier Bürgernähe.

Wie ernst der Kunde im Unternehmen tatsächlich genommen wird, kann auch daran abgelesen werden, wie über den Kunden gesprochen wird. Wird er in internen Trainings für Telefon-Marketing als „Fuzzy" bezeichnet oder wird gewitzelt, „Bei uns steht der Kunde im Mittelpunkt – und damit immer im Weg!" bzw. „Das einzige, was stört, ist der Kunde!", dann steckt dahinter häufig eine kritische ablehnende Haltung. Wie anders klingt dagegen das jedem Mitarbeiter vermittelte Credo der Hotelgruppe *Ritz-Carlton*: „We are Ladies and Gentlemen, serving Ladies and Gentlemen". Überzeugender kann das Selbstverständnis einerseits und die Wertschätzung den Kunden gegenüber andererseits nicht ausgedrückt werden. Auch wenn die Floskel „alles Geld kommt vom Kunden" inzwischen ziemlich abgenutzt ist, so bleibt es eine zentrale Aufgabe der Kommunikation, das dahinter stehende Bewusstsein dauerhaft, immer wieder und wieder im Unternehmen zu verankern.

Spezifische Marktforschungswerkzeuge zur Erhöhung der Kundennähe

▶ **Mystery Market Research**

Wie bereits deutlich wurde, kann das Vorhandensein oder Fehlen einer ausreichenden Kundenorientierung nicht allein bei der Besprechung klassischer Marktstudien festgestellt werden. „7,2 Prozent der Kunden sind mit der gebotenen Servicequalität nicht zufrieden" – diese Aussage auf Seite 25 unten rechts einer 40-seitigen Mafo-Präsentation lenkt das Augenmerk nicht ausreichend auf einen solchen Punkt. Wer authentische Einblicke in sein Unternehmen durch die „Augen seiner Kunden" erleben will, kommt um den Einsatz von Instrumenten wie beispielsweise *Mystery Market Research* nicht umhin. Hierbei werden als ganz normale Kunden „getarnte" Personen im Auftrag eines Marktforschungsinstituts aktiv, um aus Sicht eines Interessenten bzw. eines tatsächlichen Kunden heraus zu dokumentieren, wie das „Serviceerleben" wahrgenommen wird. Es ist festzustellen, in welchem Ausmaß die bei Kunden oder Interessenten aufgebauten Erwartungen im direkten Kontakt mit den Serviceeinrichtungen bzw. den weiteren Leistungen des Unternehmens erfüllt werden. Gerade dieser Servicequalität kommt an den Kundenschnittstellen eine besondere Bedeutung zu, weil aus Sicht der Kunden viele Angebote austauschbar geworden sind.

Die gewünschte Qualität kann an diesen Kundenschnittstellen nicht allein durch ein gutes Briefing der beteiligten Instanzen erreicht werden. Erst ein geschlossener Feedback-Kreislauf, der die „echte" Interessenten- und Kundenperspektive einschließt, stellt die notwendigen Informationen zur Überwachung der gesamten Leistungserbringung bereit. *Mystery-Analysen* liefern die notwendigen Informationen, um die Qualität an den relevanten Customer Touch Points zu erfassen.

Beim *Mystery Shopping* etwa begibt sich der Test-Kunde in die Filiale eines Warenhauskonzerns, lässt sich hinsichtlich der Kleiderwahl für einen ganz bestimmten Anlass beraten – um seine Serviceerfahrungen im Nachgang säuberlich zu dokumentieren. Häufig lautet die ergänzende Anweisung, die gekauften Kleidungsstücke zwei Stunden später ohne Kommentar wieder zurückzubringen, um die Reaktionen des Verkaufspersonals auf dieses Ansinnen ebenfalls festzuhalten. Dabei stehen unter anderem folgende Fragen im Mittelpunkt:

- Wie lange musste auf Verkaufspersonal gewartet werden?
- Wie gut war das Verkaufspersonal als solches erkennbar?
- Nahm das Verkaufspersonal von sich aus Kontakt auf oder musste der Kunde aktiv werden?
- Wie freundlich wurde der Kunde begrüßt?
- Wie intensiv wurde der Kunde nach seinen konkreten Wünschen befragt?
- In welchem Ausmaß wurden diese Wünsche bei der Präsentation von Produkten berücksichtigt?
- Wie stark wurde versucht, den Kauf auf teure Produkte zu lenken?
- Wie umfassend konnte das Verkaufspersonal Produktvorteile darstellen?
- Wie ausführlich konnte das Verkaufspersonal über Stärken und Schwächen der Produkte im Wettbewerbsvergleich informieren?
- Wie sicher war das Verkaufspersonal beim Abschluss des Kaufes?
- Wie freundlich war die Verabschiedung?
- Wie souverän ging das Verkaufspersonal mit der Rückgabe der gekauften Ware um?

Wenn in derartigen Untersuchungen nicht nur das eigene Unternehmen im Mittelpunkt steht, sondern die besten Wettbewerber der eigenen Branche, so wird aus diesem Vorgehen ein echtes *Benchmarking*. Hierdurch werden Stärken und Schwächen des eigenen Unternehmens im Vergleich mit den Best-Practice-Vorgehen der Konkurrenten sichtbar. Abbildung 34 zeigt, wie diese Ergebnisse aufbereitet werden können, um unmittelbar Anhaltspunkte für die Verbesserung der eigenen Servicequalität zu erhalten (z. B. für entsprechende Schulungsmaßnahmen). Sind in die eigene Wertschöpfungskette weitere Servicepartner eingebunden, deren Qualität überprüft wurde, so können diese Ergebnisse in Bonus- und Malussysteme bei der Honorierung der von diesen erbrachten Leistungen einfließen.

Um nicht nur von den Besten der eigenen Branche zu lernen, bietet sich ein *branchenübergreifendes Benchmarking* an, in dem *die „Best in class"-Unternehmen* aus unterschiedlichsten Branchen gleichermaßen durch Mystery Shopper unter die Lupe genommen werden. Häufig gelingt es erst auf diese Weise, ganz neue Lösungsideen zu entwickeln, die in die eigene Branche bisher noch keinen Eingang gefunden haben.

Durch *Mystery Calls* werden zum Beispiel die Servicequalität einer Hotline, der Unternehmenszentrale oder auch der eigenen Pressestelle überprüft. Hierbei kann sich die Erhebung an folgenden Fragen orientieren:

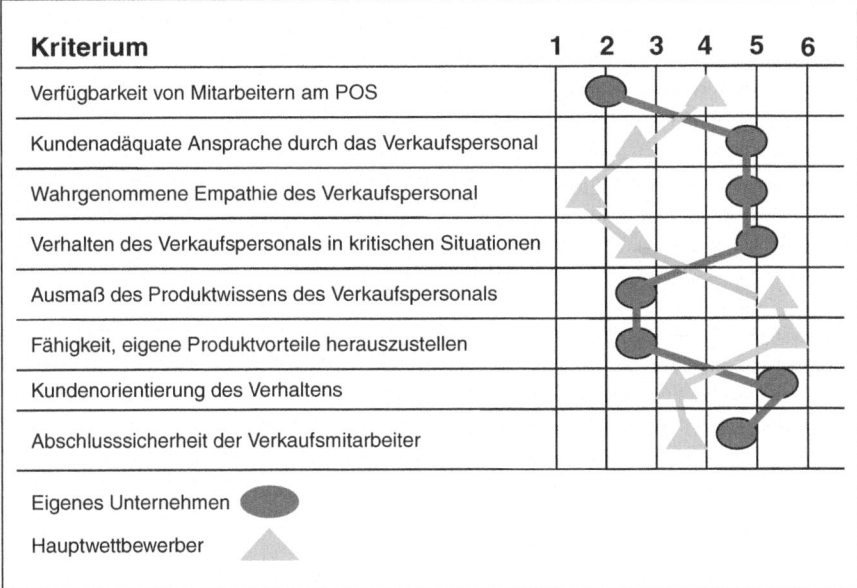

Kriterium	1	2	3	4	5	6
Verfügbarkeit von Mitarbeitern am POS						
Kundenadäquate Ansprache durch das Verkaufspersonal						
Wahrgenommene Empathie des Verkaufspersonal						
Verhalten des Verkaufspersonals in kritischen Situationen						
Ausmaß des Produktwissens des Verkaufspersonals						
Fähigkeit, eigene Produktvorteile herauszustellen						
Kundenorientierung des Verhaltens						
Abschlusssicherheit der Verkaufsmitarbeiter						
Eigenes Unternehmen						
Hauptwettbewerber						

Abbildung 34: Ergebnisse eines Benchmarking durch Mystery Shopping

- Wie häufig klingelte das Telefon, bis abgehoben wurde?
- Wie konkret stellte sich der Gesprächspartner vor?
- Ließ sich der Gesprächspartner den Sachverhalt ausführlich schildern?
- In welchem Ausmaß versuchte der Gesprächspartner, andere (z. B. Kollegen, Bereiche oder den Anrufer selbst) für das Problem verantwortlich zu machen?
- Argumentierte der Gesprächspartner problem- oder lösungsorientiert?
- In welchem Ausmaß wurde konkrete Unterstützung angeboten?
- Wurden versprochene Maßnahmen in der vereinbarten Frist umgesetzt?
- In welchem Umfang vermittelte der Gesprächspartner den Eindruck, tatsächlich an der Lösung des Problems interessiert zu sein?
- Wie freundlich erfolgte die Verabschiedung?

Um derartige Analysen nicht nur aus der Interessenten-, sondern auch aus der Kundenperspektive durchführen zu können, müssen entsprechende Kundendaten als Dummy-Adressen in den Datenbanken angelegt werden. Erst auf diese Weise kann erfasst werden, ob Kunden im Sinne der definierten Vorgaben betreut werden. Um eine vergleichbare Datengrundlage zu erhalten, ist in diesem Fall – wie auch bei den anderen Mystery-Ansätzen – jeweils ein konkretes Szenario für die Ansprache vorzugeben (z. B. Vertragswechsel, Kündigung, Produktdefekt).

Die Bandbreite dieser Mystery-Analysen umfasst außer den oben genannten Bereichen auch *Mystery Mail* und *Mystery E-Mail* (zum Check der Kommunikationsqualität), *Mystery Dining and Sleeping* (zur Überwachung von Gastronomie- und Hotelleriegewerbe) bis hin zum *Mystery Travelling* (zur Überprüfung der Servicequalität im Tourismus). Derartige Dienstleistungen werden unter anderem von den Unternehmen *Vocatus*, *gorath servicetest* und *FairControl* angeboten.

Authentische Erkenntnisse können auch dadurch gewonnen werden, dass (leitende) Mitarbeiter regelmäßig Filialen besuchen, um sich durch solche *Mystery Visits* einen eigenen Eindruck von Erscheinungsbild und Serviceorientierung zu machen. Eine Selbstverständlichkeit sollte dabei sein, dass derartige Kontrollbesuche nicht angekündigt werden. Dass dies teilweise dennoch erfolgt, kann dazu führen, dass manche Entscheidungsträger vielleicht gar nicht so genau wissen, wo bzw. in welchem Ausmaß etwas im Argen liegt. In der Regel ist allerdings der Betriebsrat generell über laufende Maßnahmen zu informieren.

▶ **Aktive Einbindung der Kunden in die Informationsgewinnung**

Aber es muss nicht alles inkognito ablaufen. Ein Reiz kann auch darin bestehen, ganz gezielt auf die Kunden zuzugehen und das Gespräch mit ihnen zu suchen. Es kann beispielsweise sehr interessant sein, Kunden und Ziel-Kunden zu einem *Kreativ-Workshop* einzuladen, der die Erarbeitung von Ideen für das zukünftige Leistungsprogramm zum Inhalt hat. Ein solcher Schritt ist zum einen ein deutliches Signal in Richtung Wertschätzung der Kunden, welches sich durch Mund-zu-Mund-Propaganda weit über den eigentlichen Teilnehmerkreis hinaus ausbreiten wird. Zum anderen können durch einen moderierten Dialog mit den Kunden spannende Ideen für die unternehmerische Weiterentwicklung gewonnen werden, wie ich es bei mehreren Veranstaltungen selbst erleben konnte. Teilweise wünschen sich die Kunden Produkte oder Dienstleistungen, die so naheliegend sind, dass sie bei unternehmensinternen Workshops selbst nicht erkannt wurden!

Im Automobilbereich hat sich der Einsatz von so genannten *Car-Clinics* bewährt. Die Car-Clinic bindet Kunden in einer sehr frühen Phase in die Designentscheidungen ein. Hier werden neue Modelle bereits lange vor der Markteinführung potenziellen Kunden vorgestellt, um das neue Modell – häufig im Wettbewerbervergleich – bewerten zu lassen. Durch die frühe Einbindung besteht dabei die Möglichkeit, die Kundenbewertung bei der Optimierung einfließen zu lassen (vgl. Meffert, 2000, S. 1364). *Porsche* hat dieses Verfahren im Vorfeld der Entscheidung über die Aufnahme der vierten Produktlinie mit dem viersitzigen Coupé *Panamera* genutzt. Hier galt es unter anderem herauszufinden, ob ein solches Angebot aus Sicht der bisherigen Kunden mit dem *Porsche*-Image kompatibel sei.

Es kann auch sehr spannend sein, einmal mitzuerleben, wie Werbemittel von den Kunden aufgenommen werden. Dazu bietet beispielsweise das *Siegfried-Vögele-Institut* der *Deutschen Post* an, Mailings per Blickregistrierung bewerten zu lassen. Neben der Erkenntnis, welche Inhalte des Mailings zum Verweilen und Lesen einladen, kann auch die Wirkung des Mailing-Packages selbst sehr interessant sein. Teilweise konnten Auftraggeber sehen, wie repräsentative Testpersonen das gut verschweißte Package zu öffnen versuchten – und nach kraftvollem Einsatz alle Mailing-Bestandteile im Raum verstreut zu finden waren. Wer einmal einer solchen Demonstration beiwohnte, wird nie mehr vergessen, die Mailings nicht nur nach Schönheit und Gewicht, sondern auch danach zu beurteilen, ob sich diese auch in der gewünschten Art und Weise öffnen lassen. So erfolgt ein Eintauchen in die ganz normale „Nutzungswelt" der Kunden und geht über die reine Response-Bewertung von Mailing-Aktionen weit hinaus.

Auch einzelne Instrumente der klassischen Marktforschung können, richtig eingesetzt, der Entfremdung entgegen wirken. Dies gelingt beispielsweise durch die Einrichtung eines *Kundenpanels*. Hierbei wird eine repräsentativ ausgewählte Kundengruppe über einen längeren Zeitraum regelmäßig zu gleichen Themenbereichen befragt, um auf diese Weise Entwicklungen in der Kundenwahrnehmung festzustellen. Dies erfolgt zum Beispiel in der Musikindustrie durch *Online-Panels*. Panelteilnehmer erhalten wöchentlich eine Einladungs-E-Mail mit einem Link, um an einer Bewertung von neuen Songs teilzunehmen. Durch dieses kundennahe Vorgehen soll erreicht werden, dass die heute noch bei 98 Prozent liegende Flop-Quote in der Musikindustrie deutlich gesenkt wird (Vocatus, 2006, S. 2). Auch für andere Fragen bietet sich das Panel an, insbesondere wenn es als Online-Panel ausgestattet ist. Ob die Relevanz einer bestimmten technischen Funktion, die Bewertung einer Werbekampagne oder das Interesse an bestimmten Promotions ermittelt werden soll, über den Online-Kanal können solche Fragen mit kurzen Vorlaufzeiten beantwortet werden. Die Unternehmen haben dabei das Ohr ganz nah am Kunden!

Institutionalisierung der Kundennähe

Die Kundennähe kann auch organisatorisch im Unternehmen verankert werden. Hierzu werden in innovativen Unternehmen *Kundenbeiräte* („Client Boards") ins Leben gerufen, in denen mit ausgewählten Kunden zwei- bis dreimal pro Jahr über strategische Projekte und Erwartungshaltungen diskutiert wird. Da hierbei häufig Großkunden oder strategisch wichtige Kunden eingebunden werden, muss man sich über die unzureichende Repräsentativität der hier gewonnenen Erkenntnisse für die Gesamtheit der Kunden bewusst sein. Dies ist etwa beim 2006 gegründeten Kundenbeirat des Low-Cost-Carriers *dba* der Fall, die in ihrem Beirat Vertreter der Unternehmen *Microsoft, Siemens, Deutsche Post World Net* und *IBM* aufgenommen haben, mit denen auch Rahmenverträge abgeschlossen wurden (dba, 2006).

Einen anderen Weg hat die *Postbank* beschritten, die ebenfalls 2006 einen *Kundenbeirat 60plus* gegründet hat. Bei der Weiterentwicklung des Leistungsangebots möchte die *Postbank* diese wichtige und besonders treue Zielgruppe einbinden. Deshalb wurden 21 *Postbank*-Kunden im Alter von 60 bis 71 Jahren gebeten, Produkte, Dienstleistungen und Service der *Postbank* zu prüfen und Anregungen für Verbesserungen zu geben. Das Motto lautet dabei: „Wir planen nicht für Senioren, sondern mit Senioren – denn Zukunft braucht Erfahrung!" (Postbank, 2006). Wie anders klingt dies im Vergleich zur Festlegung der werberelevanten Zielgruppe von ProSiebenSat.1!

Dass der Kundenbeirat allein keine Erfolgsgarantie für kundenorientiertes Handeln ist, zeigt das Beispiel *Deutsche Bahn*. Diese verfügt bereits seit 2004 über ein entsprechendes Gremium, das mit 32 Fahrgastvertretern besetzt ist und damit einen repräsentativen Querschnitt der Kunden des DB Personenverkehrs darstellt (DB, 2004). Über das Ausmaß der bereits erreichten Kundenorientierung kann sich jeder Bahnreisende selbst einen Eindruck verschaffen.

Eine dauerhafte *Integration der Kunden in die Produktentwicklung* als weiterführendes Konzept zur Erreichung von Kundennähe findet zurzeit am ehesten noch im Investitionsgüterbereich statt (zur *Customer Integration* vgl. Kotler/Bliemel, 2001, S. 87f.). Dort werden manche Entwicklungsprojekte gemeinsam mit *Lead-Usern* durchgeführt. Dies ist beispielsweise beim Bau von Anlagen der Fall, aber auch in der Kfz-Industrie, wo Wünsche der Automobilhersteller von den Zulieferunternehmen schon in den Entwicklungsprozess einbezogen werden. Studien zu diesem Bereich zeigen, dass Unternehmen, denen erfolgreiche Produktentwicklungen gelingen, ihre Kunden viel umfassender in den Innovationsprozess einbinden als solche mit „Flop-Produkten" (vgl. Becker, 2001, S. 703). Diese Form der Integration muss nicht auf den B2B-Markt beschränkt bleiben. So bindet etwa *Procter & Gamble* seine Kunden intensiv in die Weiterentwicklung der *Pampers*-Produktfamilie ein, indem Kunden mit ihren Kindern diese Produkte im Verbraucherkontaktzentrum in Schwalbach auf Alltagstauglichkeit testen (vgl. Hartmann/Kreutzer/Kuhfuß, 2004, S. 151; besonders innovative Ansätze zur *interaktiven Wertschöpfung* finden sich bei Reichwald/Piller, 2006).

In anderen Bereichen kann auch eine Integration der Kunden in den Wertschöpfungsprozess selbst erfolgen, wie dies beispielsweise der Computerhersteller *Dell* umsetzt. Aufgrund des internetbasierten Geschäftsmodells wird es dem Kunden ermöglicht, ein speziell auf seine Bedürfnisse ausgerichtetes Modell zusammen zu stellen, das auch erst nach verbindlicher Auftragserteilung produziert wird. Die Integration des Kunden geht dabei mit der Umsetzung einer *Mass Customization* einher und garantiert damit oft ein hohes Maß an Kundennähe (s. S. 110ff.).

Teilweise können auch Kundenbindungsprogramme zur Überwindung der Kundenentfremdung beitragen, soweit sie auf eine persönliche Integration der Kunden abzielen. Anders als bei den Multi-Partner-Programmen wie *Payback* oder *Happy Digits* werden beim *Maggi Kochstudio Club* Kunden zu *Maggi Kochstudio Treffs* eingeladen. Damit wird die direkte Begegnung mit den Kunden gesucht. Auch die *Swarovski Collectors Society* strebt durch die Einladung zu speziellen Veranstaltungen, etwa den *Swarovski* Kristallwelten, eine unmittelbare Einbindung der Kunden an (vgl. weiterführend zu diesen Beispielen Hartmann/Kreutzer/Kuhfuß, 2004, S. 158-178). Bei B2B-Clubs finden sich teilweise *Kundenbeiräte* (auch *Customer Advisory Boards* genannt), die eine umfassende Berücksichtigung der Kundeninteressen bei der Club-Entwicklung sicherstellen und gleichzeitig die Verwurzelung des Unternehmens in der Zielgruppe verstärken (vgl. Kreutzer, 2005, S. 520).

Weiterführend können zunächst *Kundenbetreuungsteams* oder der Aufbau eines *Key Account Management* zur stärkeren Berücksichtigung von Kundenanliegen beitragen. Hierbei werden in der Regel wenige Kunden mit hohem Umsatz oder Umsatzpotenzial exklusiv durch Mitarbeiter des anbietenden Unternehmens betreut. In welchem Ausmaß dadurch die Entfremdung vom Kunden überwunden werden kann, hängt zum einen von der hierarchischen Einbindung des Key Account Managers im Unternehmen und zum anderen von den Einflussmöglichkeiten ab, über die die Betreuungsteams bzw. die Key Account Manager im Unternehmen verfügen. Denn Informationen über Kundenerwartungen zu besitzen ist das eine, diese bei der Ausrichtung der Unternehmensaktivitäten zugrunde zu legen, ist das andere. Noch weitergehende, aber nur selten anzutreffende Formen finden sich in Gestalt von kundenorientiert ausgerichteten strategischen Geschäftsfeldern. Sind diese unmittelbar der Geschäftsleitung unterstellt und das Unternehmen damit auf der zweiten Führungsebene nach Kunden gegliedert, so ist ein großes Einflusspotenzial auf die gesamte Unternehmensstrategie zu erwarten (vgl. Homburg/Krohmer, 2003, S. 976-983).

Die aufgezeigten Möglichkeiten, die Entfremdung vom Kunden zu überwinden, stellen eine ideale Grundlage dar, um auf den dabei gewonnenen Erkenntnissen nicht nur Konzepte der Mass Customization, sondern auch der an Kundenbedürfnissen ausgerichteten Kundenbindung zu entwickeln (s. S. 175ff.).

Das kleine Einmaleins gegen Kundenentfremdung

Wohin die Reise gehen kann, zeigt das Beispiel *Neon* von *Gruner & Jahr*. Diese Zeitschrift wurde als stark mit den Kunden vernetztes Produkt konzipiert. Sie steht damit für einen Journalismus, der die Leser einbezieht, nicht nur durch Rückmeldung über Leserbriefe, sondern auch auf journalistischer Ebene. Damit soll die klassische Arbeitsteilung zwischen Journalist und Leser nach dem Motto „Ich schreibe, du liest" überwunden werden (Kundrun, 2006, S. 33). Hierzu wurde neben dem Printprodukt eine umfangreiche Internetpräsenz aufgebaut, die es der *Neon*-Community erlaubt, in einen intensiven Dialog einzusteigen, um beispielsweise über ihre Probleme und Fragen online zu diskutieren (www.neon.stern.de). Die aufgeworfenen Fragen wiederum liefern interessante Anregungen für redaktionelle Themen. Auf diese Weise wird sichtbar, dass sich Zeitschrift und Internet-Auftritt gegenseitig stützen und eine engere Verzahnung mit der Zielgruppe gelingt. Damit wird in diesem Markt eine Entwicklungsrichtung sichtbar, die *User Generated Content* als weitere wichtige Substanz in die Entwicklung des Produktes einbezieht und die traditionelle Rollenverteilung zwischen Journalist und Leser überwindet. So lautet eine Prognose: „Der Journalist findet ein Thema, er recherchiert, er strukturiert und publiziert. Aber das war es noch nicht: Der Journalist bleibt am Ball, er beobachtet, wie sich dieser erste thematische Impuls entwickelt. Er wird für die Leser Ansprechpartner, er trägt Mitverantwortung für die vielleicht folgenden Diskussionen und moderiert diese. Vor diesem Hintergrund wird sich die Trennung in Online-Redaktion und Print-Redaktion mit der Zeit wohl überholen" (Kundrun, 2006, S. 33).

Das Motto lautet: *Kundennähe durch Kundenintegration.*

Dass Kunden dazu bereit sind, zeigen viele weitere Beispiele. So ist die österreichische Schokoladenmanufaktur *Zotter* bereits durch ungewöhnliche Kreationen aufgefallen. Nach dem Motto, „alles Essbare ist eine potenzielle Zutat für Schokolade", werden Senf, Parmesan, Holunderblüten, Steinpilze, Pfefferschrot, Portwein, schwarze Trüffel und Griebenschmalz der Schokolade beigefügt. Die Liebhaber dieser ausgefallenen Varianten sorgen auch hier mit „user generated content" der süßen Art dafür, dass die Ideen nicht ausgehen. „In Zotters Büro stapeln sich Nahrungsmittel und Getränke verschiedenster Art aus aller Welt und fordern zu neuen gewagten Kombinationen heraus" (Liebrich, 2006, S. 28).

Immer mehr Kunden beteiligen sich an den *Blogs* genannten Internet-Tagebüchern, füllen www.wikipedia.de mit Inhalt und investieren Zeit in Plattformen wie www.myspace.com oder engagieren sich in Netzwerken wie dem *Microsoft Developer Network*, wo sie Software (kostenlos) auf Herz und Nieren prüfen und Informationen für die Weiterentwicklung bereit stellen. Wenn wir die Motivation dahinter begreifen und sie bei unserem eigenen Auftritt berücksichtigen oder sogar aktiv einbinden können, wie dies im Zuge von Web 2.0 zunehmend passiert, steuern wir der Gefahr der Entfremdung vom Kunden wirksam entgegen.

Wann starten Sie die nächste Initiative, um näher an den Kunden heranzurücken und damit Ihre Marketing Excellence zu stärken?

Literatur

Arussy, L. (2002), The Experience! How to Wow Your Customers and Create a Passionate Workplace, San Francisco 2002
Becker, J. (2001), Marketing-Konzeption, 7. Aufl., München 2001
Brandmeyer, K. (2006), Alle führen Jahresgespräche. Und wer spricht mit dem Kunden?, in: absatzwirtschaft online, 4.1.2006
DB (2004), Der Kundenbeirat der Bahn, 2004
dba (2006), dba gründet Kundenbeirat, 10.2.2006

Drewes, D. (2006), Bauernbrot statt EU-Richtlinie, in: Bonner Generalanzeiger, 19.7.2006, S. 17

Galand, W./Lesur, N. (2006), ABN AMRO Private Banking France, Vortrag auf dem Gallup Workshop on Customer Engagement, Berlin 6.4.2006

Gmelin, C. (2002), Alter Schwede, in: Der Tagesspiegel, 19.8.2002

Hartmann, W./Kreutzer, R./Kuhfuß, H. (2004), Kundenclubs & More, Innovative Konzepte der Kundenbindung, Wiesbaden 2004

Information Resources (2005), Top-Flop-Analyse, in: www.infores.com, 8/2005

Kreutzer, R. (2005), Kundenbindung im Business-to-Business-Markt, in: Wirtschaftswissenschaftliches Studium, 34. Jg., 9/2005, S. 517-520

Kundrun, B. (2006), Wann kommt die Creme zum Heft?, in: Frankfurter Allgemeine Sonntagszeitung, 7.5.2006, S. 33

Liebrich, S. (2006), Spargel trifft Mondfisch, in: Süddeutsche Zeitung, 10.4.2006, S. 28

Malik, F. (2004), Auch Vorstände sollten mal U-Bahn fahren, in: Frankfurter Allgemeine Sonntagszeitung, 14.11.2004, S. 35

Meffert, H. (2000), Marketing, 9. Aufl., Wiesbaden 2000

Mohr, D. (2006), Wie Air Berlin seinen Börsenstart verpatzt hat, in: Frankfurter Allgemeine Sonntagszeitung, 14.5.2006, S. 56

o.V. (26.4.2006), Mercedes R-Klasse schwächelt, in: Handelsblatt, 26.4.2006, S. 15

o.V. (11/2006), Der neue Golf kommt früher, in: Der Spiegel, 11/2006, S. 94

Postbank (2006), Postbank Kundenbeirat 60plus, Zukunft braucht Erfahrung, 2006

ProSiebenSat.1 (2005), Zielgruppe der 14- bis 49-Jährigen für TV-Werbung weiterhin relevant, www.prosiebensat1.com

Rechtien, W. (1999), Angewandte Gruppendynamik, 3. Aufl., Weinheim 1999

Reichwald, R./Piller, F. (2006), Interaktive Wertschöpfung, Wiesbaden 2006

Reppesgaard, L. (2006a), Wer hat eigentlich das Sagen?, in: Handelsblatt, Karriere und Management, 31.3.2006, S. 1

Reppesgaard, L. (2006b), Persönliche Betreuung fehlt, in: Handelsblatt, 5.6.2006, S. 16

Simon, H. (2006), Mehr Zeit am Kunden. Das klingt trivial. Man muss es nur tun, in: absatzwirtschaft online, 15.3.2006

Sixt, E. (2006), Wir steigern den Gewinn um mindestens 20 Prozent, in: Frankfurter Allgemeine Sonntagszeitung, 25.6.2006, S. 37

Vocatus (2006), Größere Kundennähe durch Online-Panels, in: Feedback, 7. Jg., 1/2006

Weiguny, B. (2006), Außen Boss, innen Procter, in: Frankfurter Allgemeine Sonntagszeitung, 2.4.2006, S. 13

Zetsche, D. (2006), Ein Auto ist mehr als Glas, Gummi und Blech, in: Frankfurter Allgemeine Sonntagszeitung, 4.6.2006, S. 33

Ralf T. Kreutzer

Schlüssel 3: Innovation –
Methoden zur Vermeidung von Flops

Schwere Zeiten für Innovationen

Die zunehmende Verkürzung der Produktlebenszyklen und die Fragmentierung der Märkte stellen immer höhere Anforderungen an das *Innovationsmanagement der Unternehmen*. Dort, wo Innovationen auch mit hohen Investitionen verknüpft sind, können Misserfolge das langfristige Überleben eines Unternehmens gefährden – oder sogar zum sofortigen Scheitern führen. In unseren gesättigten Märkten ist der starke Wettbewerb, der sich unter anderem über hohen Werbedruck, aggressive Preisstrategien, aber auch durch den Wettlauf um Produktneuheiten ausdrückt, zu einem Risiko für viele Unternehmen geworden.

Die *Mobilfunkunternehmen* in Deutschland können ein ähnliches Klagelied anstimmen. Sie gaben gemeinsam im Jahr 2000 ca. 51 Milliarden Euro für die *UMTS-Lizenzen* aus und investierten etwa die Hälfte davon nochmals in den Netzausbau, in der Überzeugung, mit den neuen Datendiensten das Mobiltelefon zum digitalen Mittelpunkt des Konsumentenlebens zu machen. Die Realität des Jahres 2006 ist erschreckend: Nur zwei Prozent der Mobilfunkkunden besitzen ein UMTS-fähiges Endgerät, und der Marktführer *Vodafone* kommt auf knapp fünf Prozent Umsatz mit Datendiensten am gesamten Serviceumsatz. *E-Plus*, die ebenfalls eine UMTS-Lizenz erwarben, haben inzwischen einen Strategiewechsel zu einer Follower-Strategie vollzogen und wollen keine technischen Abenteuer mehr eingehen. Innovationen sollen erst dann umgesetzt werden, wenn die Nachfrage auch die notwendigen Margen garantieren würden (vgl. Müller, 2006, S. 3).

Die Kunden wollen ihr Handy eben nur zum Telefonieren oder Versenden von SMS-Kurznachrichten verwenden, anstatt nach den Vorstellungen der Manager im Internet zu surfen, E-Mails zu versenden und Musik oder Videos herunterzuladen. Die potenziellen Kunden fühlen sich von diesen Angeboten nicht angesprochen und sind bei den hohen Preisen für die Datendienste nicht bereit, dieses Neuland zu betreten. Im übrigen sind auch die Anwendungen, die bis zum Jahr 2006 in den Markt gebracht wurden,

den Beweis von Qualität und Geschwindigkeit schuldig geblieben. Aus dem Mobilfunk kommt mit *Quam* auch ein Beispiel für ein grandioses Scheitern. Nachdem im Jahr 2000 noch mehrere Milliarden Euro für den Erwerb einer UMTS-Mobilfunklizenz gezahlt worden waren und schon 1 000 Mitarbeiter am Aufbau des Netzes und der Services gearbeitet hatten, wurde das Projekt wegen fehlender Erfolgsaussichten und angesichts hoher Verluste von den Gesellschaftern gestoppt.

In anderen Branchen sind die Risiken sicherlich anders verteilt; aber aktuelle Zahlen belegen, dass die Flopquote bei *Fast Moving Consumer Goods* (FMCG) um weitere 20 Prozent gestiegen ist, was bedeutet, dass knapp 70 Prozent aller neu eingeführten Artikel nach zwölf Monaten vom Handel nicht mehr gelistet werden. Dies entspricht einer geschätzten Fehlinvestition von zehn Milliarden Euro im Jahr (vgl. o.V., 2006, S. 35). Ursachen sind, wie eine Marktanalyse von *Serviceplan* und *GfK* zeigt, ein zu geringer Innovationsgrad sowie Schwächen beim Preis-Leistungs-Verhältnis, der Zielgruppenansprache und der Markenpolitik (vgl. o.V., 2006, S. 35).

Zwei Drittel aller FMCG-Innovationen haben kein stimmiges Preis-Leistungs-Verhältnis und scheitern damit unter anderem an einem *Overpromising*. Dies bedeutet, dass die Kunden den hohen Preis bei der Produkteinführung durch den von ihnen wahrgenommen Innovationsgrad nicht gerechtfertigt sehen (vgl. Abbildung 35).

Sind die Konsumenten selbst etwa innovationsfeindlich? Nein, dies bestimmt nicht. So sind nach einer Studie von *Roland Berger* aus dem Jahr 2005 mehr als ein Drittel der Konsumenten an Produktinnovationen im FMCG-Bereich interessiert. Dabei steht der Wunsch nach Leistungs- und Qualitätsverbesserungen ganz oben.

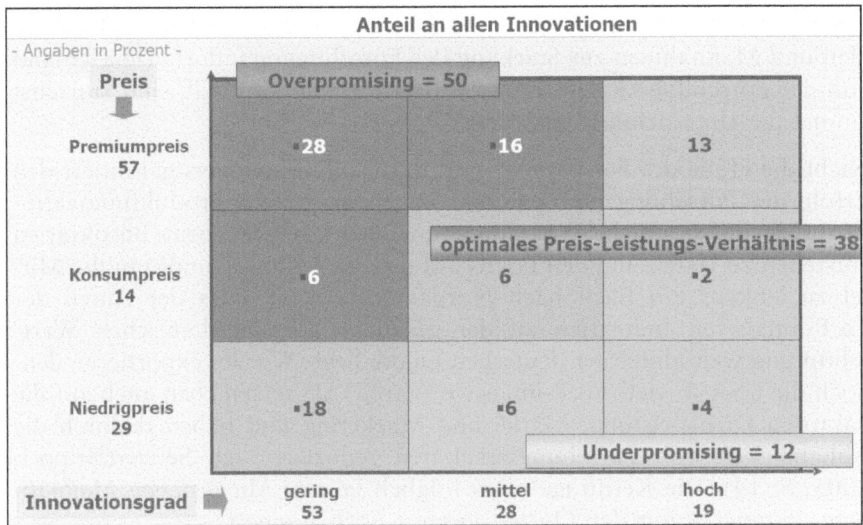

Abbildung 35: Problematik des Preis-Leistungs-Verhältnisses bei
FMCG-Innovationen
(GfK Consumer Scan Innovation Day, 2006)

Irrtümer des Innovationsmanagements

Um mit einigen grundlegenden Irrtümern in der Diskussion um ein *professionelles Innovationsmanagement* aufzuräumen, seien hier einige exemplarisch kurz beleuchtet:

- Innovationen sichern Arbeitsplätze und fördern Wirtschaftswachstum.
- Unternehmen und Universitäten brauchen mehr Geld für F&E.
- Innovation ist identisch mit High-Tech.
- Innovation ist nur in kleineren und mittleren Unternehmen möglich.

Die Innovation oder die Erfindung bzw. eine neue Idee ist nichts wert, wenn sich zu der Fähigkeit zur Entwicklung neuer Ideen nicht die *Fähigkeit zur Schaffung von neuen vermarktungsfähigen Produkten* hinzugesellt. Fehlt es an der Kraft, aus eigenen oder fremden Innovationen durch ein richtiges Marketing Erfolge entstehen zu lassen, entsteht kein Wachstum hierzulande. Auch wenn die Bundesregierung in Deutschland 2006 mit einer neuen High-Tech-Strategie und einem sechs Milliarden schweren Investitionsprogramm (vgl. Bundesministerium für Bildung und Forschung, 2006, S. 2) für so genannte Schlüssel- und Querschnittstechnologien und Maßnahmen zur Stärkung des Forschungsstandorts Deutschland von der Forschung zu den Märkten Brücken schlagen will, sind zunächst einmal die Unternehmen gefordert.

Nicht die Höhe des Forschungs- und Entwicklungsbudgets garantiert den Erfolg der Forschung und generiert neue erfolgreiche Produktinnovationen. Oft sind staatliche Programme nur dazu geeignet, neue Bürokratien entstehen zu lassen und den Fokus auf den Verteilungskampf um die Mittel zu lenken. Ein Blick nach Nordamerika zeigt, dass der Anteil der F&E-intensiven Industrien an der gesamten US-amerikanischen Wertschöpfung weit hinter der deutschen Quote liegt. Warum exportieren dennoch die USA so viele F&E-intensive Waren? Sie setzen eben auch auf die Faktoren Dienstleistung, Marke und Marketing und haben dadurch die Abhängigkeit von Forschungsresultaten reduziert (vgl. Seiwert/Stippel, 2005, S. 14). Die Kernfrage muss folglich lauten: *Mit welchen Maßnahmen optimieren wir den Output unseres F&E-Budgets?*

Dass die Höhe der F&E-Ausgaben nicht den Rückschluss auf Erfolg oder Misserfolg zulässt, zeigt das Beispiel *Apple* (vgl. Jaruzelski et al., 2005, S. 11). *Apples* F&E-Ausgaben lagen im Jahr 2004 weit unter dem Durchschnitt der Computerindustrie; die Fokussierung auf wenige Projekte, die aber ein hohes Potenzial hatten, brachte solche Erfolgsprodukte wie den *iMac*, den *iPod* und *iTunes* hervor. Im übrigen entstehen im F&E-Sektor oder im Labor keine Innovationen; dort entstehen Ideen, Erfindungen und Patente.

Dabei ist Innovation nicht mit *High-Tech* gleichzusetzen. Nehmen wir das Beispiel *McDonald's*. Die Automation, die *McDonald's* mit seinem Fast-Food-Konzept umgesetzt hat, ist eine echte Innovation gewesen. Dabei können wir bei diesem Beispiel wirklich nicht von einem intellektuell anspruchsvollen Produktkonzept oder von technologisch anspruchsvollen Prozessen reden. Aber gerade die Automatisierung der Versorgung mit einem Produkt in gleichbleibender Qualität und für eine spezifische Verzehrsituation stellt eine Innovation dar. Es gibt viele weitere Beispiele für Innovationen in *Low-* und sogar in *No-Tech-Gebieten.*

Die Größe eines Unternehmens hat nachgewiesenermaßen keine Einfluss auf die Innovationsfähigkeit. Gerade auf Gebieten, in denen Innovationen sehr kostenintensiv sind, ist allerdings eine bestimmte Unternehmensgröße geradezu erforderlich. Denken wir nur an Unternehmen wie *3M, General*

Electric oder *Procter* & *Gamble*. Es ist generell die Art des Managements, die ausschlaggebend für den Erfolg ist.

Warum scheitern so viele Produktinnovationen?

Über den Erfolg einer Innovation entscheidet der Verbraucher. Bei den FMCG-Innovationen scheitern in Deutschland 67 Prozent der Produkte im ersten Jahr, das heißt, sie erreichen weder bei den Neukäufern noch bei den Wiederholungskäufern die wirtschaftlich notwendige Marktpenetration. Nur 17 Prozent sind vom Start weg ein voller Erfolg. Der Grund für den Misserfolg ist hauptsächlich die mangelnde Orientierung am Kundennutzen (s. S. 66ff.). Daneben spielt auch noch die ungenügende Vermarktung der Innovation eine Rolle bei der Generierung von Flops. Laut Untersuchung der *GfK* scheitern 60 Prozent der Innovationen am Konzept und 40 Prozent an der Umsetzung.

Der Erfolg bei Neuprodukten wird dabei durch viele Faktoren erschwert:

- Mangel an wesentlichen Neuproduktideen in bestimmten Bereichen
- fragmentierte Märkte
- gesellschaftliche und staatliche Beschränkungen
- hohe Kosten der Neuproduktentwicklung
- Kapitalengpässe
- kürzere Zeitspannen für die Entwicklung

Warum versagen letztendlich so viele neue Produkte? Einige Gründe sind (vgl. Kotler, 2001, S. 551):

- Ein Topmanager setzt die selbst präferierte Produktidee gegen Erkenntnisse aus dem Innovationsprozess durch.
- Der Markt erweist sich als zu klein für die Idee.
- Das Design des Produktes taugt nicht.
- Das Produkt wird falsch positioniert, nicht richtig beworben oder ist zu teuer.
- Die Entwicklungskosten werden höher als projektiert.
- Die Konkurrenz kontert härter als erwartet.

Eine Studie des *Kompetenzzentrums Innovation und marktorientierte Unternehmensführung der FH Ludwigshafen* stellt fest, dass die *schlechte Produktqualität* und die zu *geringe Kundenorientierung* sowie der *fehlen-*

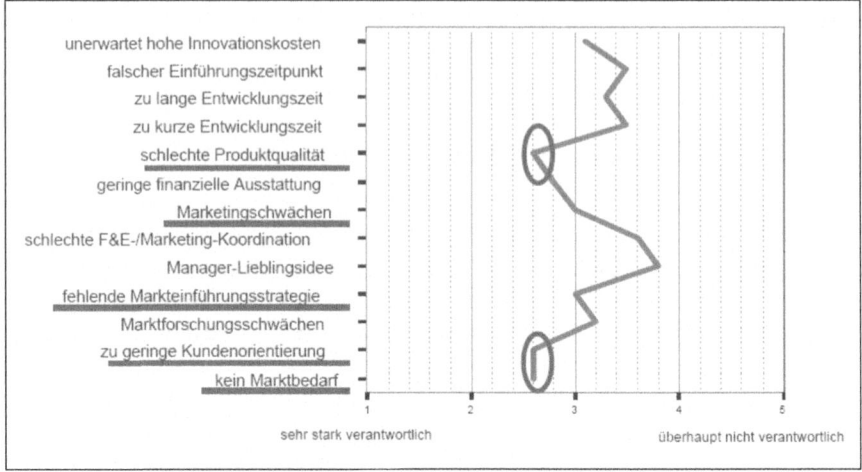

Abbildung 36: Verantwortlichkeit bestimmter Faktoren bei Misserfolg eines Produkts im Markt
(Fälle mit „keine Angabe" wurden für die Berechnung der Mittelwerte herausgefiltert; vgl. König, 2005)

de Marktbedarf wesentliche Faktoren für den Misserfolg einer Produktneuheit sind (vgl. Abbildung 36).

Fragt man die erfolgreichen Innovatoren, so nennen 90 Prozent der Manager, die mit Innovationen Erfolgsgeschichte geschrieben haben, ihre Vision und die Kernkompetenzen des Unternehmens als die wichtigsten Quellen für Neuerungen. Die Probleme und Anregungen von Kunden erfolgen erst an zweiter Stelle. Unbestritten aber ist, dass Top-Unternehmen mehrheitlich systematische Innovationsprozesse aufweisen, die im gesamten Unternehmen implementiert sind.

Der Produktentwicklungsprozess

Der Produktentwicklungsprozess als Teil des Innovationssystems eines Unternehmens kann unterschiedliche Problemfelder aufweisen. Bei der Ideengenerierung werden die Projektschritte Ideenfindung, die bottom-up stattfinden, zu wenig mit dem Produktportfolio-Management abgestimmt, welches ein Top-down-Prozess ist. Im Rahmen eines stufenweisen Entscheidungsprozesses (*Gating*) können immense Aufwendungen und Doppelarbeiten entstehen, wenn Entscheidungen nur an einem Gate getroffen werden, die die Fortführung, den Stopp oder die Modifikation von Entwicklungsprojekten betreffen.

Werden Produktkonzepte mit der heißen Nadel gestrickt, was oftmals bedeutet, dass es keine ausführliche und detaillierte Dokumentation gibt, und mangelt es an der notwendigen Controlling-Begleitung, so können auch schwache Produktkonzepte entscheidende Hürden passieren und in den Markt gehen, weil beispielsweise eine professionelle Kontrolle des Business Cases gefehlt hat. Auch bei der Zusammenarbeit der verschiedenen Bereiche des Unternehmens vom Marketing bis zur Produktion und dem Einkauf kann eine mangelnde Koordination der für das Entwicklungsprojekt notwendigen Aktivitäten zu einem suboptimalen Projektergebnis führen. Dies setzt sich schlimmstenfalls bis in das Inlife-Management fort, wenn die Verantwortung für das Produkt und das Produktergebnis nicht klar festgelegt worden sind.

Die wesentlichen Aktivitäten entlang des in Abbildung 37 dargestellten Produktentwicklungsprozesses sind:

1. Generieren und Sammeln von Ideen

2. Überarbeitung der Idee zu einem schlüssigen und überzeugenden Konzept

3. Detaillierung und Verifizierung des Ergebnispotenzials und die Untersuchung von verschiedenen Lösungsmöglichkeiten

4. Finale Festlegung der Anforderungen und der Produktspezifikation und des Business Cases

5. Entwicklung, Test und Implementierung des Produktes

6. Technischer und kommerzieller Roll-out und Marktstart

Um den Prozessschritt der Ideengenerierung zu verbessern, ist es notwendig, systematisch den Wettbewerb zu beobachten und die relevanten Konsumtrends zu analysieren. Unterstützend wirkt ebenfalls die Beobachtung und Analyse von Produktneuentwicklungen auch außerhalb der eigenen Branche. Eine enorm wichtige Quelle sind auch Kundenreklamationen, die systematisch gesammelt und ausgewertet werden sollten (vgl. Abbildung 38). Ein systematischer Ideenfindungsprozess wird durch crossfunktionale Workshops der verschiedenen Unternehmensbereiche, wie zum Beispiel Kundenbetreuung, Vertrieb, Marketing, Produktion, und ebenfalls durch Workshops mit Kunden optimiert und kann durch die

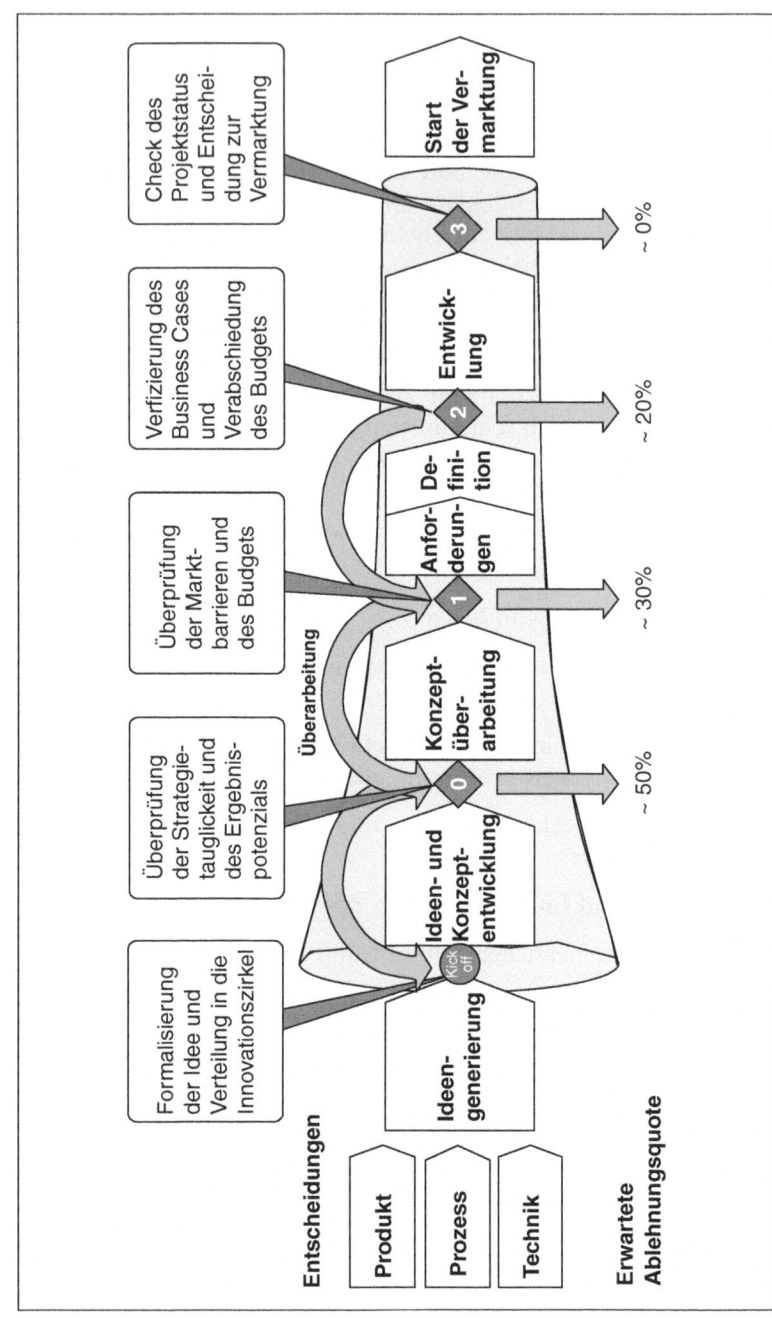

Abbildung 37: Der Produktentwicklungsprozess und seine Meilensteine

Interne Quellen	• F&E-Abteilung • Marketing-Abteilung • Beschwerdemanagement • Unternehmenseigene Trendscouts • Betriebliches Vorschlagswesen • Produktionsbereich
Externe Quellen	• Markt- und Branchenstudien • Fokus-Gruppen mit Schlüssel-/Zielkunden • Vertriebspartner • Lieferanten • Wettbewerber • Eigenständige Forschungsinstitute • Innovationsberater/Werbeagenturen

Abbildung 38: Ausgewählte Quellen von Neuproduktideen
(nach Kreutzer, 2006, S. 185)

Nutzung von Intranet und Internet und die damit mögliche Einbindung von Mitarbeitern und Lieferanten noch ausgebaut werden (s. S. 36ff.). Last, but not least ist die Dokumentation der Ideen in einer Datenbank zur Steigerung der Effektivität und Effizienz des Entwicklungsprozesses unabdingbar.

Moderne Konzeptvorschläge für ein zukunftsfähiges Innovationsmanagement

Innovationsmanagement auf der Basis eines Verhaltensmodells

Für den Kunden bedeutet ein neues Produkt vor allem eine *Verhaltensänderung,* die in der Regel auch noch Kosten bedeutet, wie beispielsweise das Erlernen neuer Fähigkeiten oder Fertigkeiten. Dies führt oft dazu, dass die Konsumenten die Vorzüge von Produkten, die sie schon besitzen, höher einschätzen als die, die sie nicht besitzen. *Gourville* hat ein Verhaltensmodell entwickelt, das die drei wesentlichen Markttreiber umfasst: die Produktinnovation als solche, den Konsumenten und das Unterneh-

Innovation	Was Kunden durch den Kauf gewinnen	Was Kunden durch den Kauf verlieren
Elektroautos	Saubere Umwelt	Einfaches Tanken
Digitale Videorecorder	Einfache Aufzeichnung	Die Möglichkeit, Leihvideos abzuspielen
Online-Lebensmittelkauf	Lieferung ins Haus	Die Chance, sich die frischesten Produkte auszusuchen
Handy-Music-Download	Musik kann unterwegs gekauft werden	Einfaches Abspielen mit dem Home Entertainment
Weinflaschen mit Schraubverschluss	Bessere Haltbarkeit	Sinnliches Erleben beim Öffnen der Flasche
Fahrzeugnavigationssystem	Schnelles Finden des Ziels	Orientierungsgefühl

Abbildung 39: Vor- und Nachteile von Innovation
(in Anlehnung an Gourville, 2006)

men (vgl. Gourville, 2006, S. 49). Dabei ist die Akzeptanz einer Innovation mit einem Kompromiss vergleichbar, da einerseits zwar die Vorteile der Produktinnovation als Gewinn empfunden werden, andererseits aber mit dem Wegfall des alten Produkts Vorzüge aufgegeben werden (vgl. Abbildung 39).

So wird der Weinkäufer sich über den Vorteil der längeren Haltbarkeit freuen, der durch die Einführung eines Schraubverschlusses der Flasche nun möglich geworden ist, andererseits wird er den Vorgang des Öffnens einer Weinflasche, die für viele eine Zeremonie darstellt, vermissen. Viele Innovationen bedeuten so ein Gewinn/Verlust-Problem.

Für den Konsumenten sind Produkte, die er besitzt und regelmäßig nutzt, Teil des Status quo. Wird durch ein neues Produkt, wie beispielsweise ein Elektroauto, die Gewohnheit des Tankens an der Tankstelle obsolet, so wird dieser Verlust unter Umständen stärker bewertet als der Gewinn, hier einer sauberen Umwelt. Wird der Gewinn durch eine Innovation nicht deutlich stärker bewertet als der Verlust durch diese, so wird sich das neue Produkt nicht verkaufen lassen. Dieser *Überschätzung des Verbrauchers* zugunsten des bekannten Produktes stellt *Gourville* die *Über-*

Verbraucher sind in der Regel ...	Manager sind oft ...
• skeptisch gegenüber der Leistung eines neuen Produkts; • nicht in der Lage, die Notwendigkeit für ein neues Produkt zu sehen; • mit dem vorhandenen Produkt zufrieden; • schnell dabei, das, was sie schon besitzen, als Status quo zu begreifen.	• davon überzeugt, dass ihre Innovation zum Erfolg wird; • bereit, einen deutlichen Bedarf für ihre Innovation zu sehen; • unzufrieden mit der vorhandenen Alternative; • starkt geneigt, die Innovation als Maßstab zu betrachten.

Abbildung 40: Kluft zwischen Verbraucher- und Managementwahrnehmung
(vgl. Gourville, 2006, S. 53)

schätzung des innovativen Produktes durch das Management entgegen, welches natürlich von dem Erfolg seiner Produktinnovation überzeugt ist (vgl. Abbildung 40).

Wird ein Produkt in besonders starkem Maße verändert, so ist sein Potenzial für einen Durchbruch ebenso größer. Ist aber die damit einhergehende Verhaltensänderung sehr beträchtlich, wird der Widerstand in der Regel ebenfalls größer sein. Wie Abbildung 41 zeigt, sind auf jeden Fall Produktentwicklungen zu vermeiden, die nur geringfügige Änderungen zu etablierten Produkten aufweisen, aber eine beträchtliche Verhaltensänderung bedeuten.

Schrittweise Produktinnovationen, die eben nur eine geringfügige Verhaltensänderung bedeuten, dienen vor allem der Bindung der vorhandenen Kunden. Wer den Widerstand verringern will, schafft folglich Produkte, die keine großen Verhaltensänderungen erfordern, oder er spricht Neukunden an, die keine Erfahrungen mit dem eingeführten Produkt haben.

Abbildung 41: Auswirkungen von Verhaltens- und Produktveränderung
(vgl. Gourville, 2006, S. 54)

Kundenintegration im Innovationsprozess

Die Digitalisierung unserer Gesellschaft (s. S. 17ff.) und die damit einher-gehende Intensivierung des Einsatzes moderner Informations- und Kom-munikationsmedien bietet den Unternehmen die Chance, sich mit dem Wissen aller externen Partner, und damit auch dem der Kunden, systema-tischer zu befassen. Die Idee der *Open Innovation* versteht den Markt da-mit nicht nur als *Quelle der Bedürfnisinformation,* sondern vor allem auch als *Quelle von Lösungsinformationen.* Sie definiert den Innovations-prozess als interaktives, verteiltes und offenes Innovationssystem und steht damit im Gegensatz zu einem geschlossenen Innovationsmodell (vgl. Abbildung 42).

Wurden zunächst Netzwerke außerhalb der Unternehmensgrenzen primär mit Lieferanten geknüpft, so haben viele Unternehmen die Chancen einer geplanten Kundenintegration erkannt, die im eigentlichen Sinne die Um-setzung von Kundenorientierung darstellt; oder einfacher formuliert:

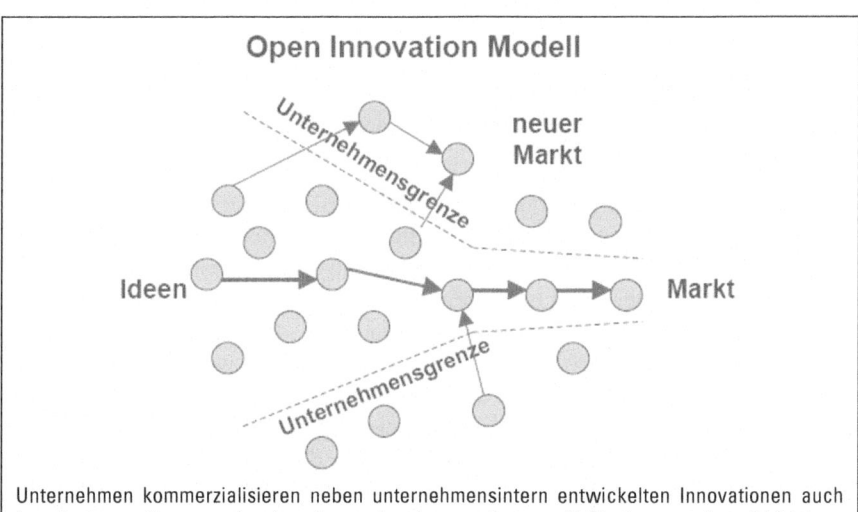

Closed Innovation Modell

Ideen → Markt

Unternehmen entwickeln und kommerzialisieren ausschließlich Ideen, die unternehmensinternen Bereichen, insbesondere der Forschung und Entwicklung, entstammen.

Open Innovation Modell

neuer Markt

Ideen → Markt

Unternehmen kommerzialisieren neben unternehmensintern entwickelten Innovationen auch fremde Innovationen und gehen Innovationskooperationen mit Start-ups und unabhängigen Forschungseinrichtungen ein.

Abbildung 42: Vergleich von Closed und Open Innovation Modell
(Reichwald, 2006, S. 119)

Moderne Konzeptvorschläge für ein zukunftsfähiges Innovationsmanagement **103**

„Mache den Kunden zum Mitarbeiter!" Die Schwächen der klassischen Marktforschung, die Kundenerwartungen und -urteile erst in der Such- und Kaufphase und dann im Nutzungsprozess ermittelt, werden durch Kundenintegration aufgehoben. So wird der Kunde nicht nur als Quelle von Bedürfnisinformationen abgeschöpft, sondern er kann durch die aktive Beteiligung am Innovationsprozess neue Lösungen initiieren oder gar mit entwickeln (s. S. 66ff.).

Ein erwähnenswertes Beispiel stellt die Entwicklung so genannter *Open-Source-Software* dar, die zu Produkten wie *Linux* geführt hat. Die Nutzer konzipieren dabei durch Teilnahme an Communities neue Lösungen. Die Möglichkeiten des Internets ermöglichen eine Zusammenarbeit über alle geografischen und organisatorischen Grenzen hinweg. Ähnliche Methoden der Kundenintegration werden auch in der Computerspiel-Branche eingesetzt. Die Erfolgsfaktoren der *Kundenorientierung im Innovationsprozess,* wie das Verstehen von Kundenwünschen, die Nutzung von Prototypen und ein kundenbestimmter Marktstart, können durch die Beteiligung am Innovationsprozess noch ausgebaut werden. So sind beispielsweise rechtzeitige Go/No-Go-Entscheidungen effektiver möglich. Formen der Zusammenarbeit zwischen Unternehmen und Kunden zeigt Abbildung 43. Die erste Stufe stellt die klassischen Marktforschungsmaßnahmen dar. Open Innovation beginnt demnach erst mit der Stufe 2.

Die Kundenintegration löst in der Regel gemeinsame Lernprozesse zwischen Kunden und den jeweilig beteiligten Unternehmensbereichen aus. Gerade die unterschiedlichen Herangehensweisen, Ausgangssituationen und Erfahrungen der verschiedenen Beteiligten können – wenn der Prozess der Interaktion und Integration geschickt moderiert wird – die Ergebnisse des Innovationsprozesses verbessern. Kunden wollen sich stärker und mehr an der Entwicklung von Produkten beteiligen, als dies oft angenommen wird. Dabei werden häufig Leistungen in Form der Erstellung von Mustern und Prototypen erbracht, ohne dass eine monetäre Gegenleistung gefordert wird. Den Kunden zum „Mitarbeiter" zu machen ist also eine Möglichkeit, herkömmliche Methoden des Innovationsmanagements zu verlassen und auch externe Kreativität zu nutzen.

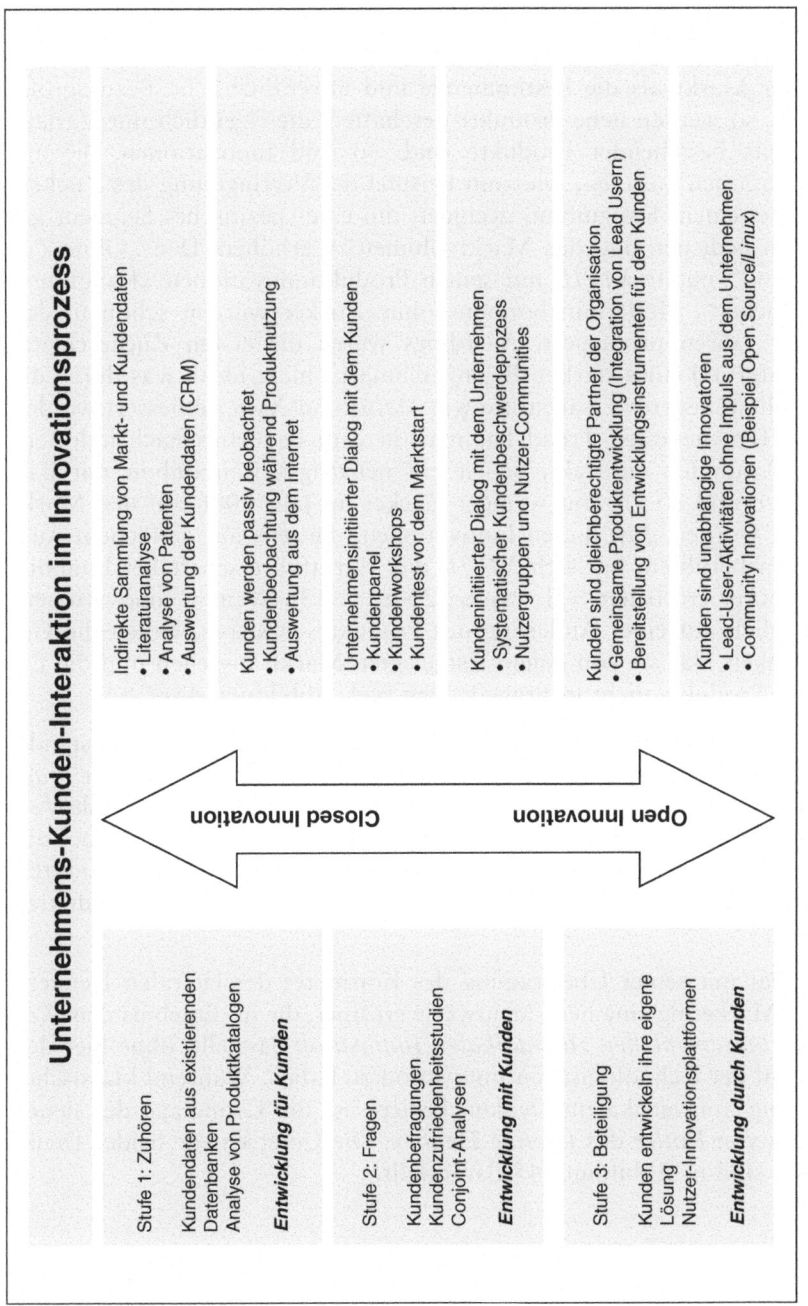

Unternehmens-Kunden-Interaktion im Innovationsprozess

Closed Innovation → Open Innovation

Stufe 1: Zuhören

Kundendaten aus existierenden Datenbanken
Analyse von Produktkatalogen

Entwicklung für Kunden

Indirekte Sammlung von Markt- und Kundendaten
• Literaturanalyse
• Analyse von Patenten
• Auswertung der Kundendaten (CRM)

Kunden werden passiv beobachtet
• Kundenbeobachtung während Produktnutzung
• Auswertung aus dem Internet

Stufe 2: Fragen

Kundenbefragungen
Kundenzufriedenheitsstudien
Conjoint-Analysen

Entwicklung mit Kunden

Unternehmensinitiierter Dialog mit dem Kunden
• Kundenpanel
• Kundenworkshops
• Kundentest vor dem Marktstart

Kundeninitiierter Dialog mit dem Unternehmen
• Systematischer Kundenbeschwerdeprozess
• Nutzergruppen und Nutzer-Communities

Stufe 3: Beteiligung

Kunden entwickeln ihre eigene Lösung
Nutzer-Innovationsplattformen

Entwicklung durch Kunden

Kunden sind gleichberechtigte Partner der Organisation
• Gemeinsame Produktentwicklung (Integration von Lead User)
• Bereitstellung von Entwicklungsinstrumenten für den Kunden

Kunden sind unabhängige Innovatoren
• Lead-User-Aktivitäten ohne Impuls aus dem Unternehmen
• Community Innovationen (Beispiel Open Source/*Linux*)

Abbildung 43: Unternehmens-Kunden-Interaktion im Innovationsprozess
(in Anlehnung an Dahan/Hauser, 2002)

Laterales Marketing

Wird der Markt als die bestimmende und unveränderliche Bezugsgröße definiert, so werden neue Produkte geschaffen, die eigentlich nur Varianten bereits bestehender Produkte sind. So sind Innovationen, die auf Modifikationen basieren, wie zum Beispiel der Verringerung des Zuckeranteils bei einem Kaugummi, geeignet, um eine spezifisches Segment gezielter zu bedienen und das Marktvolumen zu erhöhen. Den „Ohne-Zucker-Trend" nutzte *VIVIL* mit seinen Produktinnovationen „Kaugummi ohne Zucker". Pfefferminzbonbons ohne Zucker wurden schon in den siebziger Jahren produziert. Allerdings waren die ersten Zuckerersatzstoffe aufgrund eines starken Eigengeschmacks nicht ideal, was durch die Entwicklung neuerer Ersatzstoffe wie *Maltit* und *Xylit* verbessert werden konnte. Den neuesten Trend hat man in dem Bedürfnis nach kalorienarmen Produkten entdeckt. So ist ein neuartiges Kaubonbon mit Ballaststoffen und 30 Prozent weniger Zucker im Jahr 2006 auf den Markt gebracht worden. Mit diesen Innovationen, die teils auf einfachem Ausprobieren beruhten, hat sich *VIVIL* die Marktführerschaft bei Bonbons ohne Zucker erarbeitet (vgl. Panitz, 2006, S. 13). Weitere Innovationen, die lediglich auf einer Änderung des Produktes basieren, haben die Gemeinsamkeit, das sie von einem festgelegten Markt ausgehen und die Essenz des Produkts nicht in Frage stellen (vgl. Abbildung 44).

Die Folge dieser nur inkrementellen Veränderungen bedeutet eine ständige Wiederholung von Segmentierungen und führt am Ende zu einer *Fragmentierung und Übersättigung des Marktes*. Die daraus resultierende Verwirrung des Konsumenten ist ebenso eine Folge dieser Innovationspolitik, die zum Beispiel dazu führt, dass man beim Kauf eines Haarwaschmittels vor einem Regal mit über 20 Marken und 200 verschiedenen Produkten steht.

Kotler hat mit seiner Übertragung des Konzeptes des lateralen Denkens auf das Marketing eine neue Sichtweise eröffnet, die im Ergebnis den *Weg von der inkrementellen zur radikalen Innovation* darstellt, ohne hier den Fokus auf der technologischen Innovation zu haben. Während klassisches Marketing auf vertikalem Denken basiert, ist die Grundlage des neuen Ansatzes von *Kotler* das *laterale Denken*. Die Unterschiede beider Denkprozesse sind in Abbildung 45 dargestellt.

Art der Innovation	Umfasst	Marktwirkung
Modifikation	Der Anteil einer Produkteigenschaft wird verringert oder erhöht	• Vergrößerung der Zielgruppe • Gezieltere Versorgung spezifischer Segmente
Verkaufsgröße	Änderung des Volumens, der Menge oder der Häufigkeit	• Vergrößerung der Zielgruppe • Vermehrte Anwendbarkeit
Verpackung	Änderung des Behälters/ der Verpackung	• Vergrößerung der Zielgruppe • Vermehrte Anwendbarkeit
Design	Änderung des Designs zur Ansprache unterschiedlicher Lebensstile	• Vergrößerung der Zielgruppe • Differenzierungsmöglichkeit je nach Lebensstil
Ergänzungen	Hinzufügen von Zutaten oder Ausbau der Dienstleistungen	• Gezieltere Versorgung bestimmter Segmente und Nischen • Erweiterung der Produktpalette
Verringerung des Aufwands	Senkung des Aufwands der Verbraucher beim Kauf des Produkts	• Generierung von Neukunden • Möglichkeit der Marktanteilserhöhung

Abbildung 44: Methoden für die Entwicklung neuer Produkte
(in Anlehnung an Kotler, 2005, S. 61)

Viele Kreativitätstechniken nutzen das Konzept des lateralen Denkens, das sich von zu streng zielausgerichteten Lösungsansätzen löst und sich zu Nutze macht, dass Ideen einer plötzlichen innovativen Verknüpfung von Wissenselementen entspringen (vgl. Bergmann, 2001). *Kotler* definiert laterales Marketing als einen Prozess, bei dem aus bestehenden Produkten innovative neue entstehen, die unbefriedigte Bedürfnisse erfüllen, in neuen Situationen oder anders als bisher verwendet eingesetzt werden können. Sie eröffnen die Chance, neue Kategorien oder Märkte zu schaffen (vgl.

Vertikales Denken	Laterales Denken
• ist analytisch und logisch	• ist provokativ
• ist selektiv	• ist generativ und multiversal
• bietet und entwickelt Denkmuster	• verändert bestehende Muster
• sucht eine Richtung, in dem es andere ausschließt	• sucht keine Richtung
	• distanziert sich vom Gewohnten
• läuft geregelt	• sucht vielfältig
• sucht nach der richtigen Lösung	• macht Sprünge und nutzt auch falsche Schritte
• entwickelt jeden Schritt aus dem vorherigen	
• verspricht zumindest eine Minimallösung	• erhöht die Chancen für eine Maximallösung

Abbildung 45: Vertikales und laterales Denken im Vergleich

Kotler, 2005, S. 101). Aus allen Kreativitätskonzepten hat er sechs grundlegende Techniken in sein Konzept des *lateralen Marketing* übertragen:

1. etwas anderes verwenden
2. ins Gegenteil verkehren
3. zusammenfügen
4. übertreiben
5. weglassen
6. anders kombinieren

Diese oft als unlogisch empfundene Vorgehensweise führt zu neuen Geschäftsideen (vgl. Kotler, 2005, S. 101ff.), die mit traditionellen Mustern brechen. So hat die neue Kombination der Zahlungsmodalität – ich zahle vor der Nutzung – zu einem völlig neuen Produkt im Mobilfunk, dem Prepaid-Konzept geführt, das auch für den Siegeszug des Mobilfunks und die hohen Penetrationsraten in Deutschland verantwortlich zeichnet. Damit entfiel die Hürde Bonität, und folglich konnten auch jugendliche Nutzer problemlos Mobilfunk nutzen. Ein klassisches Beispiel für das *Weglassen* ist auch der Fahrsimulator, ein Auto, das die Eigenschaft des Fahrens verloren hat, und für das *Übertreiben* der Bleistift, der nie stumpf wird, weil die Bleimine ausgetauscht werden kann.

Eines darf im Kontext des Innovationmanagements allerdings nicht weggelassen werden: *Der Mut, vorhandene Grenzen, Prozesse und Ideen zu überwinden.*

Literatur

Bergmann, G. (2001), Kleine Anleitung zur Kreativität – Arbeitspapiere zum Systemischen Marketing, Siegen 2001, S. 3, www.econbiz.de/archiv/si/usi/marketing/anleitung_kreativitaet.pdf

Bundesministerium für Bildung und Forschung (2006), Neue Impulse für Innovation und Wachstum, Bonn/Berlin 2006, S. 2, www.bmbf.de

Dahan, E./Hauser, J. (2002), The virtual customer, in: Journal of Product Innovation Management, 19/2002, 5, S. 332-353

GfK ConsumerScan Innovation Day (2006), Launches und Relaunches als Motor der Wertschöpfung. Was ist Top, was ist Flop?, 24.5.2006, www.gfk.at

Gourville, T. (2006), Wann Kunden neue Produkte kaufen, in: Harvard Business Manager, 8/2006, S. 44-57

Jaruzelski, B./Dehoff, K./Bordia, R. (2005), The Booz Allen Hamilton Global Innovation 1000 – Money isn't everything, in: strategy + business, Issue 41, Winter 2005, S. 11

Kotler, P./Trias de Bes, F. (2005), Laterales Marketing für echte Innovationen, Frankfurt/Main 2005

Kreutzer, R.T. (2006), Praxisorientiertes Marketing, Wiesbaden, 2006

König, M. (2005), Verbesserung der Innovationseffizienz im Mittelstand, Vortrag auf dem Beratertag 2005, Bad Dürkheim, 15.7.2005

Müller, V. (2006), E-Plus kapituliert vor teuren Risiken, in: Financial Times Deutschland, 7.6.2006

o.V. (2006), Innovationsflops kosten zehn Milliarden Euro, in: absatzwirtschaft, 6/2006, S. 35

Panitz, L. (2006), Das ewig junge Pfefferminzbonbon, in: Die Welt, 21.8.2006, S. 13

Reichwald, R./Piller, F. (2006), Interaktive Wertschöpfung – Open Innovation, Individualisierung und neue Formen der Arbeitsteilung, Wiesbaden, 2006

Seiwert, M./Stippel, P. (2005), Good guys never win, in: absatzwirtschaft 1/2005, S. 14

Wolfgang Hartmann

Schlüssel 4: Mass Customization – Wie Sie die Nähe zum Kunden täglich neu erfinden können

Warum Mass Customization an Bedeutung gewinnt

Was Kunden über ihre Erfahrungen mit Unternehmen berichten, ist oft alles andere als schmeichelhaft. Kritisiert wird vor allem der Service. Deutschland als „Servicewüste" – das Etikett wird die deutsche Wirtschaft auf absehbare Zeit nicht wieder los. Der Glaube, Servicelücken durch gute Produkte wettmachen zu können („nobody is perfect"), kann keine Antwort sein. Vor allem nicht, wenn die Produktqualität zwar stimmt, die Produkte selbst aber immer ähnlicher und damit austauschbarer werden.

Wie stereotyp das Angebot inzwischen ist, zeigt sich etwa in der Modebranche. Filialisten wie *Zara, Mango, Orsay, New Yorker* oder *Pimkie* haben die Fußgängerzonen der Großstädte fest im Griff. Egal, ob München, Berlin oder Köln – überall dieselben Geschäfte mit einem nahezu identischen Angebot. Was zählt, ist ein stetig wechselndes Sortiment zu einem möglichst günstigen Preis. Von Individualität ist wenig zu spüren. Eine Tatsache, die sich nicht nur auf das Produktsortiment, sondern auch auf den gesamten Marktauftritt (u. a. Ladendesign, Promotions) bezieht.

Was bei jungen Kunden (noch) gut funktioniert, löst bei anderen Konsumenten zunehmend Unzufriedenheit aus. Der Wunsch nach individuellen Produkten und Dienstleistungen wächst – und damit auch das Interesse am Thema Mass Customization, der individuellen Massenfertigung. Wie groß das Potenzial für individuelle Produktangebote ist, hat die Unternehmensberatung *KPMG* in einer Studie ermittelt. Demnach sind 20 Prozent der US-Bevölkerung an maßgeschneiderten Produkten interessiert – und bereit, dafür bis zu 30 Prozent mehr zu bezahlen (Kiley, 2006, http://www.kpmginsiders.com/display_analysis.asp?cs_id=151222)

Wie sich Mass Customization entwickelt hat

Die Tatsache, dass es *den Kunden* nicht gibt, sondern dass Kundenwünsche individuell und speziell sind, ist kein neues Phänomen. Neu ist, dass sich die Kunden dank moderner Kommunikationsmittel wie dem Internet mit ihren Forderungen nach individuellen Lösungen besser durchsetzen können. Und dass auf der anderen Seite gesättigte Märkte und wachsender Wettbewerb die Anbieter zum Handeln zwingen.

Die Antwort auf die zunehmende Individualisierung heißt *Mass Customization*. Als Schöpfer des Begriffs gilt *Stanley Davis,* der mit seinem 1987 erschienen Buch „Future Perfect" den Grundstein für die weitere Entwicklung des Themas gelegt hat. Aus *Mass Production* und *Customization* ist ein neues Schlagwort entstanden, das in den 90er Jahren in Buch- und Zeitschriftenbeiträgen rege diskutiert wurde.

Je nach Autor wird der Begriff unterschiedlich definiert. Ausführlich ist der Ansatz von *Piller* (2006), der Mass Customization wie folgt beschreibt: „Mass Customization bezeichnet die Produktion von Gütern und Leistungen, welche die unterschiedlichen Bedürfnisse jedes einzelnen Nachfragers dieser Produkte treffen, mit der Effizienz einer vergleichbaren Massen- und Serienproduktion. Grundlage des Wertschöpfungsprozesses ist dabei ein Co-Design-Prozess zur Definition der individuellen Leistung in Interaktion zwischen Anbieter und Nutzer" (Reichwald/Piller, 2006, S. 199). Ausgehend von dieser Definition ergeben sich für das Konzept der Mass Customization die in Abbildung 46 dargestellten vier Prinzipien.

Der entscheidende Faktor ist dabei die *Beteiligung des Kunden.* Er redet mit, gestaltet mit und wird mitunter fast schon zum Mitarbeiter des Unternehmens. Als eines der prägnantesten Beispiele gilt das US-Unternehmen *Threadless* (www.threadless.com). Der im Jahr 2000 gegründete Bekleidungsspezialist bietet nichts anderes als bedruckte T-Shirts an, die von den Kunden selbst entworfen werden (vgl. Abbildung 47). Damit nicht genug: Die Kunden übernehmen auch weitere Aufgaben oder unterstützen bei Aufgaben wie Werbung oder der Katalogproduktion (vgl. Reichwald/ Piller, 2006, S. 2).

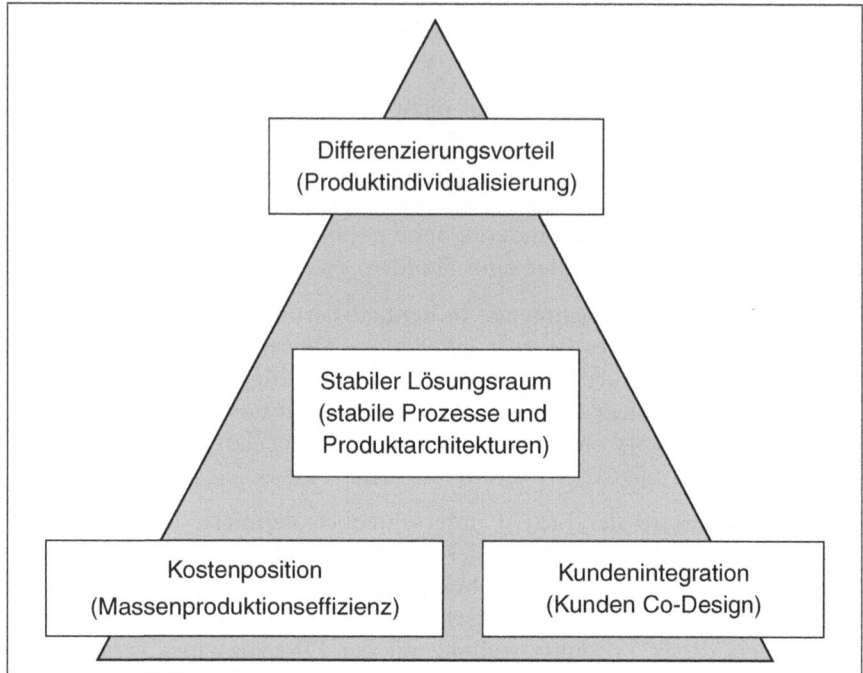

Abbildung 46: Die vier Prinzipien der Mass Customization
(Quelle: nach Reichwald/Piller, 2006, S. 200)

Was Mass Customization attraktiv macht, ist die Aussicht, drei wichtige Unternehmensziele, nämlich Qualität, Kosten und Kundenorientierung, gleichzeitig im Auge zu behalten. Mass Customization kombiniert ein möglichst differenziertes, individuelles Angebot mit den relativ geringen Kosten der Massenproduktion. Der Maßanzug zum Preis eines Anzugs von der Stange, gefertigt unter Berücksichtigung der besonderen Wünsche des Kunden – mithilfe moderner Technik ist das keine Utopie mehr.

Abbildung 47: Homepage von *Threadless* (www.threadless.com)

Wie greifen Unternehmen das Thema auf?

Wie immer, wenn es um den Praxistest neuer Instrumente geht, bleibt die Vorarbeit einigen wenigen, experimentierfreudigen und mutigen Unternehmen überlassen. Viele der heute führenden Unternehmen haben nicht selbst diese Erfahrungen gemacht, sondern von den Pionieren der ersten Stunde gelernt, von denen viele das Geschäft aufgeben mussten: *GetCustom, Custom Foot, Creo Interactive* oder *Xaaaz*.

Zu den Vorreitern des Themas gehört die Bekleidungsindustrie. Dort gibt es inzwischen nicht nur in den USA zahlreiche, durchaus erfolgreiche Beispiele. Dreh- und Angelpunkt ist vor allem das Internet, das als ein Treiber des Themas gilt.

Unter der deutschen Seite www.ziami.de ist beispielsweise seit 2003 ein Anbieter von Maßhemden im Netz (vgl. Abbildung 48). Maßgeschneiderte Hemden und auch Blusen bietet auch der Maßkonfektionär *Dolzer* (gegründet 1963) an, der zusätzlich zu seinem Internet-Shop (vgl. Abbildung 49) den Ausbau eines eigenen Filialnetzes forciert.

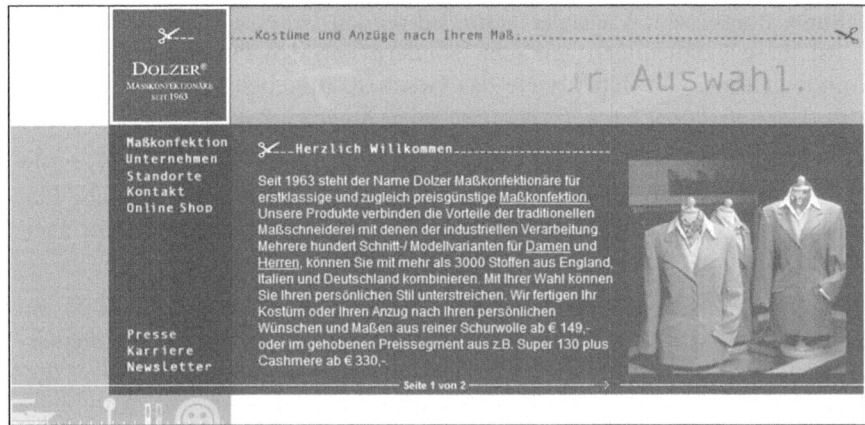

Abbildung 48: Homepage von ziami (www.ziami.de)

Abbildung 49: Homepage von Dolzer (www.dolzer.de)

Schlüssel 4: Mass Customization

Zur Jahrtausendwende hat auch der Sportartikel-Hersteller *adidas* den Einstieg in die individuelle Massenproduktion vollzogen. *mi adidas* bietet die Möglichkeit, einen individuellen Schuh anfertigen zu lassen, der nicht nur die optische Gestaltung (Farbe, Schriftzüge) zur Wahl stellt, sondern auch Fußlänge und -breite oder Laufstil einbezieht. Und dies unter konsequenter Integration des Handels (vgl. Abbildung 50).

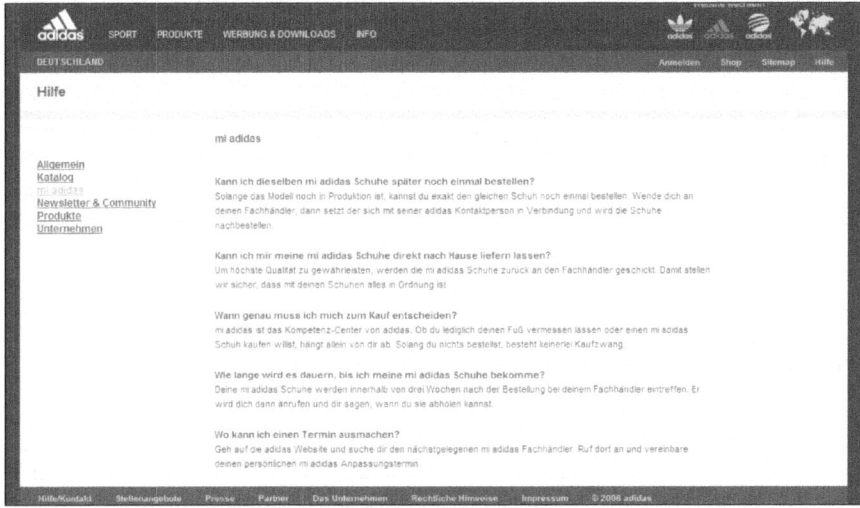

Abbildung 50: *mi adidas* (www.adidas.de)

Letzten Endes macht Mass Customization mittlerweile vor kaum einer Branche halt. Egal, ob Möbelindustrie, Uhrenhersteller oder Reiseunternehmen – das Konzept der individuellen Massenproduktion hat bei Anbietern und Nachfragern reichlich Anhänger gefunden.

Was treibt, was hemmt die Entwicklung?

Die Gründe, über Mass Customization nachzudenken, sind vielfältig. Einer der wichtigsten: der immer *schärfer werdende Wettbewerb*. Auf der Suche nach einer Antwort auf die Fragen: „Was ist das Besondere an meinem Produkt oder an meiner Dienstleistung?" und „Wie grenze ich mich deutlich von der Konkurrenz ab?" ist Mass Customization eine Option.

Der richtige Druck entsteht aber vor allem durch die *Wünsche der Kunden*. Individuell, auf die ganz persönlichen Anforderungen soll das angebotene Produkt oder die Dienstleistung zugeschnitten sein. Und das zu einem möglichst attraktiven Preis. Das ist, dank weiter entwickelter Produktions- und Informationstechnologien, kein Ding der Unmöglichkeit mehr, sondern für immer mehr Unternehmen eine ernst zu nehmende Überlegung.

Auf der anderen Seite stehen Gegenargumente, wie beispielsweise die Scheu vor Veränderung. Meist ausgelöst durch das fehlende Wissen über die tatsächlichen Wünsche des Kunden (s. S. 66ff.). Für Bedenken sorgt oft auch der Aufwand, der mit der Einführung eines Mass-Customization-Konzepts verbunden ist. Unternehmen, wie die Sportartikel-Hersteller *adidas* oder *Nike*, die zusätzlich zu ihrem Standard-Sortiment auch individuelle Produkte anbieten, haben ihr Mass-Customization-Konzept nicht über Nacht entwickelt und aufgesetzt. Bei *adidas* etwa dauerte die Vorbereitungsphase für „mi adidas" zwei Jahre (Reichwald/Piller, 2006, S. 259).

Mass Customization aus Kundensicht

An dieser Stelle sei noch einmal kurz rekapituliert: Die wichtigste Säule beim Aufbau eines Mass-Customization-Konzepts ist die Mitwirkung des Kunden. Doch ist diese tatsächlich gewünscht? Will sich der Kunde wirklich aktiv an der Produktion (s)eines Produkts beteiligen?

In puncto Bekleidung haben die Kunden offenbar ein großes Interesse an individueller Produktgestaltung. Was schon allein daran liegt, dass die angebotenen Standardgrößen je nach Hersteller unterschiedlich ausfallen. In den USA beispielsweise gaben 54 Prozent der im Rahmen einer Umfrage interviewten Verbraucher an, Schwierigkeiten bei der Suche nach passender Kleidung zu haben. 68 Prozent sagten, dass sie, um sich ein unerfreuliches Erlebnis zu ersparen, erst gar nicht zur Anprobe gehen (Kiley, 2006, http://www.kpmginsiders.com/display_analysis.asp?cs_id=151222).

Wie viel Mass Customization will der Kunde?

Die klassischen Massenmärkte dürren aus; den Durchschnittskunden gibt es nicht mehr. Eine zunehmende Pluralisierung in „Billig" und „Premium" ist erkennbar. Neu ist diese Erkenntnis nicht. Doch in der Praxis tun sich viele Unternehmen mit den entsprechenden Rückschlüssen schwer. Dass Kunden nicht mehr nur an Standardlösungen interessiert sind und oft auch ausgefallene Wünsche formulieren, liegt vor allem an den nahezu unbegrenzten Informationsmöglichkeiten des Internet. Für Branchen wie die Touristikindustrie hat sich damit die Welt verändert: weg von der klassischen Pauschalreise, hin zu modular aufgebauten Reiseangeboten, aus denen sich der Kunde seine Wunschreise zusammenstellen kann.

Bei rein Internet-basierten Reiseanbietern wie *Expedia* (www.expedia.de) oder *Opodo* (www.opodo.de) ist die Wahlfreiheit und die aktive Mitwirkung des Kunden der Kern des Geschäftsmodells. Der Kunde übernimmt die komplette Reisebuchung selbst – von der Wahl des Transportmittels bis zur Buchung des Hotels. Auch etablierte Reiseveranstalter, wie die *TUI* oder *Thomas Cook Reisen*, bieten neben ihren Pauschalangeboten verstärkt Baustein-Reisen an. In ihrer Kommunikation verspricht etwa die *TUI* bei ihren Fernreise-Programmen „Mehr Freiheit beim Buchen" und propagiert damit das Angebot *TUI individuell,* bei dem der Kunde Leistungen wie Mietwagen, Hotel oder Rundreisen nach eigenen Wünschen zusammenstellen kann (Böttcher, 2005, S. 11; vgl. Abbildung 51). Die Resonanz ist vorhanden. Für 2005 jedenfalls bilanziert die *TUI* einen „überproportionalen Zuwachs im Bausteinsegment" (Böttcher, 2005, S. 12).

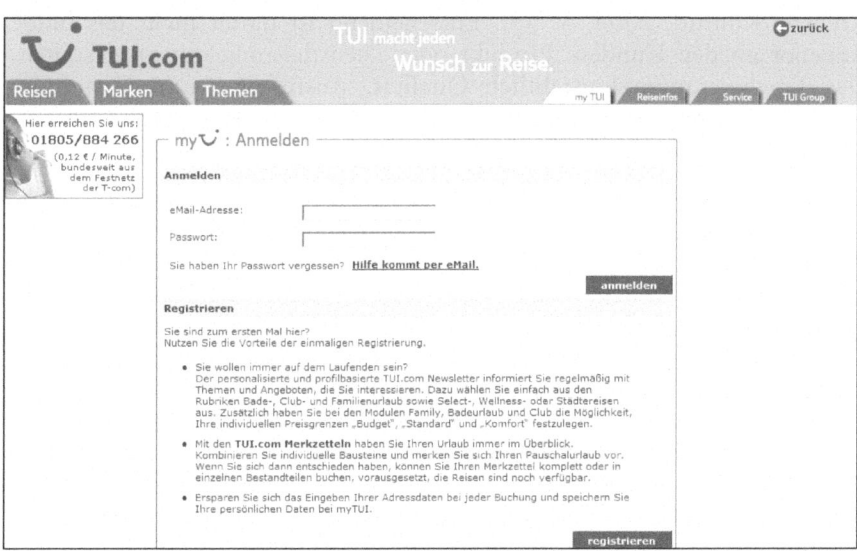

Abbildung 51: My TUI mit den TUI.com-Merkzetteln (www.tui.com)

Völlig grenzenlos darf die Gestaltungsfreiheit des Kunden aber nicht sein. „Der Kunde braucht Vorgaben, komplett designen will er seinen Schuh nicht", lautet etwa das Resümee der Verantwortlichen bei *adidas* (Berger, 2005). Wichtig ist es also, den Kunden nicht zu überfordern. „Wer die Wahl hat, hat die Qual" – dieser Effekt sollte bei individualisierter Massenproduktion nicht eintreten. Zugleich werden die *Costs of Complexity* auf Seiten des Unternehmens reduziert.

Wie Mass Customization zum Treiber der Kundenbindung wird

Ein maßgeschneidertes Produkt, das nicht jeder hat – ist der Kunde damit schon am Ziel seiner Wünsche? Und vor allem: Fühlt er sich, wenn er mitreden und mitgestalten kann, einem Unternehmen stärker verbunden? Ebenso wie die klassischen Kundenbindungs-Instrumente Kundenkarte, Kundenclub oder Bonusprogramme (s. S. 175ff.) ist auch Mass Customization ein Instrument, um die Bindung des Kunden an ein Unternehmen zu verstärken.

Das wichtigste Ziel heißt: *Begeisterung*. Begeisterungsanforderungen werden für den Kunden, anders als Basis- oder Leistungsanforderungen, überraschend erfüllt und lösen deshalb Begeisterung aus (vgl. Hartmann/ Kreutzer/Kuhfuß, 2004, S. 59). Entscheidend ist damit nicht das bloße Angebot an den Kunden, Produkt oder Dienstleistung mit zu gestalten. Das Ergebnis muss hinsichtlich Qualität, Ausführung und Gestaltung mehr als zufrieden stellend sein – damit der Kunde mit positiver Überraschung und damit mit Begeisterung reagiert.

Entfachen lässt sich diese Begeisterung durch die Implementierung eines Mass-Customization-Konzepts immer wieder neu, vorausgesetzt, die Kommunikation zum Kunden wird aufrecht erhalten. Ein Unternehmen wie *adidas,* dessen Schnittstelle zum Kunden bisher die Händler waren, sammelt durch die Einführung von *mi adidas* völlig neue Erfahrungen. Die Fokussierung auf den Endkunden hat bei der Herzogenauracher Sportartikelfirma ein bisher unbekanntes Bedürfnis geweckt: Die Kommunikation mit den Endkunden zu pflegen und auszubauen (Berger, 2005). Dadurch entsteht ein Informationskreislauf, der den Sportartikel-Experten neben anderen Informationen auch ein Gefühl dafür gibt, was wirklich nötig ist, um den Kunden zu begeistern – und damit dauerhaft an sich zu binden.

Mass Customization zum Aufbau von Kundennähe

Die Vorreiter auf dem Gebiet der Mass Customization hatten es nicht einfach: Sie mussten nicht nur einen Markt aufbauen, sondern auch die intern notwendige Infrastruktur schaffen. Inzwischen ist durch die stetige Weiterentwicklung von Produktions- und Informationstechnologien vieles einfacher geworden. Auf die entscheidende Frage aber gibt es keine pauschale Antwort: Wie weit soll die Integration des Kunden gehen? Diese Frage muss jedes Unternehmen für sich beantworten.

Voraussetzungen zur unternehmensinternen Umsetzung

Mass Customiziation zieht weit reichende Veränderungen in Fertigung, Materialfluss, Logistik und Kundenkommunikation nach sich. Statt wie bisher eine bestimmte Menge an Anzügen herzustellen, muss für jeden Kunden ein individueller Anzug produziert werden. Das bedeutet viele verschiedene Auftragsdurchläufe anstatt eines einzigen. Um die wachsende Menge an Informationen verarbeiten zu können, sind ausgefeilte IT-Systeme und Produktionstechniken nötig.

Als Schlüssel zur Mass Customization gilt jedoch die *Modularisierung der Produkte*. Sprich: Der Kunde kann nur bestimmte Elemente des Produkts verändern. Entscheidend ist, wann er die Möglichkeit zur Mitwirkung erhält. Nach Piller ist „die Festlegung des optimalen Punktes der Kundeninteraktion" eine der „wichtigsten Aufgaben bei der Einrichtung eines Mass-Customization-Systems" (Reichwald/Piller, 2006, S. 210). Denn daraus ergibt sich der „optimale Vorfertigungsgrad" (Reichwald/Piller, 2006, S. 210). Grundsätzlich sind zwei Möglichkeiten denkbar (vgl. Abbildung 52):

- Alternative 1: Die einzelnen Module eines Produkts werden auftragsneutral erstellt, auf Lager gelegt und später individuell bearbeitet.

- Alternative 2: Es wird ein bestimmter (relativ hoher) Anteil auftragsneutraler Arbeitsgänge festgelegt. Die Vorproduktion kommt jedoch erst in Gang, wenn der Kunde einen Auftrag erteilt. Dadurch können im Vergleich zu Alternative 1 Zwischenlagerkosten und Bestandsrisiko verringert werden (vgl. Reichwald/Piller, 2006, S. 212).

Im Gegensatz zu Produkten von der Stange löst ein individuell gefertigtes Produkt beim Kunden aufgrund der höheren Freiheitsgrade in der Gestal-

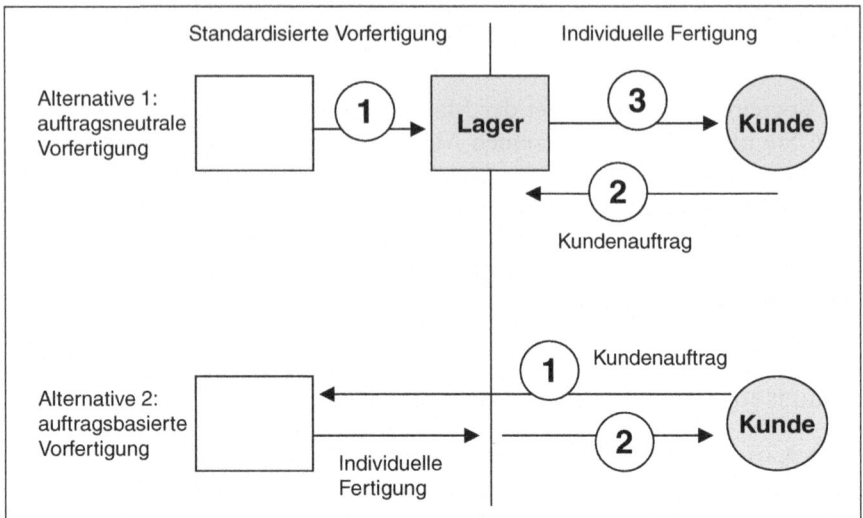

Abbildung 52: Auftragsneutrale und kundenbasierte Vorfertigung
(Quelle: weiterentwickelt nach Reichwald/Piller, 2006, S. 212)

tung ein größeres Maß an Unsicherheit aus. Das trifft laut Reichwald/Piller (2006) auf alle drei Phasen des Kaufentscheidungsprozesses zu, also auf die Vorkauf-, Kauf- und Nachkaufphase. In der Vorkaufphase etwa ist der Kunde schon allein dadurch irritiert, dass nur ein Versprechen (Beschreibung der Leistung) und kein fertiges Produkt geboten wird bzw. gezeigt werden kann. In der Kaufphase wiederum, in der der Kunde an der Erstellung der Leistung mitwirkt, kann eine Vielzahl an Optionen und Informationen zur Unsicherheit des Kunden führen (vgl. Reichwald/Piller, 2006, S. 238).

Welche Phasen die Kundeninteraktion in einem Mass-Customization-System im Einzelnen durchläuft, haben Reichwald/Piller anhand eigener empirischer Forschungen untersucht. Das daraus entwickelte Interaktionsmodell betrachtet den Mass-Customization-Prozess ausschließlich aus der Sicht des Kunden (vgl. Abbildung 53).

Zu den „Vorarbeiten" beim Aufbau eines Mass Customization gehört neben der Anpassung von Produktion, Organisation und Logistik auch das Wissen über die Wünsche des Kunden. Entscheidend ist es auch hier, die vorhandenen „Touch Points" (s. S. 66ff.) zu den eigenen Kunden zu nutzen und sich damit über elementare Fragen wie die Festlegung der optimalen Kundeninteraktion Klarheit zu verschaffen.

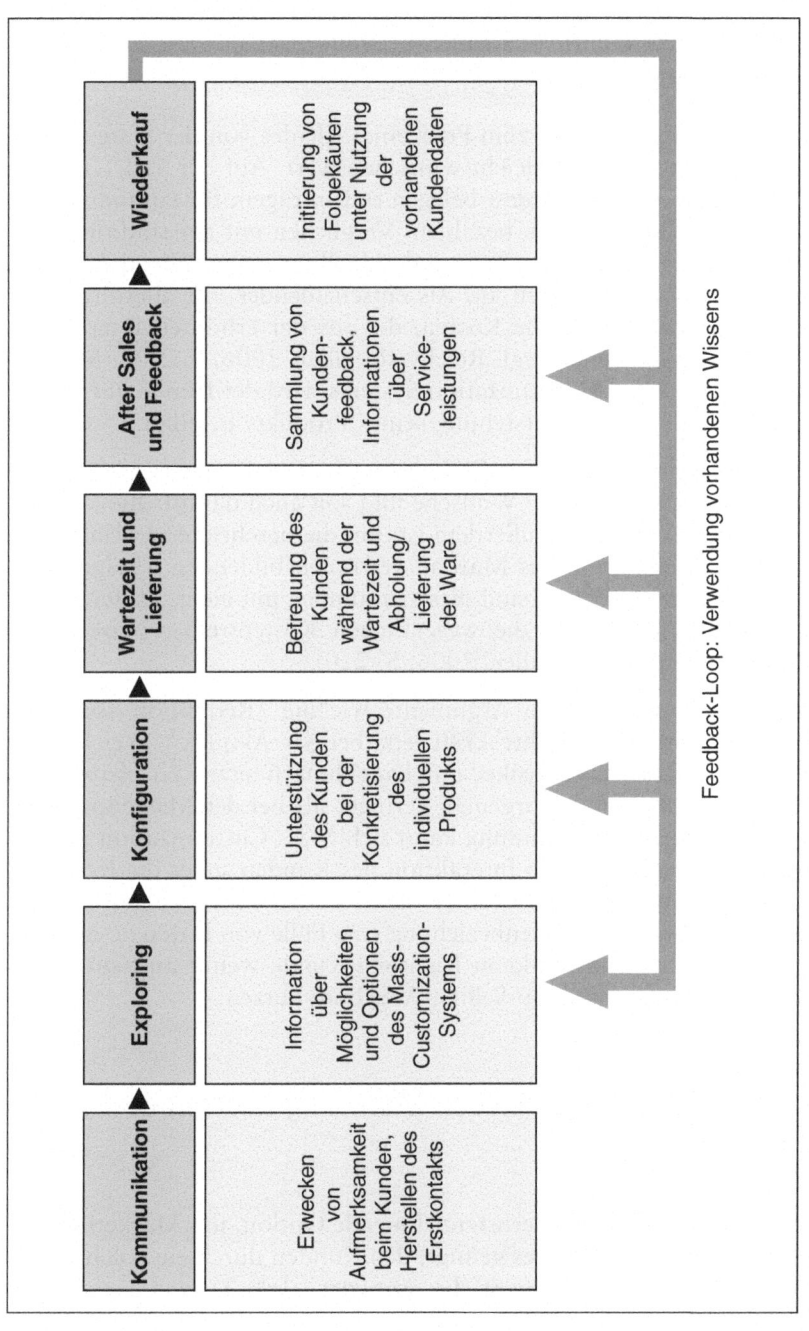

Abbildung 53: Phasen der Kundeninteraktion bei Mass Customization
(Quelle: Reichwald/Piller, 2006, S. 239)

Kosten- und Nutzenbilanz des Mass Customizing aus Unternehmenssicht

Ein maßgeschneidertes Kleid zum Preis eines Kleides von der Stange? Aus Sicht des Kunden ist das vielleicht wünschenswert. Auf der anderen Seite ist er jedoch bereit, so zumindest belegen es Umfragen, für ein individuell hergestelltes Produkt mehr zu bezahlen. Verglichen mit der traditionellen Massenproduktion fallen bei einem individuell gefertigten Produkt nicht nur höhere Produktionskosten an. Als entscheidender, oft allerdings unterschätzter, Faktor gelten die Kosten, die aus der erhöhten Interaktion mit dem Kunden entstehen (vgl. Reichwald/Piller, 2006, S. 216). Mit der Einführung eines Mass-Customization-Systems wird der Kunde über Konfigurationsmodule an der Entstehung seines Produkts beteiligt.

Diese Module sind jedoch keine Einbahnstraße. Der Kunde wird beraten, er fragt nach, formuliert neue Wünsche und soll auch darauf eine kompetente Antwort bekommen. Außerdem ist, um die beschriebenen Unsicherheiten aufzufangen, ein hohes Maß an vertrauensbildenden Maßnahmen nötig. Nach Reichwald/Piller sind diese zusammen mit einer „differenzierten Kommunikationspolitik" die wesentlichen Kostentreiber" von Mass Customization (Reichwald/Piller, 2006, S. 220).

Demgegenüber stehen jedoch Argumente wie die „Reduktion von Verschwendung" und eine erhöhte „Effizienz bei der Akquise" (Reichwald/Piller, 2006, S. 224). Das Risiko, auf Ladenhütern sitzen zu bleiben, ist bei Mass Customization naturgemäß geringer als bei der Massenproduktion. Auch auf die Kundenbindung kann sich Mass Customization positiv auswirken. Bedingt durch die Interaktion des Kunden steigt die Kontaktfrequenz und damit auch die Chance, den Kunden enger an sich zu binden. Da im Verlauf der Kundenbeziehung eine Fülle von Daten gesammelt werden, lässt sich der Kontakt in Richtung Kunde weiter ausbauen und dabei auch für Cross- und Up-Selling-Angebote nutzen.

Wie durch Mass Customization Marketing Excellence erreicht wird

Ist Mass Customization eine ernstzunehmende Option, um Marketing Excellence zu erreichen? Wenn es gelingt, den Kunden durch ein solches Angebot zu begeistern, dann heißt die Antwort „Ja". Derzeit stehen die

Chancen dafür gut, weil Mass Customization in vielen Branchen eher die Ausnahme als die Regel darstellt. Der Kunde muss vom Nutzen eines solchen Angebots meist nicht überzeugt werden. Er ist vielfach schon auf der Suche nach einer auf seine speziellen Bedürfnisse zugeschnittenen Lösung. Doch die findet er eben nur beim Maßschneider oder Handwerker – zu einem vergleichsweise hohen Preis. Mass Customization dagegen zielt auf diejenigen ab, die heute Massenware kaufen, aber an individuellen Lösungen interessiert sind (vgl. Reichwald/Piller, 2006, S. 202).

Abgesehen von einem Imagegewinn in Dimensionen wie „zukunftsorientiert" und „kundennah" liegt der eigentliche Nutzen für die Unternehmen in der konsequenten Ausschöpfung der vom Kunden gelieferten Informationen. „Die Kunden wollen gefragt werden", haben die Verantwortlichen bei *adidas* nach Einführung ihres Mass-Customization-Ansatzes festgestellt (Berger, 2005). Eine Marke erlebbar machen, neue Informationen über das Produkt sammeln, die Beziehung zum Kunden mit Leben füllen, all das lässt sich mit Mass Customization erreichen. Angesichts der fortschreitenden Individualisierung der Konsumgesellschaft ein Instrument, das seine Zukunft noch vor sich hat.

Fallstudien

Wie bereits angedeutet, setzt die Einführung eines Mass-Customization-Systems tief greifende Veränderungen voraus. In den Fällen zumindest, in denen ein bestehendes Angebot um die individuelle Massenfertigung erweitert wird. Die Stellschrauben, die es zu verändern gilt, beziehen sich auf die Organisation, Produktion, Logistik und Kommunikation. Unter eben diesem Aspekt sollen im Folgenden drei Beispiele bereits bestehender Mass-Customiziation-Angebote betrachtet werden. Wie beziehen *Selve* (Schuhe), *Ziami* (Maßhemden und -anzüge) und *Leica* (Kameras) den Kunden ein? In welchem Umfang kann der Kunde bei diesen Unternehmen mitbestimmen?

Selve

2002 hat sich Claudia Kieserling, vormals Designerin beim Schuhhersteller *Bama*, mit einem Pionierprojekt in München selbstständig gemacht: maßgeschneiderte Schuhen für Frauen. Der Kunde beziehungsweise die

Abbildung 54: Homepage von *Selve* (www.selve.net)

Kundin hat dabei zwei Optionen: Einen *Selve*-Showroom zu besuchen oder ihre Auswahl im Internet (www.selve.net) zu treffen.

Variante 1, der Besuch im Showroom, kommt nicht für jeden in Frage. Bisher gibt es lediglich zwei *Selve*-Läden: in München und in London. Der Weg zum individuell gestalteten *Selve*-Schuh (Preis: ab 175 Euro) beginnt mit der Auswahl der gewünschten Modellreihe. Im Internet ist das Prozedere in drei einfachen Schritten beschrieben:

1. Wählen Sie Ihr Modell.

2. Bestimmen Sie Ihren Fußtyp.

3. Registrieren Sie sich bei *Selve*.

Grundsätzlich kann die *Selve*-Kundin aus sieben verschiedenen Modellen wählen – von „casual" bis zu „high heels" und „boots". Die individuelle Abstimmung/Gestaltung des gewünschten Schuhs schließt die Auswahl des Oberleders (verschiedene Farben), des Futterleders, des Absatzes (Form und Höhe) und der Sohle ein. Danach folgt die Bestimmung des Fußtyps, die über Fragen wie „Sind Ihre Füße unterschiedlich?", „Haben Sie einen schmalen, mittleren oder breiteren Fuß?" gesteuert wird. Bei Fragen, etwa zu den möglichen Farbkombinationen, besteht die Möglichkeit zur Kontaktaufnahme über das Internet oder per Telefon.

Zu den Besonderheiten gehört die Möglichkeit, das ausgewählte Schuh-modell – oder auch mehrere Paare – im elektronischen „Schuhregal" zu-rückzulegen. Dort werden die Schuhe solange aufgehoben bis sich die Kundin zum Kauf entschließt. Voraussetzung dafür ist die Registration bei *Selve*. Über Passwort und persönliche ID kann danach jederzeit auf die gespeicherten Angebote zugegriffen werden. Die Positionierung als „Designer-Label" bringt ein gehobenes Preisniveau mit sich. *Selve*-Schuhe kosten zwischen 175 und 285 Euro; Stiefel zwischen 385 und 415 Euro. Der Zeitraum zwischen Bestellung und Lieferung beträgt rund vier Wochen.

Ziami

Vor drei Jahren ging *Ziami* (Firmensitz: Düsseldorf) in Deutschland mit maßgeschneiderter Herrenoberbekleidung an den Start. Jetzt soll der Ver-trieb auf andere europäische Märkte ausgedehnt werden. Nach Maßhem-den werden seit Dezember 2005 auch Anzüge angeboten. Die Kommuni-kation mit dem Kunden findet bisher ausschließlich auf der persönlichen Ebene statt. Dazu unterhält das Unternehmen einen eigenen Beraterstab.

Die *Ziami*-Berater suchen den Kunden in seiner Wohnung auf, nehmen Maß und geben Hemd oder Anzug nach den speziellen Wünschen des Kunden in Auftrag. Der Gestaltungsspielraum des Kunden schließt das komplette Design (Kragen, Taschenform, Manschette) sowie die Stoff-wahl ein. Künftig soll die Konfiguration eines Maßhemdes auch über das Internet möglich sein (www.ziami.de). Wichtiges Element des Geschäfts-modells ist jedoch der Home-Service, der optimale Kundennähe garantie-ren soll (vgl. Abbildung 48, Seite 114).

Das Leistungsversprechen des Unternehmens basiert auf der Aussage „hervorragende Qualität zu einem konkurrenzlosen Festpreis." Ein *Zia-mi*-Hemd kostet 29,90 Euro, ein Anzug 99 Euro (plus 29 Euro Neukun-dengebühr); und das alles inklusive Hausbesuch in ganz Deutschland. Be-gründet wird das Preisniveau durch eine „effektive Produktion" sowie den Verzicht auf Zwischenhandel und Ladengeschäfte.

Leica

Der Kamerahersteller *Leica* bietet seit rund zwei Jahren auch individuell gefertigte Produkte an (*Leica à la carte*) und gehört damit zu den Vorreitern der Branche. Die „Kamera nach Maß" ist allerdings nur für eine Produktkategorie, die *M-Serie*, möglich. Dazu wird im Internet (www.leica-camera.com) ein Konfigurator angeboten, der allerdings nicht auf Anhieb zu finden ist. Vielmehr taucht der Hinweis *Leica à la carte* erst beim Anklicken der *M-Serie* in einer Liste mehrerer Optionen auf.

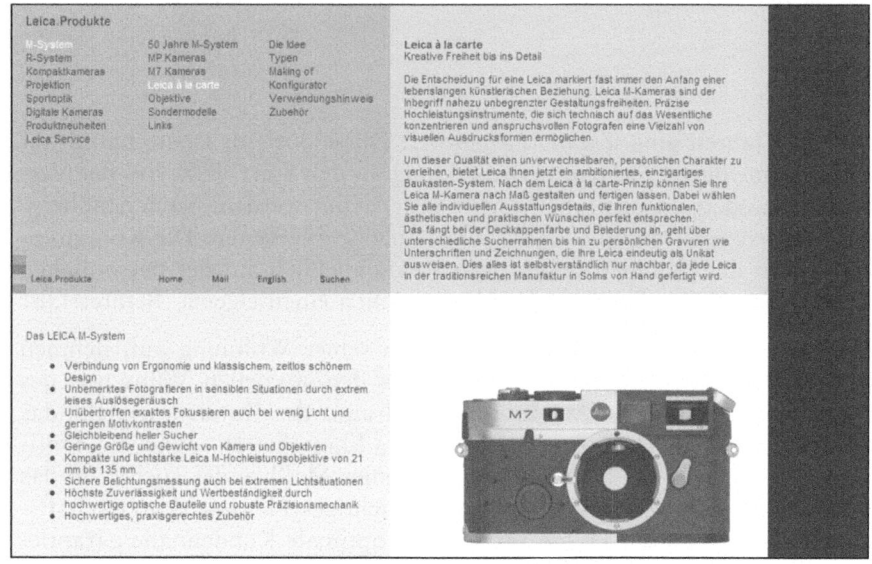

Abbildung 55: Der Leica M-Konfigurator (www.leica-camera.com)

Mit dem Aufrufen des Konfigurators stehen dem Kunden verschiedene Gestaltungsmöglichkeiten offen. Neben der Gehäusefarbe können auch die Farbe der Bedienelemente und die Belederung individuell bestimmt werden. Außerdem ist es möglich, auf der Ober- und auf der Rückseite der Deckklappe eine persönliche Gravur anbringen zu lassen.

Die Sonderwünsche haben allerdings ihren Preis. Die persönliche Gravur, in Form der eigenen Unterschrift oder des Namens, kostet 250 beziehungsweise 130 Euro. Zusammen mit dem Grundpreis der Kamera von 3 450 Euro ergibt sich, je nach Umfang der gewählten Extras, ein Aufpreis von mehreren hundert Euro. Eine Online-Bestellung der Kamera ist nicht möglich. Vielmehr wird auf Basis der im Konfigurator getätigten Eingaben ein Dokument erstellt, das ausgedruckt und dann dem Fachhändler übergeben werden kann. Über den Fachhandel wird die Kamera dann auch bestellt und ausgeliefert.

Wie wird sich Mass Customization in den nächsten Jahren entwickeln?

1998 stand in der vom Bundesforschungsminsterium veröffentlichten Delphi-Zukunftsstudie zu lesen, dass „produktionstechnische Lösungen, die die Fertigung nach Kundenauftrag zu Standardpreisen ermöglichen", bis etwa 2007 realisiert sind (Etscheid, 2002, S. 1). Genau an diesem Punkt setzt das *Fraunhofer Institut für Fabrikbetrieb und Automatisierung* (IFF) in Magdeburg an, das Unternehmen bei der Einführung von Mass-Customization-Systemen unterstützt. In Deutschland hat sich bisher vor allem die Bekleidungsindustrie das Prinzip der individuellen Massenfertigung zu eigen gemacht.

Auf der anderen Seite taucht, wenn es um die aktive Mitwirkung des Kunden geht, ein weiterer Begriff auf: *Open Innovation*. Während Mass Customization darauf abzielt, ein nach den Wünschen des Kunden gefertigtes individuelles Produkt herzustellen, geht es bei dem Open-Innovation-Prinzip um die Produktentwicklung für einen größeren Abnehmerkreis. Verglichen mit Mass Customization steht Open Innovation, wenn es um die praktische Umsetzung geht, hierzulande noch am Anfang (vgl. Reichwald/Piller, 2006, S. 9).

Mit einer „Massenbewegung" ist – trotz fortschreitender technischer Möglichkeiten – aber auch bei der individuellen Massenfertigung nicht zu rechnen. Ob sich das Modell auch für das eigene Unternehmen eignet, hängt neben rein betriebswirtschaftlichen Erwägungen wie einer Kosten-/Nutzenrechnung auch vom Kunden ab. „Nicht alle Konsumenten", betont der Mass-Customization-Experte Frank Piller, „wollen individualisierte Produkte". Doch für diejenigen, die mit Massenprodukten unzufrieden sind, biete Mass Customization eine „echte Alternative" (Petrich-Hornetz, A., 2001, http://www.wirtschaftswetter.de/archiv/masscustom.html). Wenn es um Marketing Excellence geht, ist beim Thema Mass Customization vor allem ein Aspekt nicht von der Hand zu weisen: die

Chance, den Kunden durch die aktive Mitwirkung enger an das Unternehmen und die eigene Marke zu binden.

Quellen

Berger, C. (2005), Das mi adidas-und-ich-Projekt, Erfolgreiche Kundenintegration bei Adidas, 31. Münchener Marketing Symposium, 8. Juli 2005, LMU München

Böttcher, V. (2005), Präsentation der TUI-Sommerprogramme 2006, Kuba, 5. November 2005

Etscheid, G. (2002), Maßgeschneidertes vom Fließband, http://www.zeit.de/archiv/2002/05/200205_z-mass-customiza.xml?page=1

Hartmann, W./Kreutzer, R./Kuhfuß, H. (2004), Kundenclubs & More, Innovative Konzepte zur Kundenbindung, Wiesbaden 2004

Niesing, B. (2002), Produktionstechnik: Masse und Klasse, in: Fraunhofer Magazin , Ausgabe 1/2002, S. 45

Kiley, K. (2006), Retailers find that customized clothing is the right fit, in: KPMG Consumer Markets Insider, 26. Januar 2006

Piller F. (2002), Fünf Jahre Mass-Customization News, Der Stand des Konzepts, Newsletter März 2002, http://www.mass-customization.de/news/news02_01.htm

Reichwald R../Piller F. (2006), Interaktive Wertschöpfung, Wiesbaden 2006

Internetadressen

www.adidas.com/products/miadidas/content/index.asp?strCountry_adidascom=de

www.dolzer.de

www.expedia.de

www.kpmg.com

www.leica-camera.de/photography/m_system/leica_a_la_carte/

www.opopdo.de

www.selve.net

www.threadless.com

www.wirtschaftswetter.de

www.ziami.de

Holger Kuhfuß

Schlüssel 5: Multi-Channel-Marketing – Wie die Integration von Online- und Offline-Kommunikation funktioniert

Welche Herausforderungen beim Multi-Channel-Marketing zu meistern sind

„Am Ende siegt die Komplexität. Die Menschen haben sich in vielen Entwicklungsstufen eine imponierende Vielfalt von Kommunikationformen und Kommunikationsinstrumenten geschaffen. Sie wären töricht, in der Zukunft diese Artenvielfalt zu zerstören" (Glotz, 1999, S. 85). Was *Peter Glotz* bei der Beschreibung von zukünftigen *Kulturkämpfen im digitalen Kapitalismus* beschreibt, beschäftigt auch die mit ihren Kunden kommunizierenden Unternehmen. In einer Welt, in der Produkte immer austauschbarer werden und Konsumenten durch die Überhäufung mit Werbebotschaften zunehmend nach Orientierung und Sicherheit suchen, müssen Unternehmen „ein schlüssiges Gesamtbild aus allen Eindrücken herstellen, die ihre Kunden von ihrem Personal, ihren Einrichtungen und Handlungen gewinnen und die das Markenversprechen gegenüber den verschiedenen Zielgruppen erfüllen sollen" (Kotler, 2004, S. 69).

Abschreckende Werbung, langsame Websites, wenig qualifizierte Mitarbeiter im Shop oder an der Kundenhotline sind demotivierende Faktoren und müssen nachhaltig und Kommunikationskanal übergreifend eliminiert werden. Kunden wünschen sich – unabhängig davon, über welchen Kommunikationskanal sie mit einem Unternehmen Kontakt aufnehmen – ein gleich bleibend hohes Serviceniveau (vgl. Gronover/Rampp, 2001, S. 1) und eine individuelle und persönliche Ansprache.

Im Folgenden werden vor allem die *Informationsströme zwischen Kunden und Unternehmen* betrachtet. Deshalb werden hier unter Channels die Kommunikationskanäle verstanden, die alle Touchpoints bzw. Berührungspunkte umfassen, die im Rahmen von Interaktionen zwischen Kunden und Unternehmen relevant sind (vgl. Abbildung 56).

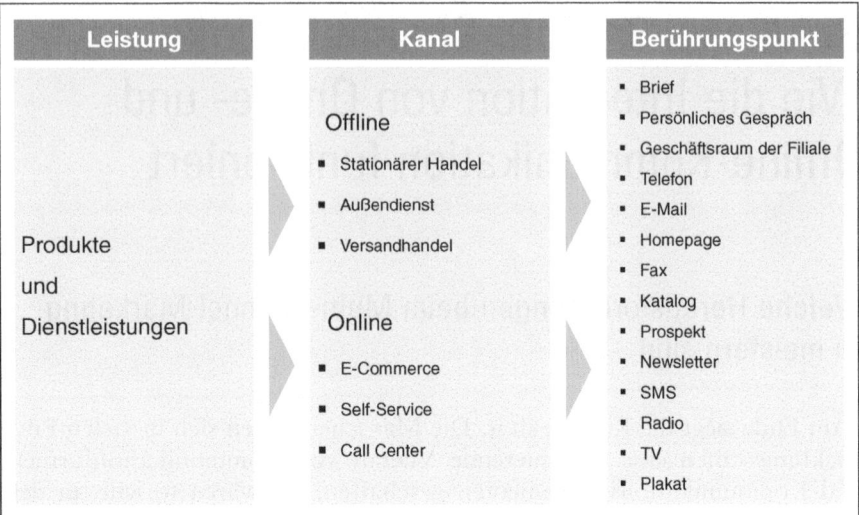

Leistung	Kanal	Berührungspunkt
	Offline ▪ Stationärer Handel ▪ Außendienst	▪ Brief ▪ Persönliches Gespräch ▪ Geschäftsraum der Filiale ▪ Telefon ▪ E-Mail
Produkte	▪ Versandhandel	▪ Homepage
und		▪ Fax
		▪ Katalog
Dienstleistungen	**Online**	▪ Prospekt
	▪ E-Commerce	▪ Newsletter
		▪ SMS
	▪ Self-Service	▪ Radio
	▪ Call Center	▪ TV
		▪ Plakat

Abbildung 56: Kanäle und Berührungspunkte (eigene Darstellung)

Die Integration der auf immer mehr Möglichkeiten beruhenden Kommunikation mit dem Kunden stellt neben den daraus resultierenden Chancen auch vielfältige Herausforderungen dar. Die Kundenperspektive, die durch das sich stetig verändernde und instabile Kaufverhalten und den Information Overkill gekennzeichnet ist, erfordert eine zunehmende *Individualisierung der Kommunikation* und eine entsprechende Nutzung der dafür eingesetzten Kanäle. Die *Notwendigkeit zur Differenzierung* resultiert aus der Perspektive des Wettbewerbs, die bei zunehmender Gleichheit der Angebote geboten ist. Eine weitere Rahmenbedingung definiert die Technologie durch die wachsende Bedeutung der neuen Medien und insbesondere des Internets, die allerdings in den Gesamtauftritt des Unternehmens zu integrieren sind. Die *interaktive Kommunikation,* die durch die konzeptionellen Ansätze des Customer Relationship Management erreicht werden soll, erfordert einen echten, über verschiedene Kanäle geführten Dialog zwischen Kunden und Unternehmen, in dem die Rolle des Senders und Empfängers ständig wechseln kann.

Dass *Multi-Channel-Strategien* in den jeweiligen Branchen unterschiedlich entwickelt sind, zeigt eine Studie von *Booz Allen Hamilton* aus dem Jahr 2006 (vgl. Booz Allen Hamilton, 2006). Während in der Telekommunikationsbranche für dedizierte Kundensegmente zielgerichtet und aktiv Kanäle fokussiert werden – hier sind bereits 80 Prozent der Kunden kanalspezifisch segmentiert – nutzen die Kunden der Finanzdienstleistungsbranche mit 70 Prozent noch stark den persönlichen Kontakt für Beratung oder Kauf und suchen dafür die Bankfiliale auf. Beim Autokauf nutzt bereits jeder zweite Kunde das Internet als Informationsquelle für den Neuwagenkauf.

Das Internet mit den Möglichkeiten des Chats, der Portaltechnologie mit dem E-Self-Service und dem Call-Button sowie die Möglichkeiten der mobilen Kommunikation über das Handy gilt es jetzt mit den Instrumenten Call Center und den anderen klassischen Kommunikationskanälen zu verzahnen. Dabei müssen sich die unterschiedlichen Kanäle gegenseitig unterstützen und ergänzen. Der daraus resultierende Mehrwert kann den Kundendialog der Zukunft positiv beeinflussen.

Die Rolle des Kunden und neue Trends in der Informationsbeschaffung

Paul wollte seiner Tochter zum Geburtstag einen neuen Multimedia-PC schenken und konnte sich bei seiner Informationsbeschaffung dem Werbetrommelfeuer von *„Ich bin doch nicht blöd"* kaum entziehen. Nach dem Studium seiner Tageszeitungsbeilage besann er sich auf den Werbeslogan und beschloss, die Informationssuche noch zu forcieren. Die zahlreichen Tipps seiner Arbeitskollegen, wie beispielsweise „Warte doch noch auf das neue Angebot von *Aldi*", im Kopf, zog er durch die Einkaufsstraße und durchstreifte die Geschäfte. Unzufrieden mit der fachlichen Beratung im Computershop surfte er bis spät in der Nacht im Internet und blieb schließlich auf der Seite eines Internet-Versandhändlers stehen. Nachdem er schon den virtuellen Warenkorb gefüllt hatte, überkamen ihn doch Zweifel, ob seine Entscheidung jetzt und für dieses Produkt die richtige sei.

Die Flexibilität und die Fähigkeit, viele Kommunikationskanäle parallel nutzen zu können und eine Vielzahl an Informationen zu finden, ist also nicht nur positiv. Was bedeutet es überhaupt, ein gut informierter Verbraucher zu sein? Wie viel und welche Informationen benötigt er? Ist weniger nicht manchmal mehr? Inzwischen zeigen Studien, dass sich die Konsumenten von der ständigen Schnäppchenjagd gestresst fühlen und sogar Angst haben, den Überblick zu verlieren. Ist also die gestiegene Informations- und Konsumkompetenz nur eine scheinbare?

Der Konsument sucht in der Regel eine schnelle, effektive und qualitativ hochwertige Kommunikation, egal, welchen Kanal er gerade nutzt. Wird diese nicht geboten, kann das nachhaltige Konsequenzen auf das Kundenverhalten haben. Wichtig ist, dass Kommunikation auch über die jeweiligen Kontaktpunkte und Kommunikationskanäle hinweg als konsistent wahrgenommen wird, auf die Kundenbedürfnisse abgestimmt ist und fachlich kompetent verläuft. Dies Suchen nach „der besten Kommunikationsform" wirft die Frage auf, welche Medien zukünftig dominieren werden.

Mündliche und schriftliche Kommunikation, spezielle Bildmedien und die neue „Repräsentationsmaschine" Computer sind konkurrierende Techniken, die der kommunikationsfähige Mensch wechselweise – je nach Anlass – nutzt. Die besondere Stärke des Mediums Computer ist seine Vernetzung, der vorhandene Hyperraum, die Möglichkeit zur Simulation, aber nicht unbedingt das Bewegungsbild (vgl. Glotz, 1999, S. 83f.)

Aus einer Langzeitstudie von ARD/ZDF zur Massenkommunikation von 1970 bis 2005 geht hervor, dass in Zukunft mit einer weiteren *Zunahme des Medienzeitbudgets* zu rechnen ist (vgl. Eimeren/Ridder, 2005). Leitmedium wird voraussichtlich das Fernsehen bleiben, mit dem die Deutschen heute durchschnittlich 220 Minuten pro Tag verbringen. Während auch der Hörfunk als Folge von veränderten Inhalten und Programmangeboten eine Zunahme der Nutzungszeit verzeichnet, hat die Tageszeitung vom steigenden Medienkonsum nicht profitiert. Das Internet wurde im Betrachtungszeitraum vom Minderheiten- zum Mehrheiten-Medium (vgl. Abbildung 57) und weist inzwischen eine durchschnittliche tägliche Nutzungsdauer von 44 Minuten auf.

Mo-So[1]), 5.00-24.00 Uhr, BRD gesamt[2]), Pers. ab 14 J., in Min./Tag								
	1970	1974	1980	1985	1990	1995	2000	2005
Fernsehen	113	125	125	121	135	158	185	220
Hörfunk	73	113	135	154	170	162	206	221
Tageszeitung	35	38	38	33	28	30	30	28
Internet	–	–	–	–	–	–	13	44
1) Der Sonntag wurde erst ab 1990 in die Erhebung aufgenommen. 2) Bis 1990 nur alte Bundesländer.								

Abbildung 57: Nutzungsdauer der tagesaktuellen Medien von 1970 bis 2005
(Eimeren/Ridder, 2005)

Eine vollständige Substitution von Medien, wie sie beispielsweise *Negroponte* vorhergesagt hat, ist dagegen nicht zu erwarten. Das Internet hat die Vielfalt der Kommunikationsmöglichkeiten erweitert, allerdings ohne die Dominanz von Fernsehen und Hörfunk zu beeinträchtigen. Dabei spielen die folgenden zentralen Nutzungsmotive und das Freizeitverhalten der Konsumenten eine wichtige Rolle (vgl. Ridder/Engel, 2005, S. 425-427):

- Fernsehen
  - 1. Information
  - 2. Spaß
  - 3. Unterhaltung
- Hörfunk
  - 1. Spaß
  - 2. Information
  - 3. Entspannung
- Tageszeitung
  - 1. Information
  - 2. Mitreden können
  - 3. Spaß
- Internet
  - 1. Information
  - 2. Spaß
  - 3. Denkanstöße bekommen

Bei einer Analyse des *Images der jeweiligen Medien* fällt auf, das deren Bewertung ganz unterschiedlich ausfällt. Große Unterschiede gibt es zum Beispiel hinsichtlich Anspruch, Vielseitigkeit, Unterhaltung, Glaubwürdigkeit, Kompetenz und Sympathie (vgl. Abbildung 58).

Die vergleichsweise niedrigen Werte bei der Glaubwürdigkeit des Internets sind sicherlich auch auf die Heterogenität dieses Mediums und die Vielfalt der Informationen bereitstellenden Instanzen zurückzuführen. Andere Studien zeigen, dass bei der Nutzung des Internets an zweiter Stelle das zielgerichtete Suchen nach bestimmten Angeboten noch vor dem tatsächlichen Tätigen von Transaktionen steht. Immer mehr spielen dabei auch lokale Informationen im World Wide Web eine Rolle. Eine Analyse des Nutzungsverhaltens zeigt auch, dass die Konsumenten die unterschiedlichen Medien – insbesondere Offline- und Online-Angebote – komplementär nutzen (vgl. Wirtz et al., 2006). Die zunehmende Inanspruch-

BRD gesamt, Pers. ab 14 J., trifft am ehesten/an zweiter Stelle zu auf ..., in %								
	Fernsehen		Hörfunk		Tages-zeitung		Internet	
	2005	2000	2005	2000	2005	2000	2005	2000
anspruchsvoll	66	69	40	41	55	59	38	31
modern	84	85	32	35	18	20	66	60
zukunftsorientiert	81	83	26	27	27	28	65	61
vielseitig	82	82	33	39	33	39	52	40
unterhaltend/unterhaltsam	94	94	68	72	17	20	21	13
aktuell	77	78	46	49	42	48	34	25
informativ	70	72	39	40	57	63	34	25
glaubwürdig	66	70	49	53	62	62	22	14
kompetent	71	74	43	44	55	59	31	22
sachlich	66	68	44	45	64	69	26	18
kritisch	73	78	39	41	67	70	21	10
mutig	79	81	42	45	42	44	36	29
locker und ungezwungen	78	83	65	69	21	23	35	24
sympathisch	77	80	63	65	35	39	24	16
Basis: Alle Befragten, 2005: n = 4 500; 2000: n = 5 017; jeweils gewichtet.								

Abbildung 58: Images der Medien im Direktvergleich
(Eimeren/Ridder, 2005)

nahme des Internets durch die Konsumenten führt zu einem *Ausbau der Online-Kommunikation* und wird damit zu einem entscheidenden Faktor für die *Integration von Online- und Offline-Welt.*

Systematische Integration von Online- und Offline-Marketing

Ziele und Funktionen der Kommunikation und der Kanäle

Die drei wesentlichen Ziele der Kommunikation sind die *Informationsbereitstellung in der Pre-Sales-Phase*, die *Akquisition in der Sales-Phase* und die *Kundenbetreuung und -bindung in der After-Sales-Phase.* Aus der Sicht des Unternehmens sind als die primären Informationsbeschaffungsziele die Ermittlung von „versteckten" Informationen und die daraus resultierende Früherkennung von Entwicklungen sowie die Generierung von

Veränderungs- und Verbesserungsideen zu nennen. Die akquisitorischen Ziele sind neben der aktiven Verkaufsförderung, der Steigerung der Bekanntheit von Produkt und/oder Marke, dem Stimulieren von Interesse, der Erhöhung von Kaufbereitschaft auch die Differenzierung im Wettbewerberumfeld und das Initiieren von Mund-zu-Mund-Kommunikation. Wesentliche Kundenbetreuungs- und -bindungsziele sind die Sicherstellung der Kundenzufriedenheit, die Erhöhung der Wiederkaufquote und die Rückgewinnung von verlorenen Kunden.

Die Ergebnisse einer von *Capgemini* durchgeführten Studie bei Unternehmen aus Deutschland, Österreich und der Schweiz zeigen, dass sich die Nutzung der Kommunikationskanäle zukünftig stärker auf das Internet und E-Mail verlagern wird, während der Brief seine aktuell noch große Bedeutung verlieren dürfte (vgl. Abbildung 59). Diese Studie zeigt auch, dass die traditionellen Kanäle, wie beispielsweise der Vertriebsmitarbeiter oder das Call Center, aus der Sicht der Unternehmen eine wichtige Rolle spielen. Dabei geht es folglich nicht nur um die Generierung von Aufmerksamkeit, sondern auch um die Verkaufsförderung und damit die Erreichung der akquisitorischen Ziele.

Die Abbildung 60 stellt die verschiedenen Kommunikationskanäle und Touchpoints hinsichtlich ihrer Vorteile und Nachteile gegenüber. Die *interaktive Kommunikation* zwischen kompetentem Verkaufspersonal und Kunden ist immer noch von großer Bedeutung, da das persönliche Gespräch mit einem Verkäufer oder Kundenbetreuer die größtmögliche Individualisierung ermöglicht. Die steigende Informiertheit der Kunden bedeutet neue Herausforderungen für die Mitarbeiter in den *Call Centern* und am *Point of Sale*. Hier muss vor allem im Handel ein Umdenken erfolgen und das dem Kunden zugängliche Informationsmaterial auch konsequent und nachhaltig dem Verkaufspersonal am Point of Sale verfügbar sein (s. S. 36ff.). Durch eine sinnvolle Einbindung des *Internet* – insbesondere bei beratungsintensiven Produkten – kann auch eine Verlagerung dieser Beratungstätigkeit ins Web erfolgen. Online lässt sich eine Fülle von Informationen zur Verfügung stellen, die vom Kunden anonym und ohne Kaufdruck genutzt werden können.

Sind Kunde und Unternehmen an einem *echten Dialog* interessiert, so kommt es vor allem auf die Aspekte der Individualisierung und der Interaktionsfähigkeit des Mediums an (vgl. Abbildung 61). Dabei ist zu berücksichtigen, dass mit steigender Interaktvität und Individualisierung der Aufwand für die Kommunikation steigt, sei es für die Bereitstellung personeller oder auch technischer Ressourcen.

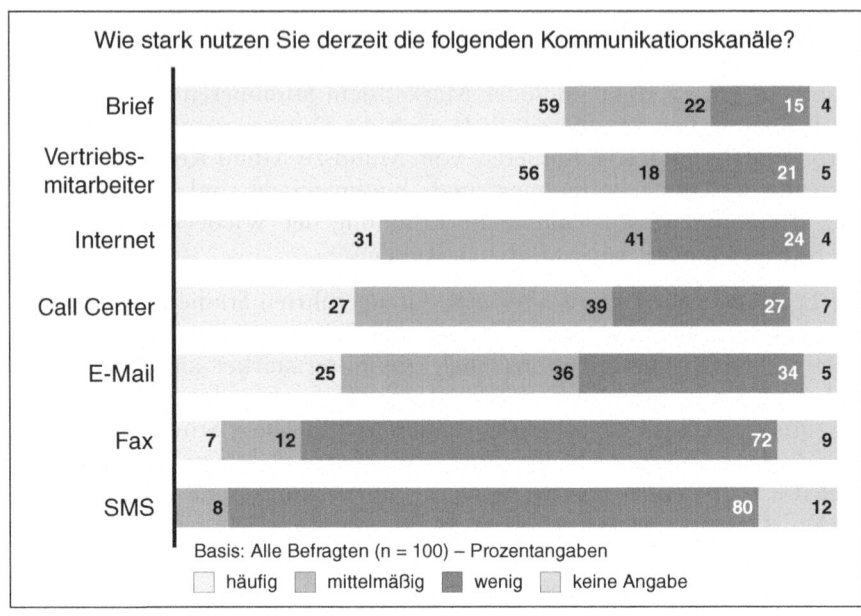

Wie stark nutzen Sie derzeit die folgenden Kommunikationskanäle?

	häufig	mittelmäßig	wenig	keine Angabe
Brief	59	22	15	4
Vertriebs-mitarbeiter	56	18	21	5
Internet	31	41	24	4
Call Center	27	39	27	7
E-Mail	25	36	34	5
Fax	7	12	72	9
SMS	8		80	12

Basis: Alle Befragten (n = 100) – Prozentangaben
☐ häufig ▨ mittelmäßig ▩ wenig ☐ keine Angabe

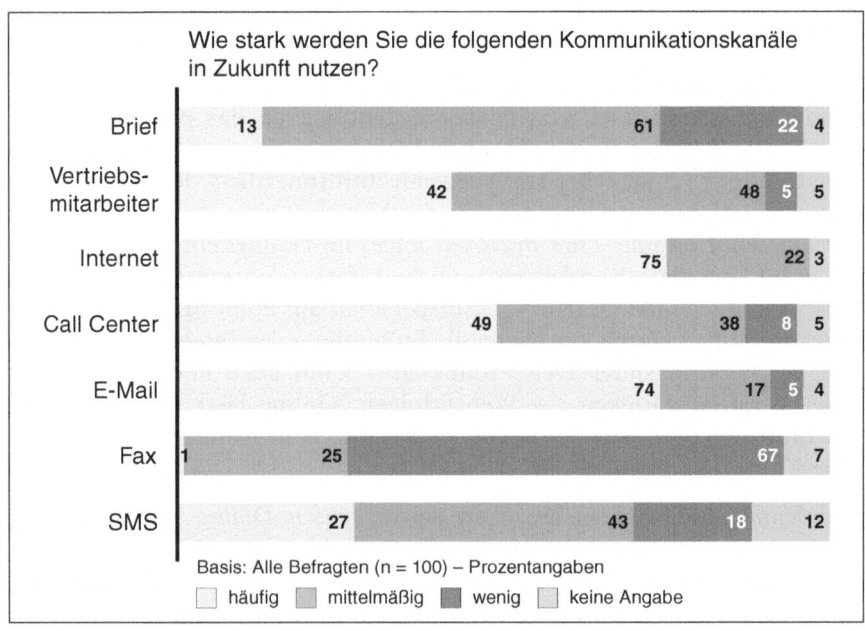

Wie stark werden Sie die folgenden Kommunikationskanäle in Zukunft nutzen?

	häufig	mittelmäßig	wenig	keine Angabe
Brief	13	61	22	4
Vertriebs-mitarbeiter	42	48	5	5
Internet	75	22		3
Call Center	49	38	8	5
E-Mail	74	17	5	4
Fax	1	25	67	7
SMS	27	43	18	12

Basis: Alle Befragten (n = 100) – Prozentangaben
☐ häufig ▨ mittelmäßig ▩ wenig ☐ keine Angabe

Abbildung 59: Nutzung und Bedeutung der Kommunikationskanäle
(Capgemini, 2005, S. 9)

Schlüssel 5: Multi-Channel-Marketing

Aspekt	Kanal						
	Katalog	Brief, Fax	Call Center	Außendienst	Shop Verkäufer	T-Commerce, TV	E-Commerce, Internet
zeitliche Verfügbarkeit	immer	immer	Öffnung	Öffnung Vereinbarung	Öffnung	zu speziellen Sendezeiten	immer – wenn eingeschaltet
örtliche Verfügbarkeit	zu Hause	zu Hause	zu Hause, Büro	zu Hause	nur im Ladengeschäft	zu Hause (Büro)	zu Hause, Büro, am Internetkiosk
Anonymität	ja/nein	nein	nein	nein	ja/nein	ja	ja/nein
Objektivität	nein	nein	nein	nein	ja/nein	ja/nein	ja
Angebot da	nein	nein	nein	ja/nein	ja/nein	nein	ja/nein
Kosten trägt	Anbieter/ Kunde	Anbieter/ Kunde	Anbieter/ Kunde	Anbieter	Anbieter	Kunde	Kunde
erreichbar für	alle Kunden	alle Kunden	alle Kunden	alle Kunden	alle Kunden	Kunden mit Set-Top-Box	ca. 50 Prozent der Kunden
Raumbedarf	gering	gering	groß	groß	groß	keiner	keiner
Ownership	Anbieter	Anbieter	Anbieter	Anbieter	Anbieter	Kunde	Kunde

Abbildung 60: Vor- und Nachteile von Kommunikationskanälen (Stöhr, 2005, S. 12)

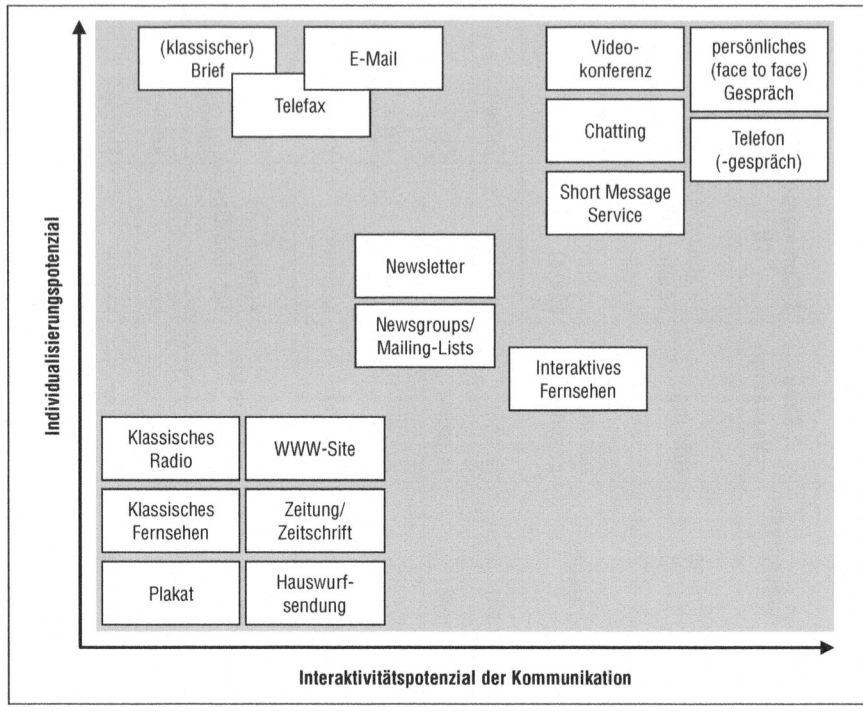

Abbildung 61: Interaktivitätspotenzial der Kommunikation
(nach Mann, 2004, S. 78)

Das Internet hat als Plattform neue Möglichkeiten der Kommunikation geschaffen und auch Konsumgüterherstellern die Chance eröffnet, direkt mit dem Endkunden zu kommunizieren. Gleichzeitig produziert es neue Herausforderungen, denn die zahllosen Kontakte müssen kompetent bearbeitet werden. Wer diese interaktiven Kommunikationskanäle nutzt, muss konsequenterweise auch die Rolle des Senders im Sinne einer Interaktion einnehmen und in diesen Dialog eintreten bzw. ihn fortführen. Eine zusammenfassende Bewertung der Eignung der unterschiedlichen Kanäle in der Pre-Sales-, Sales- und After-Sales-Phase zeigt Abbildung 62.

Generell gilt, dass die Anforderungen an die Kontaktpunkte in den Kanälen ständig angepasst werden müssen, da sich das Konsumverhalten und die Informationsbedürfnisse der Kunden kontinuierlich verändern. Dies bedeutet, dass Kommunikation dort möglich sein muss, wo der Kunde Zeit hat und die emotionale Umgebung vorfindet, in der er gezielt kommunizieren möchte (vgl. Stöhr/Reimann, 2005, S. 10).

Phase	Kanal					
	Katalog	Brief/Fax	Call Center	Shop	TV	Internet
Pre-Sales	3	2	1	2	5	3
Sales	3	2	2	4	0	3
After-Sales	0	1	3	3	0	3
Bewertung ausgewählter Kanäle: 0 = nicht geeignet, 1 = weniger geeignet, 2 = geeignet, 3 = gut geeignet, 4 = sehr gut geeignet						

Abbildung 62: Stärken-/Schwächen-Raster ausgewählter Kanäle
(in Anlehnung an Bachem, 2003)

Umsetzung von integrierten Kommunikationskonzepten

Unternehmen werden nur dann erfolgreich im Marketing sein, wenn sie das Markenversprechen gegenüber ihren Zielgruppen erfüllen. Dabei muss bei der Erreichung der Informations-, Akquisitions- sowie der Kundenbetreuungs- und -bindungsziele an den genutzten Berührungspunkten ein für den Kunden schlüssiges Gesamtbild entstehen. Die *Kundenerfahrung*, die durch das *Produkt*, durch *Prozesse* (sei es die Kommunikation über Werbung und Verkaufsförderung) sowie durch *Mitarbeiter* (etwa auf Messen oder in Verkaufsgesprächen) geprägt wird, erfordert eine ganzheitliche Betrachtung aller dieser Berührungspunkte zwischen Unternehmen und dem Kunden (vgl. Abbildung 63). Die Abstimmung der Kommunikationskanäle entlang des Prozesskreislaufs Pre-Sales – Sales – After Sales muss deshalb so erfolgen, dass nach dem Kontakt oder dem Kauf kein enttäuschender Erlebnisbruch stattfindet, sondern Markenbild und die Kundenerfahrung konsistent zu den davor liegenden Kundenerfahrungen bleibt (s. S. 66ff.).

Da der Kunde selbst die zeitliche Abfolge der Nutzung verschiedener Kanäle festlegt, kann eine Steuerung durch das Unternehmen nur begrenzt erfolgen. Dennoch sollte eine möglichst *aktive, vorwärts treibende Kundenführung über alle Kanäle* angestrebt werden, um die Verkaufs- und Kundenbindungsziele zu erreichen (vgl. Bachem, 2003, S. 15). Aufgrund dieser kundengesteuerten Nutzung der verschiedenen Kanäle ist deren inhaltliche Integration von zentraler Bedeutung. Diese betrifft unter anderem die Dimensionen Visualisierung, Argumentation und Erlebnisorien-

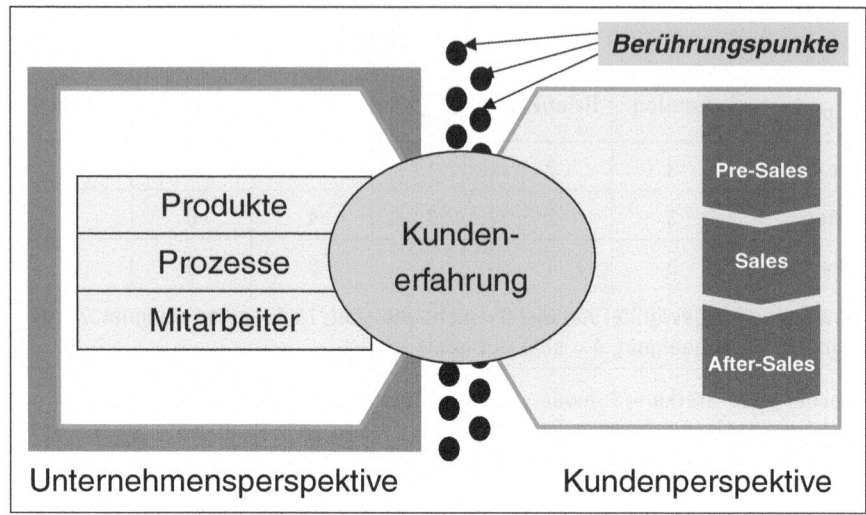

Abbildung 63: Kundenwahrnehmung
(eigene Darstellung)

tierung. Nur wenn der Markencharakter über alle Berührungspunkte mit dem Kunden in der gleichen Tonalität, den gleichen visuellen Erkennungszeichen und einem einheitlichen Wording transportiert und erlebbar gemacht wird, werden die Markenwerte glaubhaft und authentisch erlebt. Ein Markenlogo allein reicht für die visuelle Integration allerdings nicht aus. Einheitliche Farbwelten, Marken- und Aktionssignets sowie weitere visuelle Erkennungszeichen sollten eine konsistente Kundenwahrnehmung über alle Kanäle ermöglichen (vgl. Abbildung 64).

Die Definition von zentralen Inhalten in der Kommunikation, die an allen Berührungspunkten wahrgenommen werden, unterstützt eine *argumentative Integration*. Die erlebnisorientierte Integration stellt sicher, dass auch das Verhalten des Unternehmens und seiner Mitarbeiter zu den Markenwerten passt. Ansprache, Auftreten und Kompetenz der Verkäufer in der Filiale und der Kundenbetreuer im Call Center sind analog zur Markenwelt zu definieren und umzusetzen. Dies erfordert aufgrund der oftmals funktionalen Organisation in den Unternehmen eine vom Top-Management ausgehende Ausrichtung über alle Bereiche des Unternehmens, das heißt auch der, die keinen direkten Kundenkontakt haben (s. S. 36ff.).

Damit die Integration auch technisch umgesetzt werden kann, sind besondere Anforderungen an die Prozesse und Systeme zu stellen. Dezentrale

Print   **POS-Gestaltung**

Klassische Werbung   Media

TV   **Broschüren**

Direct Marketing   Sales Promotions

Internet   **Werbemittel für Vertriebspartner**

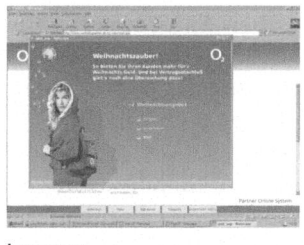   

Internet   Sponsoring

Abbildung 64: Inhaltliche Integration am Beispiel O_2
(eigene Darstellung)

Systeme und nicht verzahnte Prozesse erschweren die Integration der On-line- und Offline-Kommunikation. *Multi-Channel-Strukturen* erfordern eine IT-Architektur, die in der Lage sein muss, mit den unterschiedlichen Medien zu kommunizieren. Ebenso wie die kanalübergreifende Integration für die Anwendungen, wie beispielsweise die Abfrage eines Lieferstatus, sind die Integration der Daten und die Verfügbarmachung aller relevanten Informationen für alle Kanäle sicherzustellen (vgl. Abbildung 65).

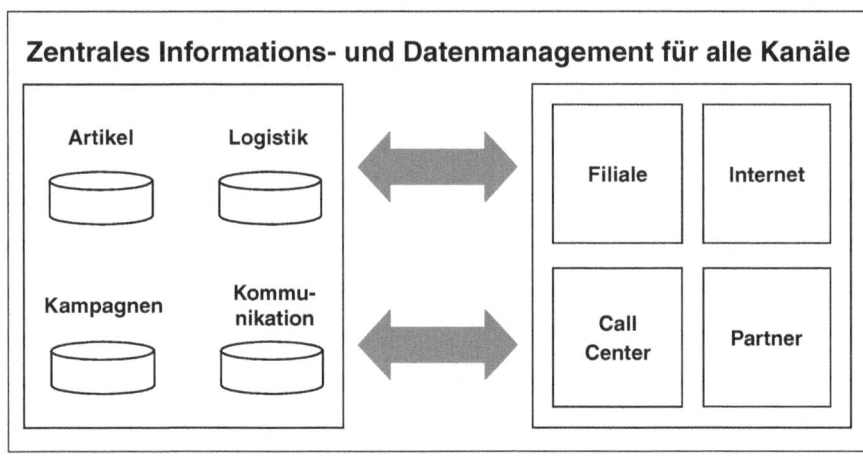

Abbildung 65: Informations- und Datenmanagement
(eigene Darstellung)

Dies bedeutet, dass für alle Kommunikationspartner die Inhalte so verfügbar gemacht werden müssen, dass sie den spezifischen Anforderungen beispielsweise eines POS-Terminals oder dem Self-Service-Nutzer angepasst sind. Der Ausbau der gewachsenen IT-Architektur, der aus Zeit- und Budgetgründen oft favorisiert wird, bedeutet in der Regel aber hohe Aufwendungen für die erforderlichen Integrationsmaßnahmen. Auf der anderen Seite ist die Anschaffung und Implementierung einer Standardsoftware, die einen hohen Integrationsgrad hat, oft durch eine eingeschränkten Flexibilität bei der Umsetzung von eigenen Prozessen gekennzeichnet (vgl. Abbildung 66).

Die kunden- bzw. nutzerorientierte Ausrichtung der Entwicklung und Verbesserung von IT-Systemen muss die steigende Bedeutung der Online-Kommunikation, das heißt die permanente Verfügbarkeit von Informationen und Prozessen, berücksichtigen. Gleichzeitig ist sicherzustellen, dass die kanalübergreifende Kommunikation in einer Kundenkontakthistorie

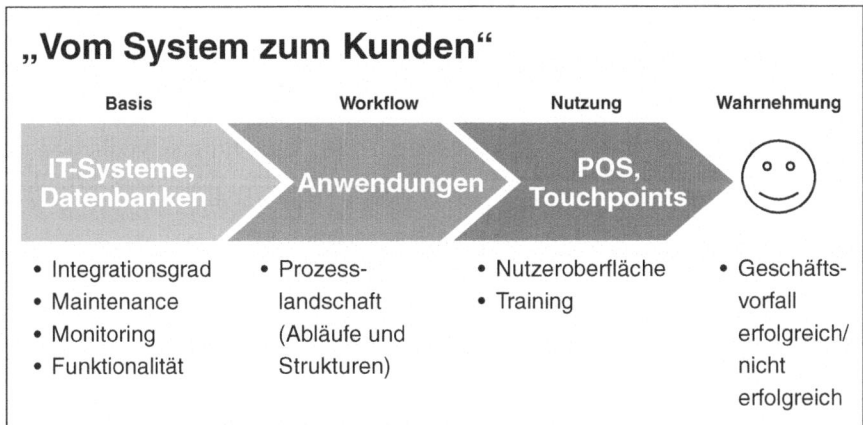

„Vom System zum Kunden"

Basis	Workflow	Nutzung	Wahrnehmung
IT-Systeme, Datenbanken	Anwendungen	POS, Touchpoints	
• Integrationsgrad • Maintenance • Monitoring • Funktionalität	• Prozess-landschaft (Abläufe und Strukturen)	• Nutzeroberfläche • Training	• Geschäfts-vorfall erfolgreich/ nicht erfolgreich

Abbildung 66: Kundenorientierung der Systeme
(eigene Darstellung)

dokumentiert wird; so werden Brüche in der Kommunikation vermieden (s. S. 175ff.). Um die hohen Anforderungen in Multi-Channel-Strukturen in Lösungen umzusetzen, bedarf es einer *Bündelung der Systemverantwortung* in nur einem Bereich des Unternehmens, der die Systeme für alle Kanäle entwickelt und betreibt. So ist beispielsweise die Trennung der Verantwortung für einen Webshop und das Call Center nachteilig, da Unstimmigkeiten zwischen den beiden Kanälen und ihren Systemen aus Kundensicht sofort negativ wahrgenommen werden können.

Was kann man vom Marketing-Preisträger *Tchibo* in Sachen Multi-Channel lernen – auch über Handel und Versandhandel hinaus?

Das Multi-Channel-Konzept von *Tchibo*

„Unser Geschäftsmodell ist ausbaufähig, aber nur begrenzt kopierbar. Denn mit der Systemmarke Tchibo haben wir ein Kleinod in den Händen, das nicht nur die Kunden begeistert, sondern auch uns selbst" (Dieter Ammer, Vorsitzender des Vorstandes der Tchibo GmbH, 2005). Aus dem Unternehmensziel für den Food-Bereich Coffebar und Kaffee, „Tchibo lässt Dich Dein Leben täglich neu genießen" wurde für den Non-Food-Bereich das Versprechen abgeleitet: „Jede Woche eine neue Welt". Dazu wird für jede Woche des Jahres ein Aktionsthema mit wechselnden Artikeln definiert, die für ein hervorragendes Preis-Leistungs-Verhältnis, Genuss und Begeisterung stehen. Damit hat es *Tchibo* geschafft, eine Markenbekanntheit von fast 100 Prozent zu erreichen. *Tchibo* wird so für Woche für Woche zu einem „Fachgeschäft" für ganz unterschiedliche Bereiche. Durch die Vielfalt der Themen – wie Küche, Garten, Sport und Freizeit, Textilien oder Schmuck – wird das *Cross-Selling-Potenzial der Kunden* ideal ausgeschöpft. Abgerundet werden diese Angebote durch Reisen, Versicherungen und den Mobilfunk. Die Innovationskraft von *Tchibo* besteht darin, dass jährlich aus über 6 000 Produktideen 1 500 ausgewählt werden, die für den Kunden einen hohen Nutzen generieren (Stoll, 2006).

Das Konzept wird in einer *Drei-Säulen-Strategie* umgesetzt. Zum Plankauf (bei Kaffee) tritt ein Serviceangebot *Coffebar* und wird durch die Zielsetzung *Inspiration* im Non-Food Bereich ergänzt. Das Serviceangebot wird von 1,5 Millionen Gästen jeden Monat genutzt. Insgesamt sind jeden Tag 28 Millionen Tassen Kaffee in Deutschland mit *Tchibo*-Kaffee befüllt (Stoll, 2006).

Das Unternehmen entstand 1949 aus der Königsidee, Röstkaffee, den berühmten „Gold-Mocca", per Post an Kunden zu versenden. Aus diesem für den Kaffeemarkt bahnbrechenden Konzept, einen neuen Verkaufskanal zu etablieren, entwickelte sich bis heute ein Unternehmen mit über 1 000 eigenen Filialen in Deutschland und etwa 200 im Ausland. Über 50 Prozent der deutschen Haushalte kaufen bei *Tchibo* und bringen das Unternehmen mit knapp 4 Mrd. Euro Umsatz in die Spitze der Handelsunternehmen. Dabei werden aus den 50 Prozent Umsatzanteil des Non-Food-Sortiments 80 Prozent des Ergebnisses generiert (Stoll, 2006). Das *Tchibo Multi-Channel Verkaufssystem* besteht zum einem aus über 50 000 nationalen und internationalen Outlets; dazu zählen die eigenen *Tchibo*-Filialen sowie die Fach- und Einzelhandeldepots. Weitere Säulen sind der Versandhandel und der Online-Vertrieb (vgl. Abbildung 67). www.tchibo.de ist seit langem unter den Top 5 E-Commerce-Anbietern in Deutschland; dort werden ca. 100 Millionen Visits und etwa drei Millionen Kundenbestellungen jährlich verzeichnet.

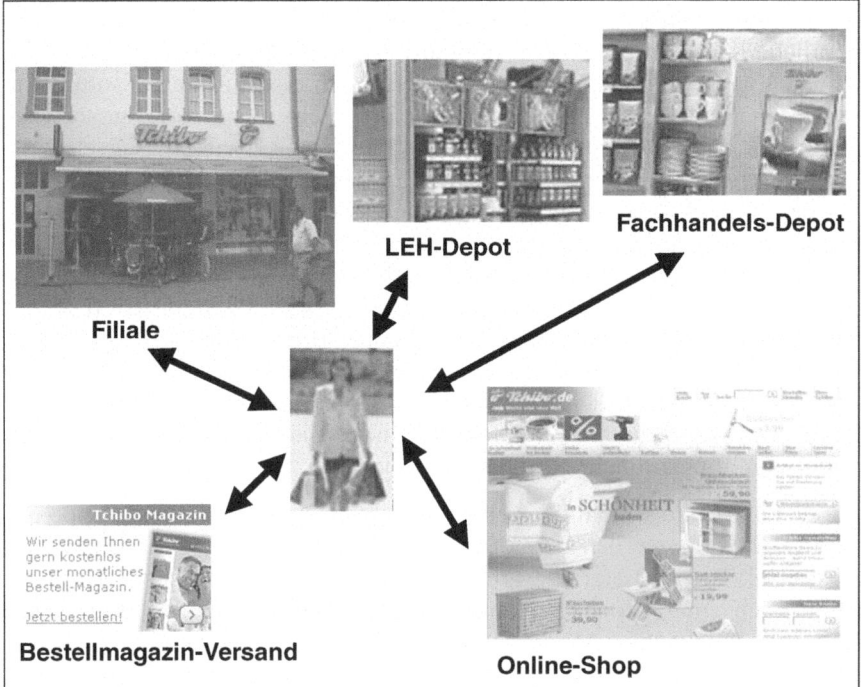

Abbildung 67: *Tchibo* – Multi-Channel-Konzept
(eigene Darstellung)

Multi-Channel-Marketing von *Tchibo*

Der Erfolg des Gesamtkonzept fußt auf den drei Faktoren

- starke Marke,
- integrierte Kommunikation,
- einer aus Kundensicht funktionierenden Verbindung der einzelnen Kanäle.

Die Einführung des Online-Shops konnte so auch eines der wichtigsten Ziele von Multi-Channel-Ansätzen schnell erreichen: das Erschließen neuer Käuferschichten. Im Online-Shop sind die Geschlechter gleich verteilt, während in den Filialen mehr als 75 Prozent der Käufer Frauen sind. Die Käufer im Online-Shop sind zudem deutlich jünger.

Die *zeitliche Integration der Kanäle* ist bei *Tchibo* ebenfalls gut gelungen. Deutliche Konkurrenz- bzw. Kannibalisierungseffekte sind nicht zu beobachten. Vielmehr informieren sich viele Kunden erst im Internet, um dann in der Filiale zu kaufen. Ist dort ein Artikel nicht mehr vorrätig, so wird der Kunde auf das Internet als Bestellmedium verwiesen. Gleichzeitig kann durch das Angebot im Online-Shop das Angebot zeitlich verlängert werden, ohne dass dies die Sortimentsbevorratung im stationären Bereich beeinträchtigt. Außerdem können großvolumige Artikel, die für eine Bevorratung im Shop ungeeignet sind, exklusiv online verkauft werden. So ergänzen sich die Kanäle, was allerdings ein präzises Timing voraussetzt. Die ständig wechselnde Aktionssortimente sorgen auch für eine hohe Motivation, die *Tchibo*-Site zu besuchen, um sich über die aktuellen Produkte zu informieren. Die *Überschaubarkeit des Warenangebots* mit nur ca. 30 Aktionsprodukten nimmt dem Kunden die Selektionsarbeit ab und macht eine umständliche Suche verzichtbar.

Durch Filial- und Versandbestellmagazin wird eine große Zielgruppe erreicht. TV-Spots werden zur gezielten Verkaufsförderung von ausgewählten Produkten eingesetzt. Dies führt dazu, dass 50 Prozent der Auflage oft schon nach einer Woche verkauft sind. Die mit dem Power Brand verknüpften Aspekte des Markenkerns, wie Solidität, Qualität, Innovation, Genuss und Begeisterung, weckt die Lust am Kaufen und sorgt für ein Hochgefühl in einem äußerst attraktivem Käufersegment (vgl. Stoll, 2006).

Die *zeitlich gestaffelte Kommunikation* über die verschieden Touchpoints erfolgt durch ein monatlich erscheinendes Versandmagazin, welches vier bis sechs Verkaufsphasen bündelt, den wöchentlichen Newsletter, die aktuellen Schaufensterdekorationen und die TV-Spots zum gültigen Phasenthema (vgl. Abbildung 68). Insbesondere die Verlängerung des Angebots (Last Chance) findet in der Online-Kommunikation statt. Daneben gibt es hier auch die Vorschau und spezielle Angebote, die den *Opportunity Seeker* immer wieder auf die Website locken.

Mit der erfolgreichen *Umsetzung ohne Brüche über die Kanäle* und der *Durchgängigkeit des Markenversprechens* ist es *Tchibo* gelungen, einzigartige Cross-Channel-Vorteile zu erzielen. Dies ist allerdings nur möglich durch eine konsequente Bereitstellung der erforderlichen Ressourcen über alle eingebundenen Kanäle, seien es Retail- oder Kommunikationskanäle.

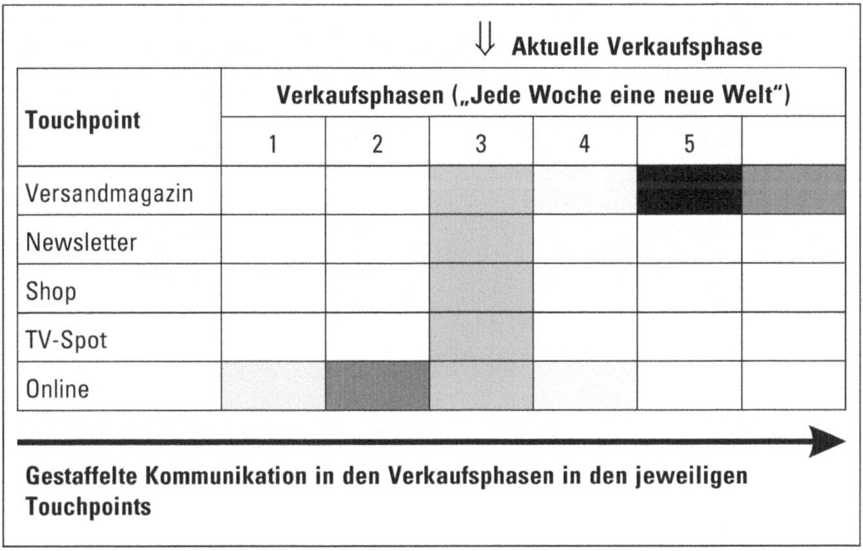

Touchpoint	⇓ Aktuelle Verkaufsphase					
	Verkaufsphasen („Jede Woche eine neue Welt")					
	1	2	3	4	5	
Versandmagazin						
Newsletter						
Shop						
TV-Spot						
Online						

Gestaffelte Kommunikation in den Verkaufsphasen in den jeweiligen Touchpoints

Abbildung 68: Zeitliche Staffelung der Kommunikation bei *Tchibo*

Literatur

Bachem, C. (2003), Vom E-Commerce zum Multichannel-Marketing, Symposion Publishing, 6/2003, www.innovation-aktuell.de
Booz Allen Hamilton (2006), www.boozallen.de/content/presseforum/4aax_0406_multichannel.asp
Capgemini (2005), CRM-Barometer 2005, www.capgemini.com
Glotz, P. (1999), Die beschleunigte Gesellschaft, Hamburg 1999
Gronover, S./Rempp, G. (2001), Kundenorientierte Konzepte und Techniken zur Einführung, Institut für Wirtschaftsinformatik der Universität St. Gallen, Universität St. Gallen, Bericht BE HSG/CC CKM/2, St. Gallen 2001
Hurth, J. (2002), Multi Channel-Marketing und E-Commerce, Zwischen Aktionismus und Mehrwert, in: Science Factory, 1/2002, S. 7-16
Kotler, P. (2004), Philip Kotlers Marketing-Guide, Frankfurt/Main 2004
Mann, A. (2004), Dialogmarketing, Wiesbaden 2004
Ridder, C.-M./Engel, B. (2005), Massenkommunikation 2005: Images und Funktionen der Massenmedien im Vergleich, in: Media Perspektiven, 9/2005
Stöhr, A./Reimann, E. (2005), Multichannel-Mix: Erfolgsstrategie für den Handel, Symposion Publishing, 2005
Stoll, M. (2006), Tchibo – Träger des Deutschen Marketingpreises 2005, Vortrag Marketing-Club Berlin, 12.6.2006
www.tchibo.de(2006)

Van Eimeren, B./Ridder, C.-M. (2005), Trends in der Nutzung und Bewertung der Medien 1970 bis 2005, Ergebnisse der ARD/ZDF-Langzeitstudie Massenkommunikation, in: Media Perspektiven, 10/2005

Wirtz, B./Burda, H./Beaujan, R. (2006), Deutschland online 3, www.studie-deutschland-online.de; www.guijmedia.de(2005)

Wolfgang Hartmann

Schlüssel 6: Buzz-Marketing – Wie Sie dem Wettbewerbsdruck ein Schnippchen schlagen

Wie man ein Produkt *auch* einführen kann

Bei *Kayem Foods* war man ratlos. Kein Werbekonzept schien geeignet, die neue Wurst *Al Fresco* dem Verbraucher nahe zu bringen. Die Lösung brachte eine Gruppe junger und hipper Konsumenten, die als *Buzz-Agenten* ein neues Marketing-Tool darstellen. Die Bostoner Agentur *Bzz-Agent* erzeugt mit diesen so genannten Buzz-Agenten durch gezielte Mund-zu-Mund-Propaganda Aufmerksamkeit für Marken – so auch bei *Al Fresco*. Die Agenten organisierten Grillfeste, erzählten in ihrem Freundeskreis vom neuen Produkt und fragten in Supermärkten und Grillstuben gezielt nach dieser Wurst. „Wir sind wie eine Lawine. Kommen wir erst einmal ins Rollen, sind wir nicht zu stoppen", wird eine Agentin zitiert – mit signifikanten Auswirkungen auf Markenbekanntheit und Umsatz. Auch die Einführung von Büchern können Buzz-Agenten wirkungsvoll unterstützen, wie dies in den USA beispielsweise für *Pinguin-Books* erfolgte. Hierzu setzten sich die Buzz-Agenten lesend in die New Yorker U-Bahn und zeigten den Mitreisenden deutlich das Buchcover (Siering, 2005, S. 6).

Eine andere große Marke setzte eine vergleichbare Strategie ein. „Red Bull, the 'energy' drink created by Austrian Dietrich Mateschitz, doesn't taste very good. Nor does it sound very appealing: The berry-flavored beverage is spiked with mysterious additives like taurine and glucuronolactone. And at $ 2 for an 8.3-ounce can, Red Bull's retail price is at least double what you'd pay for a 12-ounce can of Coke. But it does pack some energy. Red Bull, with 80 milligrams of caffeine, has more than double the dose found in the larger Coke serving, and it has 110 calories per serving versus Coke's 140." (Forbes, 16.11.2005). Doch wie hat es *Mateschitz* geschafft, den zuvor kaum existierenden Markt von „Energy Drinks" mit *Red Bull* neu zu kreieren und gleichzeitig Österreichs wertvollste Marke aufzubauen? Dies gelang nicht durch eine Produktinnovation, denn Vorgängerprodukte gab es bereits. Der Durchbruch zum Erfolg gelang durch ein kreatives Marken- und Vertriebskonzept, bei dem auch auf Ansätze eines *Guerilla Marketing* gesetzt wurde. Deshalb wurde nicht ein Superstar wie *Britney Spears* verpflichtet; *Mateschitz* setzte auf günstigere Talente: „...hip youngsters, students and a legion of fringe athletes. Red Bull sponsors some 500 athletes around the world, the type who will surf in Nova Scotia in January or jump out of a plane to 'fly' across the English Channel. ... He targeted students by paying the trend-setting types to throw Red Bull parties and supplied them with the drink." (Forbes, 16.11.2005). Teil der Einführungskampagne war es auch, „Student Brand Manager" zu rekrutieren, deren Berichte Aufschluss über Markttrends gaben (Red Bull, 2.1.2006).

Die US-Erfinder von *Seven*, einer neuen edlen Jeans-Marke, setzten ebenfalls nicht auf große Werbebudgets, sondern auf eine spezielle Werbeform. Um die Hollywood-Stars zum Kauf zu animieren, wurden die Jeans ab $ 200 angeboten. Nicht nur *Nicole Kidman, Jennifer Love Hewitt* und *Cameron Diaz* griffen zur *Seven*. Die Marke *Seven* brauchte nur zwei Jahre, bis sich der Ruf weltweit herumgesprochen hatte. Dabei konnte auf Werbung verzichtet werden, „... die Pos der Stars erledigten das. In Deutschland tauchten erst Claudia Schiffer und Cora Schumacher in einer ‚Seven‘ auf, dann Managerinnen, reiche Ehefrauen und ihre Töchter. Inzwischen zahlen auch modebewusste Erzieherinnen oder Sekretärinnen die 200 Euro für eine ‚Seven‘. Oder auch mehr. Das neue Model mit Swarovski-Steinen kostet knapp 300 Euro ..." (Weiguny, 2005, S. 16).

Starbucks setzte gleichfalls Buzz-Agenten ein. So tauchten in New York, Seattle, Chicago und San Francisco Autos mit magnetischen Tassen auf dem Dach auf, die den normalen *Starbucks*-Bechern zum Verwechseln ähnlich sahen. Und wenn hilfreiche Passanten den Fahrer darauf hinwiesen, dass er seinen Kaffee auf dem Dach vergessen hätte, dann bekamen sie zum Dank einen *Starbucks*-Geschenkgutschein (Kiefer, 2006, S. 28).

In diesen Beispielen wird der kreative Ansatz in der Kommunikation deutlich: Statt einen hohen Werbedruck über klassische Medien aufzubauen, engagiert man sich unmittelbar in der Zielgruppe und gewinnt Zielpersonen, die dort das eigene Produkt promoten. Ein kreatives Konzept, um sich die besonders glaubwürdige *Mund-zu-Mund-Propaganda* innerhalb der relevanten Zielmärkte strategisch zunutze zu machen.

Was versteht man genau unter Buzz-Marketing?

„Buzz" heißt wörtlich übersetzt *„Summen"*. Und um ein „Summen" im Sinne des Unternehmensinteresses geht es auch beim Buzz-Marketing. Viele Personen sollen möglichst intensiv in der Öffentlichkeit und/oder in ihrem Freundes- und Bekanntenkreis über die Vorzüge von Produkten oder Dienstleistungen kommunizieren, hier „summen" genannt. Und wie so vieles im Marketing, ist die Benennung dieses Ansatzes, der über die klassische Mund-zu-Mund-Propaganda weit hinaus geht, in den USA schon in vielfältigem Einsatz. Im Kern geht es dabei um die Frage: *Wie erreichen wir, dass unsere Marke in der Masse positiv auffällt und sich Menschen über sie unterhalten?*

Beim Buzz-Marketing, dessen verschiedenartige Einsatzformen und -felder später aufgezeigt werden, handelt es sich um die mehr oder weniger intensive und forcierte Einbindung von Kunden bzw. als solche in Erscheinung tretende Personen, die in ihrem jeweiligen Umfeld aktiv oder passiv das Angebot promoten. Aufgrund dieser Aktivität werden diese Personen auch *Buzz-Agenten* genannt. Im Kern handelt es sich also beim Buzz-Marketing um ein *spezifisches Kommunikationsinstrument*, welches den bisherigen Kommunikations-Mix der Unternehmen ergänzen kann. Der kreative Ansatz des Buzz-Marketing liegt hierbei in der Nutzung der persönlichen Beziehungen des Agenten zu anderen Personen bzw. in der deutlich sichtbaren Produktnutzung in der Öffentlichkeit, ohne dass ein konkreter werblicher Hintergrund besteht und/oder erkannt wird. Hierdurch soll ein *Schneeball-Effekt auf Konsumentenseite* erzeugt werden, der bei Buzz-Agenturen beispielsweise einen Erfolgsquotienten von 1:15 erreicht. Das heißt, jeder Buzz-Agent überzeugt 15 weitere Verbraucher (Siering, 2005, S. 6).

Wie wird dies möglich? Bei der Agentur *BzzAgent* werden für 100 000 US-Dollar in einer zwölfwöchigen *Mund-zu-Mund-Propaganda-Kampagne* zum Beispiel 1 000 Agenten eingesetzt, um diesen Schneeball-Effekt auf Konsumentenseite auszulösen (Siering, 2005, S. 6). Darüber hinaus sind die Buzz-Agenten aber auch als Käufer aktiv, indem sie in einer Vielzahl von Geschäften – jeweils mehrere Agenten unabhängig voneinander – zu verschiedenen Zeitpunkten nach dem entsprechenden Produkt fragen. Durch dieses als *Pull-Strategie* bekannte Konzept wird im Handel ein Bedarf spürbar, der bei einer vermuteten Nachhaltigkeit der Nachfrage zur Listung der Produkte führen sollte. Hierdurch wird ein *Schneeball-Effekt auf Handelsseite* ausgelöst, da eine Produktpräsenz im Handel quasi automatisch eine gewisse Nachfrage schafft, weil weitere Konsumenten mit dem Angebot konfrontiert werden und das Produkt ausprobieren.

Das ganze Konzept steht und fällt allerdings mit der Qualität des Produkts. Durch eine überzeugende Mund-zu-Mund-Propaganda kann zwar ein erstmaliger Konsum angestoßen werden; wenn das Produkt dann nicht überzeugt, verpufft die Wirkung, und die erwünschten Schneeball-Effekte bleiben aus.

Warum wird Buzz-Marketing an Bedeutung gewinnen?

Analysiert man heute die Fähigkeit und die Bereitschaft des Konsumenten, Informationen – werblicher und nicht werblicher Art – aufzunehmen, kommt man zu einem erschreckenden Ergebnis. Von dem Informationsangebot, das dem Kunden zur Verfügung steht – sei es über Zeitungen, Zeitschriften, TV, Rundfunk, Internet, Telefon, Mailings – durchlaufen insgesamt nur *ein bis zwei Prozent* den *Wahrnehmungsfilter* des Konsumenten! Das heißt im Umkehrschluss, dass 98 bis 99 Prozent der von Unternehmen ausgesendeten Informationen noch nicht einmal wahrgenommen werden (vgl. Kroeber-Riel/Weinberg, 2003, S. 643).

Dieses Phänomen der dramatischen *Informationsselektion* ist Ausdruck der immer wieder beklagten *Informationsüberlastung des Konsumenten* (Information Overload; vgl. Abbildung 69). Diese bewirkt, dass von den ausgefilterten werblichen Informationen auch keinerlei Wirkung auf das Verhalten des Konsumenten ausgehen kann. Bei Streuverlusten von 98 bis 99 Prozent kommt auch der weit überwiegende Teil der werblichen Botschaften überhaupt nicht an!

Abbildung 69: Informationsüberlastung des Konsumenten
(eigene Abbildung)

Aber selbst wenn der Konsument die Werbung wahrnimmt, dann schenkt er dieser auch nur sehr kurz Aufmerksamkeit. Folgende Werte können als Orientierung hinsichtlich der *durchschnittlichen Betrachtungszeit* dienen (vgl. Vögele, 2005, S. 113f.; Kroeber-Riel/Weinberg, 2003, S. 76):

- Mailing: ca. 20 Sekunden
- Anzeigen (Größe ≤ 1/1):   ca. 1 – 2 Sekunden
- Werbebanner: ca. 1,5 Sekunden
- Plakat: ca. 1 Sekunde
- Zeitschriftentitel am Kiosk: ca. 1 Sekunde

Damit wird deutlich, wie schwer es geworden ist, mit werblichen Botschaften zum Kunden vorzudringen. Deshalb steigt der Werbedruck immer weiter, und immer neue, zum Teil stärker zielgruppenorientierte TV-Kanäle, Zeitungen, Zeitschriften und Internet-Angebote kommen auf den Markt. Und wie reagiert der Kunde darauf? Durch ein weiteres Verdichten seines Wahrnehmungsfilters. Folglich verstärken sich hier die negativen Tendenzen: Aufgrund der Informationsüberlastung muss der Kunde bei den auf ihn einstürmenden Botschaften immer stärker selektieren, um nicht im *Informationsrausch* unterzugehen. Gleichzeitig ist die werbetreibende Wirtschaft gezwungen, den Druck kontinuierlich zu erhöhen, um trotzdem noch Gehör zu finden – eine *Negativspirale*, die die Suche nach Alternativen erzwingt. Buzz-Marketing bietet die Möglichkeit, den Wahrnehmungsfilter aufgrund des „nicht-kommerziellen Senders" im Sinne des Buzz-Agenten sowie aufgrund besonders kreativer Ansprachekonzepte gleichsam zu unterlaufen.

Gleichzeitig zeigen aktuelle Studien zum Kauf- und Informationsverhalten der Konsumenten, dass breite Konsumentenschichten unter anderem aufgrund der *Medien- und Angebotsvielfalt* in einer zunehmend komplexeren Welt eine Sehnsucht spüren nach (vgl. hierzu und nachfolgend Grünewald, 2003; auch Diekhof/Wieking, 2003, S. 25; vgl. Abbildung 70):

- *Überschaubarkeit,*
- *Orientierung,*
- *Geborgenheit und*
- *Berechenbarkeit.*

Überschaubarkeit und Orientierung sind aufgrund der nach wie vor steigenden Anzahl von Marken, aber auch durch die zunehmenden Angebote im Informationsbereich auf breiter Front verloren gegangen. Grünewald (2003) spricht hier von einem regelrechten *Produkt-Flimmern*, weil die einzelne Marke und damit das dahinterstehende Angebot aufgrund des permanenten Information Overload nicht mehr deutlich wahrgenommen werden kann. Vergleicht man den Wortschatz eines durchschnittlichen Deutschen von 1 900 Wörtern mit der Anzahl von 4 479 Marken mit einem Werbebudget von über 0,5 Mio. Euro und einer Gesamtzahl von 50 000 allein in Deutschland angebotenen Marken (vgl. Michael, 2003), dann wird die Überforderung der Konsumenten nachvollziehbar.

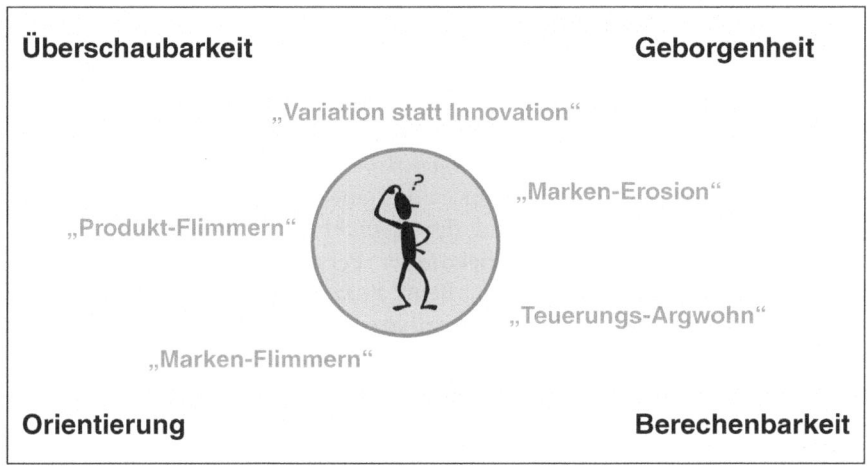

Abbildung 70: Präferenzen der Kunden als Antwort auf die Informationsüberlastung (eigene Darstellung)

Gleichzeitig ist eine *Marken-Erosion* festzustellen, weil die Tragfähigkeit der Marken durch deren immer stärkere Spreizung zum Teil überfordert wurde und zu einem *„Marken-Flimmern"* (Grünewald, 2003) im Sinne einer unscharfen Positionierung führte. In diesem Fall kann von einer Krise der Marke gesprochen werden, weil in zu vielen Fällen Innovation durch Variation ersetzt wurde und diese die Überforderung der Konsumenten weiter beschleunigt hat.

Auch die seitens der Verbraucher gesuchte *Geborgenheit* ging zunehmend verloren; nicht nur, weil im Handel die Produktplatzierungen (insbesondere im Lebensmitteleinzelhandel) immer wieder verändert werden, sondern auch, weil Tonality und Ausrichtung der Ansprachen zu schnell variieren. Dadurch ist die *Berechenbarkeit* für viele Konsumenten abhanden gekommen. Hierzu hat zum einen der Verlust der Orientierungsfunktion der Marke, aber auch die des Preises aufgrund der Euro-Umstellung beigetragen. Zum anderen wird diese Verunsicherung auch durch die preisaggressive Akquisitionsstrategie der Händler gefördert. Denn auch wenn der *generelle „Teuerungs-Argwohn"* (Grünewald, 2003) statistisch nicht nachweisbar ist, so hält eine preisliche Verunsicherung der Konsumenten nach wie vor auf breiter Basis an. Und die Händler haben mit überzogenen Rabattschlachten, bei denen 20, 30, ja bis zu 60 Prozent Rabatt gewährt wurden – und nicht nur auf Teppiche – eine zusätzliche Verunsicherung erzeugt. Denn die immer wieder neuen Sonderangebote destabilisieren etablierte Kundenbeziehungen, weil gelernte Orientierungspunkte verloren gehen.

Ein gut ausgerichtetes Buzz-Marketing kann für die oben genannten Engpassbereiche zumindest teilweise Antworten liefern, indem aus dem unmittelbaren Umfeld des Kunden *angebotspräferierende und -fokussierende Impulse* ausgehen. Hierbei geht es um eine Orientierung an besonders glaubwürdigen *Testimonials* und damit *nicht* um den in der Werbung häufig dominierenden Einsatz bekannter Persönlichkeiten (sei es *Boris Becker* oder *Franz Beckenbauer*). Beim Buzz-Marketing handelt es sich um Testimonials, die aus dem unmittelbaren Umfeld der kommunikativen Zielpersonen kommen, das heißt um Menschen wie du und ich. Gleichzeitig profitiert man davon, dass persönliche Kommunikation deutlich wirkungsvoller ist als Massenkommunikation (vgl. Kroeber-Riel/Weinberg, 2003, S. 510).

Das Konzept des Buzz-Marketing

Hinsichtlich der Ausgestaltung des Buzz-Marketing gibt es eine Vielzahl von Entscheidungsebenen, die nachfolgend in Form eines *morphologischen Kastens* dargestellt werden. Bei dieser Methode aus der Kreativitätsforschung wird die Aufgabenstellung zunächst in verschiedene Schichten bzw. Ausgestaltungsebenen zerlegt (hier u.a. Güterkategorie, Zielsetzung, Agent, Medium). In jeder Ebene werden dann unterschiedliche Ausprägungsformen zusammengestellt. Kreative Lösungsansätze werden anschließend dadurch gewonnen, dass verschiedene Ausprägungen auf den unterschiedlichen Ebenen miteinander kombiniert werden. Die so entstehenden Kombinationen sind anschließend hinsichtlich ihrer Realisierbarkeit und ihrer Zielorientierung zu überprüfen (vgl. Abbildung 71).

Gut	FMCG	Langlebiges Konsumgut	Dienstleistung	Investitionsgut
Güter-kategorie	Premium- oder Mittelklasse-Angebot	High-Interest-Angebot	Smart Choice	Neues Angebot
Zielsetzung	Neueinführung	Marktanteils-steigerung	Image-verbesserung	Erhöhung der Distribution im Handel
Zielpersonen	Interessenten	Potenzielle Kunden	Allgemeine Öffentlichkeit	Meinungs-führer
Eingesetztes Objekt	Produkt selbst	Produkt-/Dienstleis-tungs-Accessoire	Produkt-/Dienstleis-tungs-Identifikator	Ohne Objekt
Agent	„Überzeu-gungstäter"	Werber (MGM)	Meinungs-führer	„Gekaufter" Promotor
Medium	Online	Offline	Face-to-face	
Aktion	Aktiver Konsum in Öffentlichkeit	Aktive Nachfrage am POS	Aktive Empfehlung	Demonstrative Produkt-identifikation
Zeitlicher Einsatz	Temporär	Dauerhaft		

Abbildung 71: Morphologischer Kasten des Buzz-Marketing
(eigene Darstellung)

Differenzierung nach Gut

Der Einsatz von Buzz-Marketing kann grundsätzlich bei *FMCGs* (Fast Moving Consumer Goods), *langlebigen Konsumgütern, Dienstleistungen* und *Investitionsgütern* erfolgen. Gerade bei Dienstleistungen, die sich durch einen hohen Grad an Erfahrungs- und Vertrauensqualitäten aus-zeichnen, die ein Kunde *vor* Inanspruchnahme der Leistung nicht über-prüfen kann, spielen Empfehlungen eine besonders zentrale Rolle (Kotler/ Bliemel, 2001, S. 903). Wenn der Gebrauch selbst nicht in der Öffentlich-keit stattfindet (u. a. bei Investitionsgütern oder bei stationär genutzter

Haushaltselektronik) oder für diese unsichtbar ist (z. B. bei Dienstleistungen wie Versicherungen, Geldanlage etc.), dann ist zu prüfen, über welche Objekte die Nutzung sichtbar gemacht oder ein angebotsbezogener Kommunikationsprozess gestartet werden kann.

Differenzierung nach Güterkategorie

Bei *Premium-Angeboten* fällt es erfahrungsgemäß besonders leicht, die eigenen Kunden zum Buzz-Agenten zu machen, da hier häufig ein „demonstrativer Konsum" erfolgt, um die Premium-Marke auf die eigene Person abstrahlen zu lassen (vgl. das „*Seven*-Beispiel" auf Seite 150). Auch entsprechende Accessoires können hier den Buzz-Prozess verstärken. Bei *High-Interest-Angeboten*, wie es in vielen Zielgruppen beispielsweise Reisen, Bücher, Musik, Kleidung darstellen, bedarf ein entsprechender Kommunikationsprozess häufig nur eines kleinen Anstoßes. Gleichzeitig ist gerade bei hochpreisigen, seltener gekauften Produkten, aber auch bei Produkten mit hohem sozialem Status oder mit hohem wahrgenommenem Risiko einer Fehlentscheidung eine besonders große soziale Beeinflussbarkeit gegeben. Denn bei solchen Entscheidungen möchte man das Risiko einer Fehlentscheidung gerade auch durch das Einholen von Informationen aus dem Freundes- und Bekanntenkreis, der als besonders glaubwürdige und kompetente Quelle angesehen wird, reduzieren.

Bei Angeboten der Kategorie *Smart Choice* kann der Nutzer dadurch in seiner Bezugsgruppe hervorstechen, dass er auf die Cleverness seiner Entscheidung hinweist und sich unter Umständen sogar als Meinungsführer profiliert. Auch hier können entsprechende Anregungen der Unternehmen (auch über die klassische Freundschaftswerbung hinaus) den Anstoß für das Tätigwerden als Buzz-Agent dienen.

Für ein *neues Angebot* können dagegen in der Regel nur Repräsentanten aus der Zielgruppe gewonnen werden (wie es etwa bei Schlüsselkunden für neue IT-Anwendungen vorkommt), oder es kommen „gekaufte Promotoren" zum Einsatz.

Differenzierung nach Zielsetzung

Die Zielsetzung eines Buzz-Einsatzes kann die *Einführung eines neuen Produkts oder einer neuen Dienstleistung* sein, die *Steigerung von Marktanteilen* oder die *Imageverbesserung*. Auch die *Erhöhung der Distribution im Handel* kann Ziel des Buzz-Marketing sein. Häufig werden beim Einsatz des Buzz-Marketing auch mehrere dieser Ziele gleichzeitig angestrebt.

Differenzierung nach Zielpersonen

Bei der Beantwortung der Frage, bei welchen Zielpersonen Buzz-Marketing sinnvollerweise eingesetzt wird, sollte man sich an der *Markenwertschöpfungskette* orientieren (vgl. Abbildung 72). In dieser werden die verschiedenen Stufen aufgezeigt, die ein potenzieller Kunde von der Phase der ersten, noch schemenhaften Vorstellung über ein Angebot (gemessen über „Aided Recall", d. h. die ungestützte Markenbekanntheit) bis hin zum Kauf, möglichem Nachkauf und einer eventuellen Weiterempfehlung zurücklegen kann (vgl. vertiefend Kreutzer, 2006). Als Empfänger des Buzz-Marketing kommen sinnvollerweise diejenigen Personen in Frage, die sich in den unter der *Awareness* zusammengefassten Phasen bewegen, denn bei diesen potenziellen Kunden und Interessenten soll die Aufmerksamkeit auf das jeweilige Angebot gelenkt werden. Parallel dazu können auch Meinungsführer oder die allgemeine Öffentlichkeit über das Buzz-Marketing angesprochen werden. Allerdings ist es nicht immer einfach, das Buzz-Marketing exakt auf diese Zielgruppen zu fokussieren.

Differenzierung nach eingesetztem Objekt

Gegenstand des Buzz-Marketing kann zum einen das *Produkt selbst* sein, wie es beispielsweise beim demonstrativen Lesen von Zeitungen, Zeitschriften und Büchern in der Öffentlichkeit der Fall ist. Diese Art des Buzz nutzen aber auch alle Unternehmen, die ihre Produkte gut sichtbar mit ihrer Marke versehen, seien es *Eastpack*-Rucksäcke, *Tommy Hilfiger*-Sweatshirts, *Samsonite*-Koffer, *Lacoste*-Poloshirts, Stofftiere von *Steiff* mit „Knopf im Ohr" etc. In all diesen Fällen werden die Nutzer der Produkte zu passiven Buzz-Agenten, indem sie bestimmte Marken in der Öffentlichkeit konsumieren. Bei „guten Marken" bezahlen die Kunden für diesen werblichen Einsatz sogar noch einen Premium-Preis, weil das positive Image der Marke auf den Nutzer abfärben soll.

Zum anderen können spezielle *Produkt- oder Dienstleistungs-Accessoires* den Konsum eines bestimmten Gutes nach außen sichtbar machen, weil sich der Kunde durch dessen Gebrauch als Nutzer eines bestimmten Gutes „outet". Dies könnte zum Beispiel eine von *simyo* gebrandete Handy-

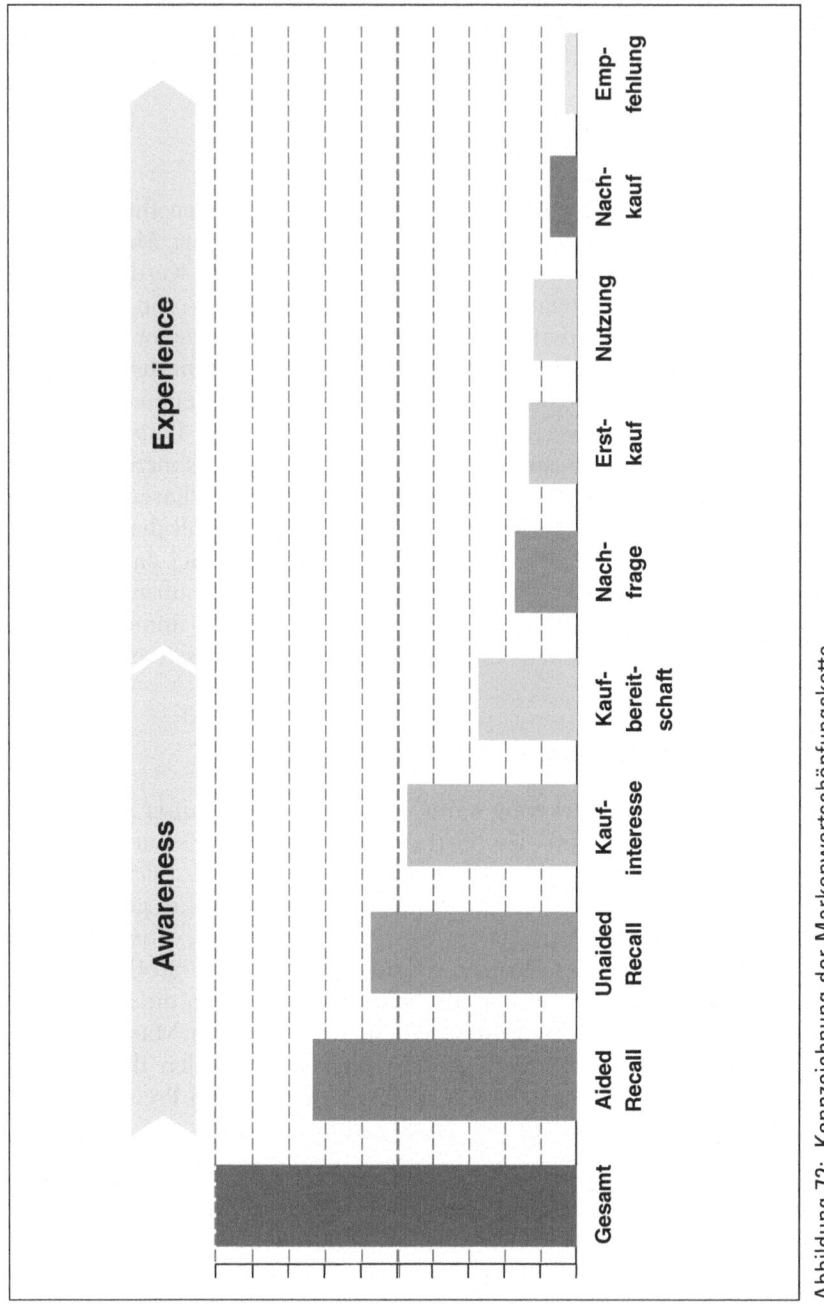

Abbildung 72: Kennzeichnung der Markenwertschöpfungskette
(eigene Abbildung)

tasche sein, durch die sich der Nutzer als Kunde vom Mobilfunkunternehmen *simyo* zu erkennen gibt – eine Kundengruppenzugehörigkeit, die sonst nur durch den „seltenen" Blick auf die SIM-Karte zu erkennen wäre.

Eine *demonstrative Produktidentifikation* kann auch durch die Verwendung entsprechend gebrandeter Werbeartikel erreicht werden (etwa durch Kugelschreiber mit *DHL*-Logo, Handy-Anhänger der Zeitschrift *BRAVO*, Rucksäcke des Studienreisenanbieters *Studiosus*, Schlüsselanhänger von *Volkswagen* mit Lost&Found-Service und Ähnliches). Diese Art von Buzz hat eine ganze Branche entstehen lassen, die *Werbeartikelindustrie*. Hier geht es um nichts anderes, als den eigenen Kunden oder Zielkunden – zum Teil als Werbegeschenke – Produkte an die Hand zu geben, durch die sich diese als Nutzer eines bestimmten Angebotes zeigen – und damit automatisch für das entsprechende Unternehmen werben (vgl. Abbildung 73).

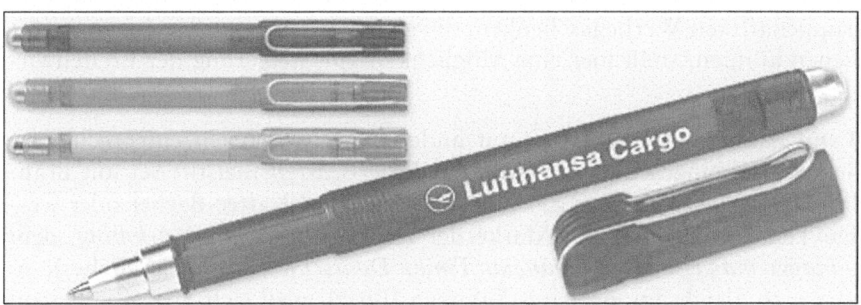

Abbildung 73: Werbeartikel von Lufthansa (www.schneider.de, 2006)

Auf den großen Messen dieser Welt, sei es die IAA, die Frankfurter Buchmesse, die Hannover Messe, die Tokio Motor Show oder andere, stellt man immer wieder fest, wie freigiebig die dort ausstellenden Unternehmen mit Präsenten rund um ihre Marke sind. Die ganze Palette der Werbeartikel wird dort aufgeboten, um Besucher auf den Stand zu locken und für sich und seine Produkte zu gewinnen. Die Besucher mögen zum Teil Kunden sein, sind aber viel häufiger Interessenten, die vielleicht erstmalig mit bestimmten Anbietern in Kontakt kommen. Die große Frage ist deshalb, warum derartige Give-aways – besonders wenn sie höherwertig gestaltet sind oder nur in kleinen Mengen ausgegeben werden – nicht viel stärker als Instrument eines Buzz-Marketing auch gezielt in die eigenen Kundschaft hinein getragen werden.

Bei Kreditkarten wird bisher – über die klassische Freundschaftswerbung hinaus – nicht versucht, den Inhaber zum Promotor der Marke zu machen, indem etwa zum Produkt passende wertige Accessoires zur Verfügung gestellt werden. Diese könnten dazu Anlass geben, im Freundes- und Bekanntenkreis zum einen ein Bekenntnis hinsichtlich der Nutzung einer bestimmten Kreditkarte abzulegen, und zum anderen vielleicht zu einem Gespräch führen, warum man sich für eine bestimmte Organisation entschieden hat. Ein großes Buzz-Potenzial, das hier und bei vielen Tausenden von Kunden nach wie vor verschenkt wird.

Warum Buzz gerade bei derartigen Produkten besonders spannend sein kann, liegt daran, dass der Besitz dieser Kreditkarte den Personen des jeweiligen Bekanntenkreises nur im Moment der Bezahlung sichtbar wird. Ansonsten gibt es kaum Anlässe, sich intensiv über die eigenen Kreditkarten zu unterhalten. Ähnlich verhält es sich bei anderen Gütern, wie etwa Zeitschriften oder Zeitungen, deren Gebrauch häufig im privaten Umfeld stattfindet und damit anderen verborgen bleibt. Eine Ausstattung mit zielgruppenaffinen Werbegeschenken, die gleichsam als *Kunden-Identifikator* dienen können, stellt hier eine Möglichkeit zur Steigerung der Breitenwirkung dar.

Wenn dann in Begegnungen mit anderen Menschen ein entsprechender Gegenstand eingesetzt wird (z. B. ein *Faber-Castell* Bleistift-Set mit Branding der *Neuen Züricher Zeitung*, ein edler *FAZ*-Kaffee-Becher oder wertige Text-Marker mit der Marke der Zeitschrift *Direkt Marketing*, dem *manager-magazin*, der *Financial Times Deutschland* oder ähnliches), so hört man gleichsam ein leises Summen (Buzz), weil sich hier eine Person als Nutzer einer bestimmten Publikation „outet". Deshalb ist es für den Einsatz entsprechender Gegenstände wichtig, möglichst Personen mit Meinungsführerpotenzial (z. B. Führungskräfte) zu identifizieren, die qua Autorität andere motivieren können. Allerdings ist hierbei darauf zu achten, dass die Zielgruppenaffinität berücksichtigt wird, um keine Reaktanzeffekte zu erzielen.

Entsprechende Accessoires können entweder verschenkt, zu besonders günstigen Preisen angeboten oder als Self-Liquidating Offer (SLO), das heißt als sich durch den Verkaufspreis selbst tragendes Produkt, gestaltet werden. Letzteres gelingt besonders dann, wenn das Unternehmen einen besonders guten Namen hat, mit dem man sich gerne schmückt (z. B. Einkaufstaschen aus Stoff mit dem Aufdruck des *KaDeWe*).

Zusätzlich kann ein *Produkt- oder Dienstleistungs-Identifikator* auf dem Produkt zum Einsatz kommen. Der wohl berühmteste ist der auf vielen Laptops zu findende Aufkleber „*Intel inside*".

Bei diesen Fällen handelt es sich um ein *passives Buzz-Marketing*, weil der Kunde zunächst nicht über den Gebrauch eines bestimmten Angebots redet, sondern die Nutzung des Produkts oder entsprechender Accessoires für sich selbst spricht – ob gewollt oder ungewollt, ist dabei unwichtig.

Grundsätzlich besteht auch die Möglichkeit, dass im Zuge des Buzz *kein Objekteinsatz* erfolgt, sondern – ganz im Sinne der klassischen Mund-zu-Mund-Propaganda – über bestimmte Angebote lediglich gesprochen wird.

Differenzierung nach Agent

Bei dieser Kategorie ist zunächst zu unterscheiden, ob der Buzz-Agent aktiv oder passiv tätig ist. Ein *passiver Buzz-Agent* lässt sich von seinem Auftraggeber mit Produktattributen (z. B. Autoaufklebern) bestücken, die er gegen bestimmte Vergütungen einsetzt (z. B. Aufkleber von *German Wings* auf silberfarbenen Autos). Ein *aktiver Buzz-Agent* betreibt dagegen aktive positive Mund-zu-Mund-Propaganda oder versucht durch andere Aktionen, die Sichtbarkeit des Angebots und/oder die Nachfrage zu steigern.

Gerade die Wahl der einzusetzenden aktiven Buzz-Agenten muss sich an der generellen Erkenntnis orientieren, dass mit zunehmender Glaubwürdigkeit des Kommunikators die Wahrscheinlichkeit steigt, dass eine Kommunikation wirksam wird (Kroeber-Riel/Weinberg, 2003, S. 505). Deshalb ist der *klassische Buzz-Agent* der begeisterte, eventuell auch besonders *loyale Kunde* („Überzeugungstäter"), der in seinem Bekannten- und Verwandtenkreis über ein bestimmtes Gut informiert und damit die klassische Mund-zu-Mund-Propaganda einsetzt. Als Sender eines Buzz-Marketing kommen – orientiert an der Markenwertschöpfungskette – deshalb zunächst insbesondere die Personen in Frage, die sich in den *Experience-Phasen* bewegen (vgl. Abbildung 74). Diese kennen bzw. nutzen das Produkt oder die entsprechende Dienstleistung und können deshalb besonders glaubwürdig kommunizieren. Diese Zielgruppe wird auch im Zuge von Kundenbindungsprogrammen, wie beispielsweise Kundenclubs, gezielt zur werblichen Beeinflussung eingebunden (vgl. vertiefend Hartmann/Kreutzer/Kuhfuß, 2004).

Die Herausforderung für die Unternehmen besteht hier darin, diese Personen zu identifizieren und sie für ihre „Überzeugungsarbeit" mit den notwendigen Informationen zu versorgen. Geht man allerdings davon aus, dass nur drei von 100 zufriedenen Kunden entsprechend kommunizieren (vgl. Homburg et al., 2003, S. 97), dann wird deutlich, dass ein Schneeball-Effekt, wie er zum Beispiel in einer Einführungsphase notwendig ist, auf diesem Weg allein für einen erfolgreichen Produktstart oft nicht ausreicht. Deshalb werden etwa im Sport glaubwürdige Meinungsführer identifiziert, die dann mit einer entsprechenden Ausrüstung ausgestattet werden, und im Falle eines Sieges Tennisschläger, Skateboards oder Ski-Ausrüstung medienwirksam zur Geltung bringen.

Davon konzeptionell zu trennen ist der *„angestiftete" Buzz-Agent*, der als *Freundschaftswerber* motiviert wird, positiv über das Angebot zu sprechen, um dadurch andere Personen als Kunden zu gewinnen (wie beispielsweise klassisch beim *Bertelsmann Club*, bei Kreditkarten-Organisationen, Versicherungen, Zeitungs- und Zeitschriftenabonnements). Aufgrund der heutigen Höhe von ausgelobten Prämien (von 75 Euro plus Buchgeschenk beim *Bertelsmann Club*, über 150 Euro beim Abschluss eines *FAZ*-Abonnements bis zu 200 Euro für ein *Handelsblatt*-Abonnement) wird nicht nur deutlich, wie viel den Verlagen ein neuer Abonnent wert ist, sondern auch, welcher Anreize es bedarf, um Personen zum Freundschaftswerber zu motivieren.

Eine weitere Kategorie bildet der *„gekaufte" Buzz-Agent*. Dieser setzt sich nicht aus Überzeugung und vielleicht nicht einmal aufgrund des eigenen Gebrauchs mit bestimmten Angeboten auseinander, sondern allein deshalb, weil er dies auftragsgemäß als Mitarbeiter einer Buzz-Agentur tut. Bei Buzz-Agenturen wie *Bzz-Agent* oder *Tremor* (einer Tochtergesellschaft von *Procter & Gamble*), kann man sich online als Buzz-Agent bewerben, wenn man bereit ist, neue Produkte und Services zu testen und diese im Freundes- und Kollegenkreis oder in der Familie zu verbreiten (vgl. Abbildungen 74 und 75).

Kunden dieser Buzz-Agenturen bezahlen diese dafür, dass sie Zugang zu Zielgruppen finden, denen ein neues Angebot mit entsprechenden Hintergrundinformationen zugeleitet werden kann. Die Agenten erhalten nicht nur kostenlose Muster der Produkte, sondern werden für ihre Teilnahme an Aktionen indirekt über das Sammeln von Punkten belohnt, die gegen Prämien (z. B. einen *iPod*) eingelöst werden können. Dabei „müssen" sie nicht notwendigerweise positiv über das Angebot sprechen, aber es wird erwartet, dass sie der beauftragenden Buzz-Agentur einen Erfahrungsbe-

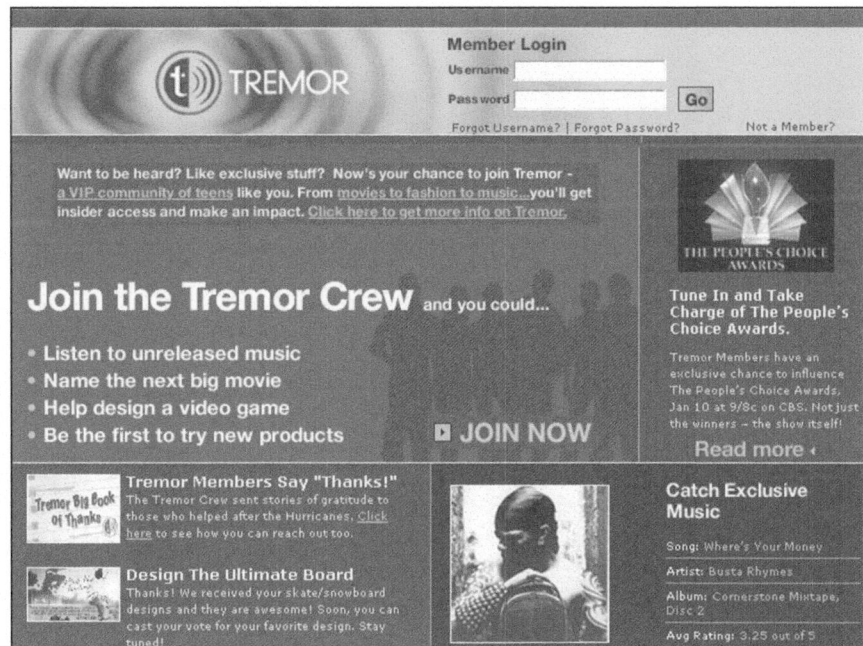

Abbildung 74: Homepage von www.tremor.com (1/2006), über die man Buzz-Agent werden kann

richt zukommen lassen – etwa darüber, dass der Buzz-Agent in einem Supermarkt nach einem spezifischen Produkt gefragt hat, dieses aber noch nicht vorrätig war (Kirsner, 2005).

Eigentlich sind die Buzz-Agents dazu aufgefordert, ihre Gesprächspartner über den Hintergrund ihrer Tätigkeit aufzuklären (Kirsner, 2005). Aber genau hieran entzündet sich in den USA zurzeit eine hitzige Diskussion. Denn de facto arbeiten diese Agenten zunächst einmal inkognito, das heißt, keiner außer ihnen und ihrem Auftraggeber ist darüber informiert, dass sie auf Veranlassung eines konkreten Anbieters handeln. Aus Sicht der Werbewirksamkeit ist gerade darauf zu achten, dass der monetäre Antrieb des Buzz-Agenten den umworbenen Personen nicht deutlich wird, weil sonst die Glaubwürdigkeit massiv leiden würde (vgl. auch Siering, 2005, S. 6). Verhaltensrichtlinien von Buzz-Agenturen, die das Outing ihrer Agenten festschreiben, sind zunächst positiv zu sehen; die Frage ist nur, wie die Realität aussieht. Den ethischen Grenzbereich weit überschritten haben einige Entwicklungen in den USA, bei denen sich Men-

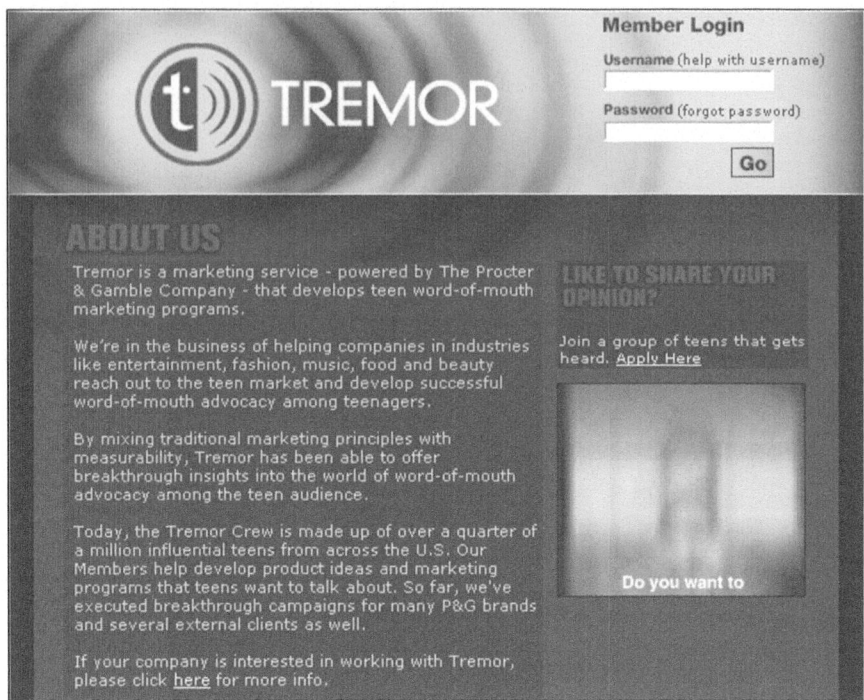

Abbildung 75: Selbstdarstellung von *Tremor* (www.tremor.com, 1/2006)

schen (temporäre, zum Teil aber auch dauerhafte) Tattoos mit werblichen Botschaften auf den Körper aufbringen lassen (vgl. Abbildung 76). Das Beispiel goldenpalace.com zeigt dabei, für welche Unternehmen ein solcher Einsatz bereits erfolgte.

Zu den „gekauften Buzz-Agenten" können auch *Unternehmensrepräsentanten* selbst gezählt werden, die unter einer „gefälschten Identität" in Chat-Rooms oder durch Blogs werbliche Informationen in die Zielgruppe distribuieren. Ein „Outing" derartiger Praktiken kann allerdings zu dramatischen Imageeinbußen führen.

Abbildung 76: „Menschliche Werbetafeln"
(www.humanadspace.com und www.tatad.com, 2006)

Differenzierung nach Medium

Buzz-Marketing kann online und offline eingesetzt werden. Dabei ist derzeit in den USA eine Aufteilung zwischen Offline- und Online-Aktivitäten in der Größenordnung von 80 zu 20 Prozent festzustellen (Kirsner, 2005). In welcher Form diese Einsätze erfolgen können, wird nachfolgend deutlich.

Um den Schneeball-Effekt gezielt auszunutzen, kann sich Buzz-Marketing des Internets bedienen; aufgrund der virusartigen Verbreitung wird deshalb auch vom *Viralen Marketing* gesprochen. Wird der Nutzer durch einfache Möglichkeiten dazu angeregt, präferierte Seiten oder Inhalte weiterzuleiten, so können Botschaften in Windeseile verbreitet werden.

Diese Mechanik machte sich auch *BMW* zu eigen, um das Internet für eine innovative Werbestrategie zu gebrauchen. Beginnend im Jahr 2001 haben acht Top-Regisseure Kurzfilme mit einem *BMW* gedreht, die primär über das Internet distribuiert wurden. Bis 2005 haben über 100 Millionen Personen überall auf der Welt diese Filme betrachtet. Die virtuelle Mund-zu-Mund-Propaganda hat wesentlich zu diesem kommunikativen Erfolg beigetragen und das Image von *BMW* gefördert (BMW, 16.12. 2005; vgl. Abbildung 77).

Abbildung 77: Hire Film Series von BMW (17.12.2005)

Bei dem Anreiz zur Weiterleitung von Produktempfehlungen sind allerdings die rechtlichen Grenzen zu berücksichtigen. Nach einem aktuellen Urteil (AZ 3 U 1084/05) sind mit Werbung verbundene Produktweiterempfehlungen per E-Mail wettbewerbswidrig. Ein großer Versender hatte auf seiner Website die Möglichkeit angeboten, Produktempfehlungen an Dritte zu versenden. Die entsprechende E-Mail enthielt dann jedoch noch weitere Werbung, weshalb das Gericht diese E-Mails als Spam ansah, da keine Einwilligung des Adressaten vorlag (o. V., 12/2005, S. 8).

Buzz-Aktionen können allerdings auch in *Chat-Rooms* initiiert werden, in denen Marketing-Verantwortliche eine Identität annehmen, die der Zielgruppe entspricht und – themenadäquat – Informationen über das Produkt oder eine Dienstleistung einbringen. Aufgrund der „Selbstkontrolle" vieler Chat-Rooms darf der werbliche Charakter allerdings nicht deutlich werden. Dies gilt ebenso für *Personal Web Logs* (Blogs), also elektronische Tagebücher im Internet, und für *Instant Messaging Aktionen*, die ebenfalls als Medien für elektronische Buzz-Marketing-Kampagnen genutzt werden können. Das Instant Messaging ermöglicht dabei das zeitgleiche Versenden und Empfangen von Textnachrichten zwischen Internet-Nutzern, die gerade online sind. Die Bezeichnung „Peer-to-Peer-Dienst" (Fritz, 2004, S. 54) unterstreicht deutlich, dass hier von einem Informationsaustausch zwischen Angehörigen gleicher Bezugsgruppen ausgegangen werden kann – was die Effektivität werblicher Informationen entsprechend steigern kann.

In welcher Form Buzz-Marketing ebenfalls online eingesetzt werden kann, hat der Gründer der *Bzz-Agent*-Agentur *Dave Balter* gezeigt – und dafür viel Kritik erfahren. Er hat zur Vermarktung seines Buches „Grapevine: The New Art of Word-of-Mouth Marketing" 2 000 seiner Buzz-Agents ein Vorexemplar zukommen lassen – von denen mehrere als Gegenleistung bei Amazon.com eine positive Bewertung abgaben. Diese Aktion hat in Online- und Offline-Medien hohe negative Wellen geschlagen (Kirsner, 2005).

Zum Einsatz von Buzz in *Offline-Medien* gehören alle Anzeigen oder Beilagen, die einen Anreiz für eine Mund-zu-Mund-Propaganda darstellen können, denn durch diese wird aktiv zum Buzz-Marketing aufgerufen. Dies ist häufig der Kern der Freundschaftswerbung (vgl. Abbildung 78).

Die unmittelbarste Form des Buzz-Marketing ist allerdings die *persönliche Begegnung* zwischen der werbenden und der Zielperson. Hier kann Buzz sein stärkstes Wirkungspotenzial entfalten, da eine Befragung von 7 000 Konsumenten in sieben Ländern Europas gezeigt hat, dass 60 Prozent der Konsumenten beim Kauf einer neuen Marke durch Freunde und Verwandte beeinflusst werden (Kotler/Bliemel, 2001, S. 902f.).

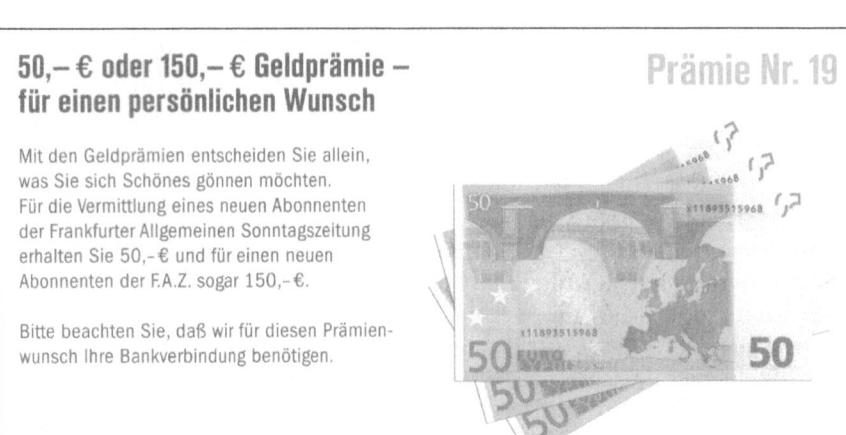

50,– € oder 150,– € Geldprämie – für einen persönlichen Wunsch

Prämie Nr. 19

Mit den Geldprämien entscheiden Sie allein, was Sie sich Schönes gönnen möchten. Für die Vermittlung eines neuen Abonnenten der Frankfurter Allgemeinen Sonntagszeitung erhalten Sie 50,– € und für einen neuen Abonnenten der F.A.Z. sogar 150,– €.

Bitte beachten Sie, daß wir für diesen Prämienwunsch Ihre Bankverbindung benötigen.

Abbildung 78: Incentivierung von Freundschaftswerbern bei der *FAZ*

Differenzierung nach Aktion

Die Buzz-Aktion selbst kann entweder ein *aktiver Konsum in der Öffentlichkeit*, die *aktive Nachfrage* nach bestimmten Angeboten am POS oder deren *aktive Empfehlung* sein. Auch eine *demonstrative Produktidentifikation*, die durch bestimmte Objekte unterstützt wird, gehört dazu.

Differenzierung nach zeitlichem Einsatz

Die unterschiedlichen Buzz-Aktionen können entweder als Teil der Kommunikationsstrategie dauerhaft eingesetzt werden oder nur sporadisch im Sinne von Promotionaktionen, etwa um eine Produkteinführung oder den Abverkauf zeitlich befristet zu unterstützen.

Beispiel einer Buzz-Kampagne von *simyo*

2006 beauftragte der Mobilfunkanbieter *simyo* die auf Buzz-Marketing spezialisierte Münchner Agentur *trnd* zur Entwicklung einer Buzz-Kampagne im Rahmen der „Halbieren ist machbar"-Aktion (www.halbieren istmachbar.de; vgl. hierzu und im Folgenden Reckenthäler/Wohlrab,

2006). *trnd* selektierte daraufhin in einem dreistufigen Selektionsprozess aus dem Netzwerk von ca. 10 000 Meinungsführern 250 Projektteilnehmer. Bei dieser Selektion wird versucht, für jedes Produkt und jede Dienstleistung die geeigneten Multiplikatoren zu finden. Die ausgewählten Teilnehmer wirkten am dreimonatigen Projekt mit. Zusätzlich hat *simyo* ca. 20 Blogger in die Kampagne eingebunden, um weitere Schneeball-Effekte zu erzielen. Alle bekam ein *simyo Starter-Set* zugeschickt, das Hintergrundinformationen und eine *simyo*-SIM-Karte mit 10 Euro Gesprächsguthaben beinhaltete. Zudem wurde ein Projektblog eingerichtet, das neben einem Berichtssystem als Kommunikationsplattform diente. Auf diesem Blog stellte sich zu Anfang die Pressesprecherin von *simyo* als Ansprechpartnerin für alle Fragen rund um das Projekt vor. Durch diese persönliche Dialogmöglichkeit – quasi das „Unternehmen zum Anfassen" – wurde den Projektteilnehmern deutlich, dass sich das Unternehmen tatsächlich für ihre Meinung interessierte. Gleichzeitig konnten die während des Projekts aufkommenden Fragen und Vorschläge direkt an das Unternehmen weitergeleitet werden.

Alle Projektteilnehmer berichteten regelmäßig über ihre Buzz-Aktivitäten. Oft wurden diesen Berichten Fotos von Aktionen beigefügt, die während des Projekts stattfanden. Durch kleine Wettbewerbe wurden die Projektteilnehmer in Anlehnung an die „Halbieren ist machbar"-Kampagne seitens *simyo* aufgefordert, Bilder von „halben Sachen" zu machen und einzusenden. Auf diese Weise ist vielfältiger *User Generated Content* entstanden (s. S. 66ff.), der über die eingereichten Fotos auf dem Projektblog als auch in die Community eingestellt wurde und so die Sichtbarkeit von *simyo* deutlich verstärkte (alles Beispiele für Web 2.0). Viele Projektteilnehmer haben ein eigenes Blog, in dem sie zusätzlich über die Teilnahme am Buzz-Projekt berichteten. Hierdurch wird die Eigendynamik sichtbar, die gute Buzz-Kampagnen auszeichnet. Flankierend wurde in der Community über Sprüche für *simyo*-Ansteck-Buttons abgestimmt. Dabei wurde darauf geachtet, dass ein „cooler" Button entstand, der auch getragen wird. Jeder Teilnehmer wurde anschließend mit mehreren Buttons bestückt, um diese an Freunde und Bekannte zu verteilen.

Die Abschlussumfrage ergab unter anderem, dass 96 Prozent der Projektteilnehmer Spaß an dem Projekt hatten, eine ganz entscheidende Voraussetzung für erfolgreiche Buzz-Projekte. Von den 250 Projektteilnehmern telefonieren 157 auch nach Projektablauf weiter mit *simyo*, weil das Angebot sie überzeugt hatte. Ein Ergebnis, das Agentur und Kunde gleichermaßen begeisterte, auch wenn dies nicht das Kernziel der Maßnahme war. Aufgrund dieses Erfolgs werden bei *simyo* weitere Buzz-Aktionen folgen.

Weitere Entwicklung des Buzz-Marketing

Zunächst werden immer mehr Unternehmen versuchen, sich die Grundphilosophie des Buzz-Marketing in der ein oder anderen Variante zunutze zu machen und es als ein Instrument in den Kommunikations-Mix einbauen. Hier sind der Kreativität sowohl auf Anwender- wie auch auf Dienstleisterseite zunächst keine Grenzen gesetzt – mit Ausnahme der ethischen. So bedarf es einer grundsätzlichen Entscheidung des Unternehmens, ob man *„gekaufte"* *Buzz-Agenten* nutzt, die in ihrem Freundes- und Bekanntenkreis nur deshalb ein Angebot vertreten, weil sie dafür bezahlt werden. Diese spezielle Spielart des Buzz-Marketing sollte sehr kritisch beurteilt werden, weil hier „gekaufte" Promotoren ihre persönlichen Beziehungen zu bekannten Personen, die allerdings auch besonders glaubwürdig und damit auch verhaltenswirksam sind, für werbliche Zwecke instrumentalisieren. In den USA wird diese Ausprägung des Buzz-Marketing bereits abwertend als *Stealth-Marketing* beschrieben, wobei „Stealth" für List, Trick und Heimlichkeit steht, und auch die Federal Trade Commission (FTC) wurde zur Untersuchung dieser Art des Buzz-Marketing aufgefordert – wahrlich keine Grundlage, um auf diese spezielle Weise glaubwürdige und langfristig tragfähige Kundenbeziehungen aufzubauen.

Aber es gibt, wie aufgezeigt, noch vielfältige andere Möglichkeiten, die Chancen des Buzz-Marketing für sich zu nutzen. Gerade den *elektronischen Medien* wird eine besondere Bedeutung zukommen, weil die Weiterentwicklung der Technologien sowie der zugrunde liegenden Datenbanken einen immer gezielteren Einsatz ermöglichen. So wird heute zum Teil schon davon ausgegangen, dass das *eBuzz-Marketing* eine Standardkomponente in allen Cross-Media-Werbekampagnen werden wird – einen verantwortungsbewussten Umgang mit diesen medialen Möglichkeiten vorausgesetzt (SearchCRM, 16.11.2005).

Unternehmen wie *Anheuser-Bush, Ralph Lauren, Du Pont, Cadbury-Schweppes, Levi's Dockers* und *Procter & Gamble* haben für sich schnell die Möglichkeiten des Buzz-Marketing erkannt. *Procter & Gamble* hat mit *Tremor* bereits eine Firma begründet, die 250 000 Buzz-Agenten beschäftigt, um für Kunden wie *Coca-Cola* und *AOL* die Werbetrommel zu rühren. Nach Aussagen von *Andy Sernovitz,* CEO von *Word-of-Mouth Marketing Association,* Chicago, planen 43 Prozent der Marketingtreibenden, unterschiedliche Arten des Buzz-Marketing für sich einzusetzen (Kirsner, 2005). Ob man allerdings bereits soweit gehen möchte wie *Jim Stengel,* Marketingchef von *Procter & Gamble,* der meint: „Das Massenmarketing ist obsolet, dem systematischen Buzzing gehört die Zukunft" (Siering, 2005, S. 6), mag bezweifelt werden. In jedem Falle ist man auf dem Weg zur Erreichung der Marketing Excellence gut beraten, das Buzz-Potenzial für das eigene Unternehmen zu untersuchen, um bei positivem Ergebnis dieses neue Werkzeug, das seine Feuertaufe in den USA bereits bestanden hat, einmal auszuprobieren.

Literatur

BMW (16.12.2005), http://bmwusa.com/bmwexperience/films.htm,16.12.2005
BMW (17.12.2005), www.bmw.de, 17.12.2005
Diekhof, R./Wieking, K. (2003), Einmal billig – immer billig, in: Werben & Verkaufen, 5/2003, S. 24-28
Forbes (16.11.2005), http://www.forbes.com/free_forbes/2005/0328/126.html, 16.11.2005
Fritz, W. (2004), Internet-Marketing und Electronic Commerce, Grundlagen – Rahmenbedingungen – Instrumente, 3. Aufl., Wiesbaden 2004
Grünewald, S. (2003), Der neue Zeitgeist der Konsumgesellschaft – Was bedeutet er für Handel und Hersteller?, Vortrag auf dem Deutschen Handelskongress, Berlin 2003
Hartmann, W./Kreutzer, R./Kuhfuß, H. (2004), Kundenclubs & More, Innovative Konzepte der Kundenbindung, Wiesbaden 2004
Homburg, C./Becker, A./Hentschel, F. (2003), Der Zusammenhang zwischen Kundenzufriedenheit und Kundenbindung, in: Bruhn, M./Homburg, C. (Hrsg.), Handbuch Kundenbindungsmanagement, 4. Aufl., Wiesbaden 2003, S. 91-121
Hughes, M. (2005), Buzzmarketing – Get People to Talk About Your Stuff, New York 2005
Kiefer, A. (2006), Starbucks überzeugt die Analysten, in: Handelsblatt, 4/2006, S. 28
Kisner, S. (2005), How much can you trust buzz?, in: New York Times, 14.11.2005
Kreutzer, R. (2006), Praxisorientiertes Marketing, Wiesbaden 2006
Kroeber-Riel, W./Weinberg, P. (2003), Konsumentenverhalten, 8. Aufl., München 2003

Michael, B. (2003), Branding – Herausforderung für den Versandhandel von morgen, Vortrag auf dem Deutschen Versandhandelskongreß, Wiesbaden 2003

o.V. (12/2005), Urteil zu Produktempfehlungen, in: Direkt Marketing, 41. Jg., 12/2005, S. 8

Reckenthäler, I./Wohlrab, T. (2006), WOM, trnd & simyo, Düsseldorf 2006

Red Bull (2.1.2006), http://www.bized.ac.uk/compfact/redbull/redbull7.htm, 2.1.2006

Rosen, E. (2005), The Anatomy of Buzz: How to Create Word of Mouth Marketing, 2005

SearchCRM (16.11.2005), http:/searchcrm.techtargetcom, 16.11.2005

Siering, F. (2005), Werbung nach dem Schneeballprinzip, in: Handelsblatt, 13.5.2005, S. 6

Vögele, S. (2005), Das Verkaufsgespräch per Brief und Antwortkarte, Landsberg/Lech 2005

Weiguny, B. (2005), Schöner Po für 200 Euro, in: Frankfurter Allgemeine Sonntagszeitung, 24.4.2005, S. 16

Ralf T. Kreutzer

Schlüssel 7: Kundenbindung –
Wie viel Bindung braucht der Kunde?

Warum Kundenbindung in aller Munde ist

Dass es wichtig ist, den Kunden an sich zu binden, lässt sich allerorten vernehmen: auf Seminaren, Tagungen oder Kongressen genauso wie in Fachartikeln und in den Präsentationen von Unternehmensberatern. Die Gründe dafür sind bekannt. Steigender Wettbewerbs- und Kostendruck, gesättigte Märkte, aber auch die immer unberechenbarer werdenden Kunden lösen bei vielen Unternehmen das Gefühl aus: Wir müssen etwas tun. Nicht nur Kosten senken, Mitarbeiter einsparen, rationalisieren. Der Kunde gerät wieder verstärkt ins Blickfeld. Vor allem deshalb, weil sich zunehmend die Erkenntnis durchsetzt, dass es weitaus teurer ist, einen neuen Kunden zu gewinnen, als einen bestehenden zu halten.

Welchen Stellenwert das Thema Kundenbindung einnimmt, hat die Unternehmensberatung *Roland Berger* in einer Umfrage unter deutschen Großunternehmen ausgelotet (vgl. Roland Berger, 2003). Eines der wichtigsten Ergebnisse: Kundenbindung wird in vielen Branchen als der bedeutendste Erfolgsfaktor angeführt, noch vor Produktqualität oder Markenbekanntheit (vgl. Abbildung 79).

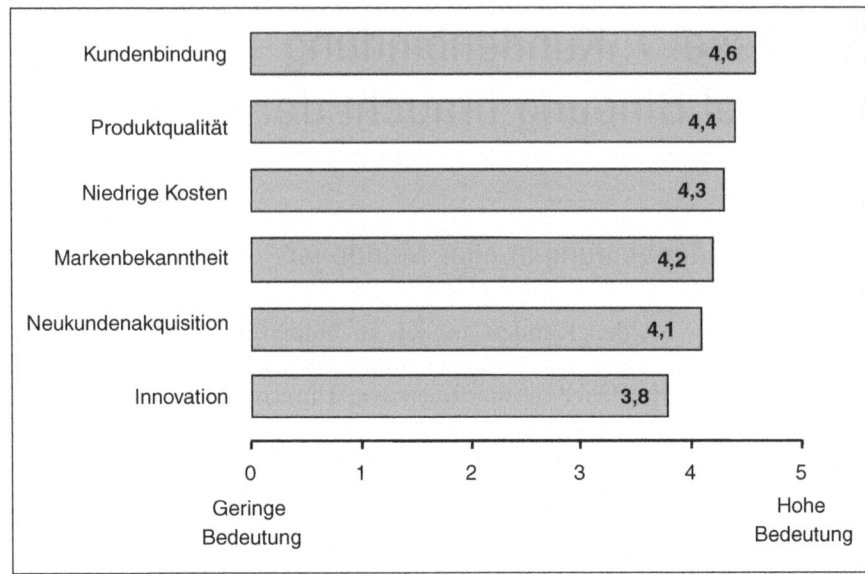

Kundenbindung		4,6
Produktqualität		4,4
Niedrige Kosten		4,3
Markenbekanntheit		4,2
Neukundenakquisition		4,1
Innovation		3,8

0   1   2   3   4   5
Geringe   Hohe
Bedeutung   Bedeutung

Abbildung 79: Bedeutung von Erfolgsfaktoren für Unternehmen im Marketing-Mix (arithm. Mittel)
(nach Roland Berger, 2003, S. 6)

Von der Kundenzufriedenheit zur Kundenbeziehung

Als es noch *Tante-Emma-Läden* gab, war Kundenbindung relativ einfach. Man kannte seine Kunden persönlich – und damit auch ihre Lebensverhältnisse, Interessen und Vorlieben. Heute ist der Aufwand, den Kunden kennen zu lernen, ungleich größer. Das liegt nicht nur an der schieren Masse, sondern auch am Kundenverhalten. Egal, ob jugendliche Zielgruppen oder konsumfreudige Senioren: die Beziehung zu einem Unternehmen wird zunehmend kritisch hinterfragt.

Dennoch hat sich Kundenbindung in Management-Kreisen zu einem der wichtigsten Themen entwickelt. Der Prozess vollzog sich in Deutschland in verschiedenen Stufen (vgl. Abbildung 80).

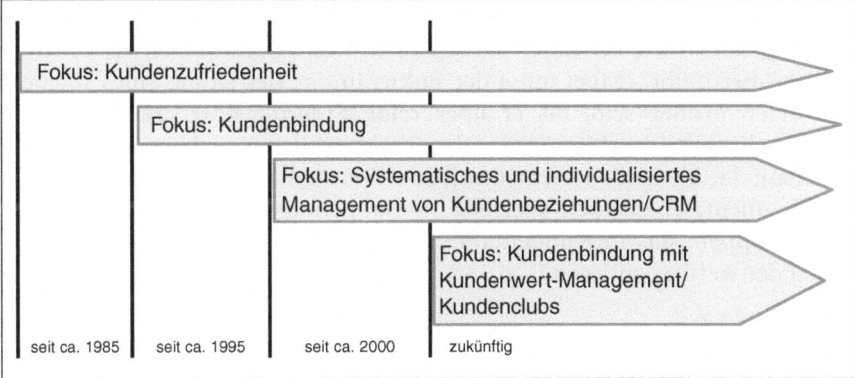

Fokus: Kundenzufriedenheit			
	Fokus: Kundenbindung		
		Fokus: Systematisches und individualisiertes Management von Kundenbeziehungen/CRM	
			Fokus: Kundenbindung mit Kundenwert-Management/ Kundenclubs
seit ca. 1985	seit ca. 1995	seit ca. 2000	zukünftig

Abbildung 80: Von der Kundenzufriedenheit zur Kundenbindung auf Basis eines nachhaltigen Kundenwertmanagements
(nach Hartmann/Kreutzer/Kuhfuß, 2004, S. 1)

Das wachsende Interesse am Thema Kundenbindung als Managementaufgabe hat verschiedene Gründe (Howaldt et al., 2005):

● *Marktsättigung*
In vielen Branchen haben wir heute ein hohes Sättigungsniveau erreicht. Eine effiziente Neukundengewinnung ist in diesem Umfeld nur mit größeren Aufwendungen (z. B. Schulung und Motivation der Mitarbeiter, s. S. 36ff.) als bisher in der Organisation möglich. Damit kommt der *Ausschöpfung bestehender Kundenpotenziale* durch gezieltes Cross-, Up- und More-Selling eine im Vergleich zur Neukundengewinnung immer größere Bedeutung zu. An dieser Stelle wird deutlich, wie essenziell das Kundenmanagement über den *Kundenwert* ist, beispielsweise im Rahmen einer ABC-Segmentierung, um dem richtigen Kunden das passende Angebot zu unterbreiten.

● *Wachsende Me-too-Effekte*
Immer mehr Unternehmen suchen innerhalb ihrer Produktpolitik nach einer weitergehenden *Differenzierung vom Wettbewerb,* um den Kunden möglichst eng an die jeweilige Marke und das Unternehmen zu binden (s. S. 110ff.). Das ist vielen Führungskräften zwar bewusst. Bei der Antwort auf die Frage nach der Umsetzung herrscht jedoch immer noch große Unsicherheit in Richtung Marketing Excellence.

● *Preissensitivität*
Wir kennen ihn alle: den *Smart-Shopper.* Seit vielen Jahren hält er sich penetrant in der Marketingwelt auf. Gerne wird er auch als Grund für

die *Aldisierung* unserer Gesellschaft ausgemacht. Wir treffen ihn bei *Aldi* genauso wie bei *Käfer* in München, wenn es nur einen Preisvorteil zu erobern gibt. Dabei muss der Fokus in der Betreuung eines solchen Kunden größer sein, als er über reine Preisangebote erzielt werden kann. Entscheidend ist wieder der Blick auf den Kundenwert. Kunden halten: Ja, aber eben nicht um jeden Preis. Mit anderen Worten: Das Investment, eben auch spezielle Preisangebote für ausgewählte Kundengruppen, das in Kundenbindungsmaßnahmen fließt, muss sich am Kundenwert orientieren.

● *Sparbudgets*
Für kleiner werdende Marketingbudgets, wie sie nahezu alle großen Unternehmen in den zurückliegenden Jahren der Rezession gelebt haben, war Kundenbindung so etwas wie ein Allheilmittel, um die Umsätze trotzdem zu halten. Getreu dem Motto: Es ist fünfmal profitabler, einen bestehenden Kunden zu halten, als einen neuen zu gewinnen, war in der Kundenbindung schnell die erfolgversprechendste Marketingstrategie ausgemacht. Leider aber teilweise ohne das passende Handwerkszeug, wenn auch beim Thema CRM viele Unternehmen trotzdem auf den fahrenden Zug aufgesprungen sind, in der Hoffnung, an ihrem Zielort anzukommen.

Es wird also das richtige Handwerkszeug benötigt, um den Kunden nachhaltig zu binden. Dann stellt sich auch der Erfolg einer Kundenbindungsstrategie ein: Bestehende Kunden, die sich an ein Unternehmen gebunden fühlen, fallen durch eine Reihe von Vorzügen auf. Dazu gehört beispielsweise die Bereitschaft, für die angebotene Leistung oder Ware einen höheren Preis zu bezahlen. Außerdem wirkt sich eine hohe Kundenbindung positiv auf die Verkaufsmenge aus. Gleichzeitig ist bei einer ausgeprägten Kundenbindung auch die Kauffrequenz und das Interesse an Up- und Cross-Selling-Angeboten größer (vgl. Homburg/Bruhn, 2003, S. 16).

Außerdem stärkt Kundenbindung das Unternehmensimage und sorgt für Kontakte zu Neukunden – wenn bestehende, zufriedene oder sogar begeisterte Kunden Empfehlungen aussprechen und aktive Mundpropaganda betreiben (vgl. als Element der Markenwertschöpfungskette Kreutzer, 2006; s. S. 149ff.).

Dass sich eine langjährige Kundenbeziehung ebenfalls positiv auf die Gewinnsituation auswirkt, ist nahe liegend. Eine Senkung der Migrationsrate um fünf Prozent führt etwa bei einer Versicherungsagentur zu einem

Anstieg des Gewinns um 50 Prozent, bei Kreditkarten-Organisationen um 75 Prozent (Elke/Ziemeck, 2003).

Kundenbindung – ein eindeutiger Begriff?

Zur Beschreibung der Kundenbindung sind in den letzten Jahren eine Vielzahl neuer Begriffe aufgetaucht, allen voran das *Customer Relationship Management* (CRM). Aber auch Umschreibungen wie Geschäftsbeziehungsmanagement, Retention Marketing oder Markentreue tauchen in diesem Zusammenhang auf (vgl. Homburg/Bruhn, 2003, S. 8).

Nach Homburg/Bruhn umfasst Kundenbindung „sämtliche Maßnahmen eines Unternehmens, die darauf abzielen, sowohl die Verhaltensabsichten als auch das tatsächliche Verhalten eines Kunden gegenüber einem Anbieter oder dessen Leistungen positiv zu gestalten, um die Beziehung zu diesem Kunden für die Zukunft zu stabilisieren oder auszuweiten" (Homburg/Bruhn, 2003, S. 8). Das Entscheidende dabei: Kundenbindung wird im Gegensatz etwa zu Kundenloyalität, die – hervorgerufen durch konsequent gebotene Begeisterungsfaktoren – die höchste Stufe der Kundenbeziehung darstellt, sowohl aus Sicht des Unternehmens (Anbieters) als auch aus Sicht des Kunden (Nachfragers) betrachtet. Kundenbindung hat also mindestens zwei „Baustellen", bei denen es auf das richtige Handwerkszeug ankommt, um hier eine exzellente Marketingstrategie langfristig zu etablieren (s. S. 36ff.).

Was hat Kundenbindung mit Marketing Excellence zu tun?

Als das *manager-magazin* Anfang der 1990er Jahre erstmals Führungskräfte deutscher Unternehmen zum Image ausgewählter Firmen befragte, tauchte Kundenorientierung als Imagefaktor noch gar nicht auf. 1998 war es dann soweit. Auf die Frage, welche Faktoren das Image eines Unternehmens prägen, setzten die befragten Manager *Kundenorientierung* auf Platz 1. Dabei ist es in der alle zwei Jahre durchgeführten Befragung geblieben. Eine starke Kundenorientierung, so die Bilanz, schält sich im 16-Jahres-Vergleich als wichtigster Imagebildner heraus. Die vormals oft genannten Faktoren wie *Managementqualität* und *Preis-Leistungsverhältnis* büßten dagegen an Bedeutung ein (vgl. *manager-magazin*, 2006).

Kundenzufriedenheit und *Kundenloyalität* sind wichtige Steuerungsgrößen, wenn es darum geht, die Effektivität im Marketing zu messen. In der

Praxis spielen sie als Kontrollinstrument bisher jedoch eine eher geringe Rolle. Eine von der Münchener Unternehmensberatung *Dr. Wieselhuber & Partner* durchgeführte Befragung von Führungskräften deutscher Unternehmen offenbart, dass in den Marketingabteilungen in diesem Punkt noch Nachholbedarf besteht (Wieselhuber & Partner, 2005, S. 26). Die am häufigsten verwendete Steuerungsgröße ist der *Bekanntheitsgrad*, gefolgt von *Umsatz- und Absatzzahlen*. *Kundenloyalität* setzen dagegen nur 45 Prozent der befragten Unternehmen als Steuerungsgröße ein; *Kundenzufriedenheit* 38 Prozent. Immerhin sollen beide Werte nach Sicht der Befragten künftig an Bedeutung gewinnen.

Da bleibt die Frage, ob bei solchen Ergebnissen die so verstandene und offensichtlich von vielen Unternehmen praktizierte Kundenbindung wirklich langfristig exzellent ist. Angesichts einiger Unternehmen, die sich vom Thema Kundenbindung wieder zurückziehen, wie beispielsweise das Unternehmen *Görtz* aus dem *Payback*-Verbund, sicherlich eine berechtigte Frage.

Wo stehen Unternehmen beim Thema Kundenbindung?

„Kundenbindung ist ein zentraler Erfolgsfaktor – die Unternehmen generieren jedoch nicht den erwünschten Erfolg" (Roland Berger, 2003). An dem Fazit, das die Unternehmensberatung *Roland Berger* nach einer Befragung deutscher Großunternehmen zog, hat sich nicht viel geändert. Immer noch liegen zwischen Theorie und Praxis Welten. In der Vergangenheit haben Unternehmen viel Geld in den *Aufbau von Datenbanken* und Kundeninformationssystemen investiert. Nun wissen sie mit den gesammelten Daten meist nur wenig anzufangen.

Schlaglichtartig belegen das auch die folgenden drei Beispiele:

- „Die Mitarbeiter haben heute alle Informationen, die sie brauchen, aber sie nutzen sie nicht. Warum weiß denn das Hotelpersonal nicht, dass ich vor drei Wochen schon mal da war, und legt mir wieder die falsche Zeitung vor die Tür? Doch nicht, weil es heute unmöglich ist, die entsprechenden Daten zur Verfügung zu stellen" (Rapp, 2005).

- Die in New Jersey ansässige *Strativity Group*, die Unternehmen beim Ausbau ihrer Kundenbeziehungen berät, kommt in der im vergangenen Jahr durchgeführten globalen Umfrage unter den Mitarbeitern verschiedener Unternehmen zu dem Schluss, dass die Ansprache des Kunden nach wie vor schwach ausgeprägt ist (Strativity Group, 2006, S. 1).

- Das „systematische Kundenbeziehungsmanagement", bestätigt eine Umfrage der Beratungsgesellschaft *Pepper*, wird in der deutschen Wirtschaft in rund der Hälfte der Fälle nicht „optimal eingesetzt". Und ebenfalls die Hälfte der befragten Marketing-Experten gibt an, Verbesserungspotenziale bei der Nutzung ihrer hauseigenen Kundenmanagement-Systeme zu sehen (Pepper AG, 2005).

Innensicht: Woran Kundenbindung scheitert

Einerseits halten Unternehmen Kundenbindung für wichtig. Andererseits gelingt es nur wenigen, das Thema mit Leben zu füllen. Dafür gibt es eine Reihe von Gründen:

- In vielen Fällen ist schon die *Datenbasis* das Problem.
  Selbst wenn Mitarbeiter Zugriff auf eine Vielzahl von Daten des Kunden haben, werden diese aber nur halbherzig gepflegt, weil dem Mitarbeiter für solche Aufgaben keine Anreiz- und Motivationssysteme zur Verfügung gestellt werden (s. S. 36ff.). Die Folge: Es fehlt an Unterstützung für all jene Abteilungen und Funktionsträger, die mit dem Aufbau von Kundenbeziehungen beschäftigt sind (Brändli, 2006, S. 3), sodass es in dem Beispiel von Rapp immer wieder zur Bereitstellung der falschen Zeitung kommt.

- Unternehmen liefern schlechten *Service*.
  Kundenbindung braucht ein Fundament: Service. Daran machen Kunden ihre Zufriedenheit mit einem Unternehmen fest – egal, wie überzeugend das Produkt ist. Bei Test-Aktionen stellt sich jedoch immer wieder heraus, dass die Servicequalität nicht reicht (s. S. 66ff.). Ein vom Frankfurter Beratungsunternehmen *TellSell Consulting* in Zusammenarbeit mit dem Wirtschaftsmagazin *Capital* durchgeführter Test bei über 100 Firmen aus sechs Branchen offenbarte immer noch eklatante Servicelücken. „Jeder dritte Brief und jede vierte E-Mail wurde nicht beantwortet. Selbst nach einem persönlichen Gespräch verschickten 15 Prozent der Call Center-Mitarbeiter die versprochenen Unterlagen nicht" (Capital, 2006, S. 119).

● Der *Kunde* fühlt sich von den Bindungsangeboten nicht angesprochen. Kundenkarten, Bonusprogramme, Kundenclubs, Rabattmarken und Couponing sind die gängigsten Instrumente, die Unternehmen zur Kundenbindung einsetzen. Dabei werden Bonusprogramme von vielen Firmen als das am besten geeignete Kundenbindungsinstrument eingestuft. Danach folgen Kundenkarte, Couponing und Kundenclub (Roland Berger, 2003, S. 8; vertiefend Hartmann/Kreutzer/Kuhfuß, 2004).

Aus *Sicht der Kunden* sind in erster Linie drei Gründe für das mangelnde Interesse an den angebotenen Kundenbindungsprogrammen verantwortlich (Roland Berger, 2003, S. 18; vgl. Abbildung 81):

1. Sie sehen keinen echten Vorteil.
2. Das Programm ist zu kompliziert.
3. Die angebotenen Prämien sind zu unattraktiv.

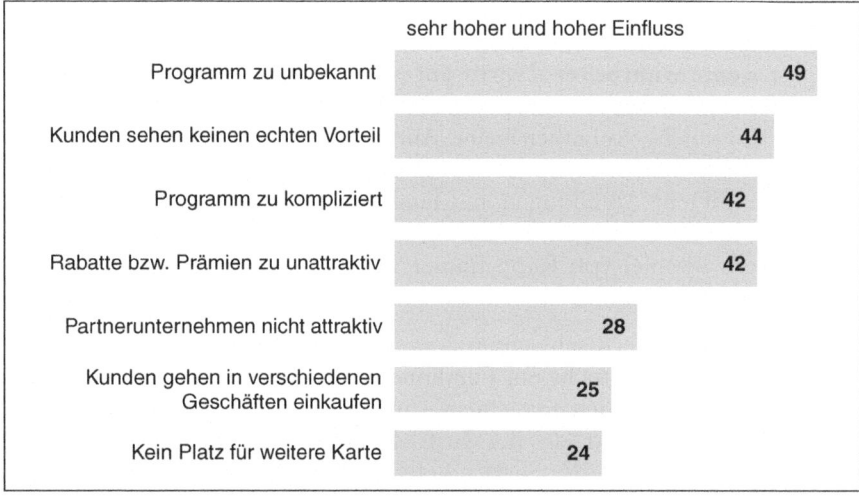

Abbildung 81: Hinderungsgründe für die Teilnahme von Kunden
aus Unternehmenssicht
(nach Roland Berger, 2003, S. 18)

So ist es kein Wunder, dass der Kunde manchem Kundenbindungsprogramm eher ablehnend gegenüber steht, wie etwa bei den von Unternehmen beliebten On-Pack-Promotions. So drucken beispielsweise die Unternehmen *Müller Milch* und *Zentis* (Marmelade) auf die Verpackungen kleine Punkte, die ausgeschnitten werden müssen oder kleine

Leporello-gefalzte Prospekte, die Punkte enthalten und die vom Kunden gesammelt und zurückgeschickt werden müssen. Für den Verzehr von mindestens zehn Produkten mit aufgespendeten Punkten winken dann Prämien, deren Wertigkeit in keinem für den Kunden positiven Zusammenhang mit dem zu treibenden Aufwand steht.

● Teilweise liegen die Defizite aber in *Wissenslücken.*
Nach wie vor fällt es Fachverantwortlichen und Entscheidern schwer, in größeren Zusammenhängen zu denken (Brändli, 2006, S. 3). Um ein erfolgreiches Kundenbindungskonzept aufzusetzen, sind aber auch Veränderungen in der Unternehmensstruktur nötig. So ist es empfehlenswert, zu jedem Kundensegment *Management-Teams* (s. S. 66ff.) zu bilden, die nicht nur aus Mitarbeitern der Marketing-Abteilung bestehen, sondern auch den Einkauf und den Kundenservice integrieren. Diese Teams erhöhen die Kundenorientierung nach außen und sind nach innen für alle kundenorientierten Prozesse verantwortlich.

Außensicht: Kundenbindung auf dem Prüfstand

So sehr Kunden an einem möglichst optimalen Service gelegen ist, so misstrauisch sind sie, wenn es darum geht, Informationen über sich preiszugeben. Schlagworte wie „Big brother is watching you" sind im Zusammenhang mit Themen wie Kundenkarten oder Bonusprogrammen regelmäßig Teil der öffentlichen Diskussion. Auch Verbraucherschützer äußern sich eher negativ. „Aus Sicht des Kunden sind Kundenkarten Spielerei", lautete kürzlich die Einschätzung eines Mitarbeiters der Verbraucherzentrale Bayern (Schmieder, 2006, S. 6). Alles, was mit dieser Art der Kundenansprache zusammenhängt, von der Datenerfassung bis zum Kundenbindungsinstrument, wird von der Öffentlichkeit kritisch beurteilt. Es gilt also auch, in dem Bereich der öffentlichen Wahrnehmung über gezieltes Marketing eine bessere Einstimmung für Kundenbindungsprogramme zu erzielen.

Klaviatur der Instrumente –
Was passt zum Unternehmen und was zum Kunden?

Wer sich über Kundenbindung Gedanken macht, stößt auf eine Vielzahl möglicher Instrumente. Welche Maßnahmen – oder auch nur eine bestimmte – ergriffen werden, hängt vom Marktumfeld ab. So scheint zum Beispiel in der Branche Luftfahrt ein Bonus-Programm eine Basis-Leistung im Rahmen der Kundenbindung zu sein, wie die Einführung eines solchen Programms bei *Air Berlin* zeigt (vgl. Abbildung 82).

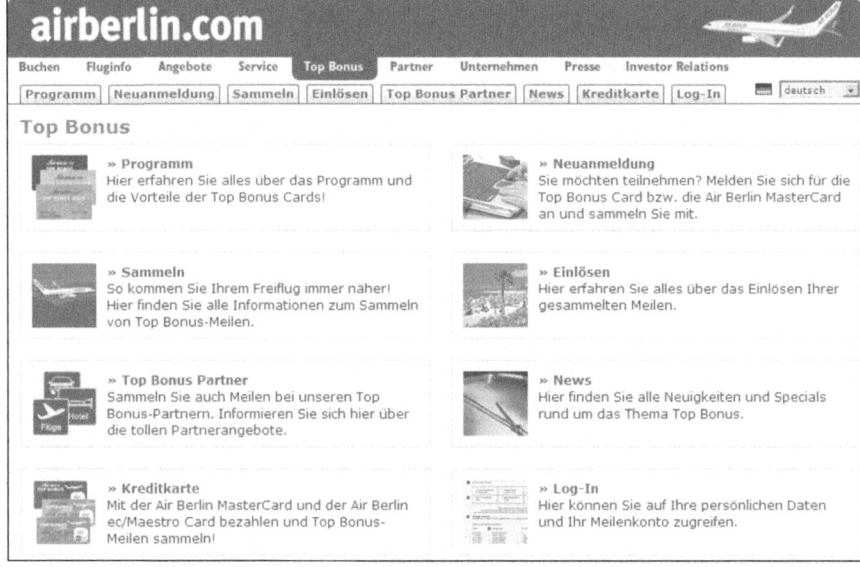

Abbildung 82: Das Top Bonus-Programm der *Air Berlin* (www.airberlin.de)

Ob ein solches *TOP Bonus-Programm* der *Air Berlin* in Abgrenzung zu *Miles & More* der *Lufthansa* die Positionierung der eigenen Marke hebt, mag bezweifelt werden. Marketing Excellence lässt sich hier nur mit Angeboten erreichen, die sich nicht am Wettbewerb, sondern am eigenen Unternehmen orientieren. Und das lässt sich sehr gut am Eisbergmodell der Markenführung aufzeigen (vgl. Abbildung 83).

● *Air Berlin* muss für sich entscheiden, welche Markenwerte durch das Kundenbindungsprogramm unterstützt werden sollen, wie langfristig ein eigenes „*Air Berlin* Markenguthaben" aufgebaut werden kann und

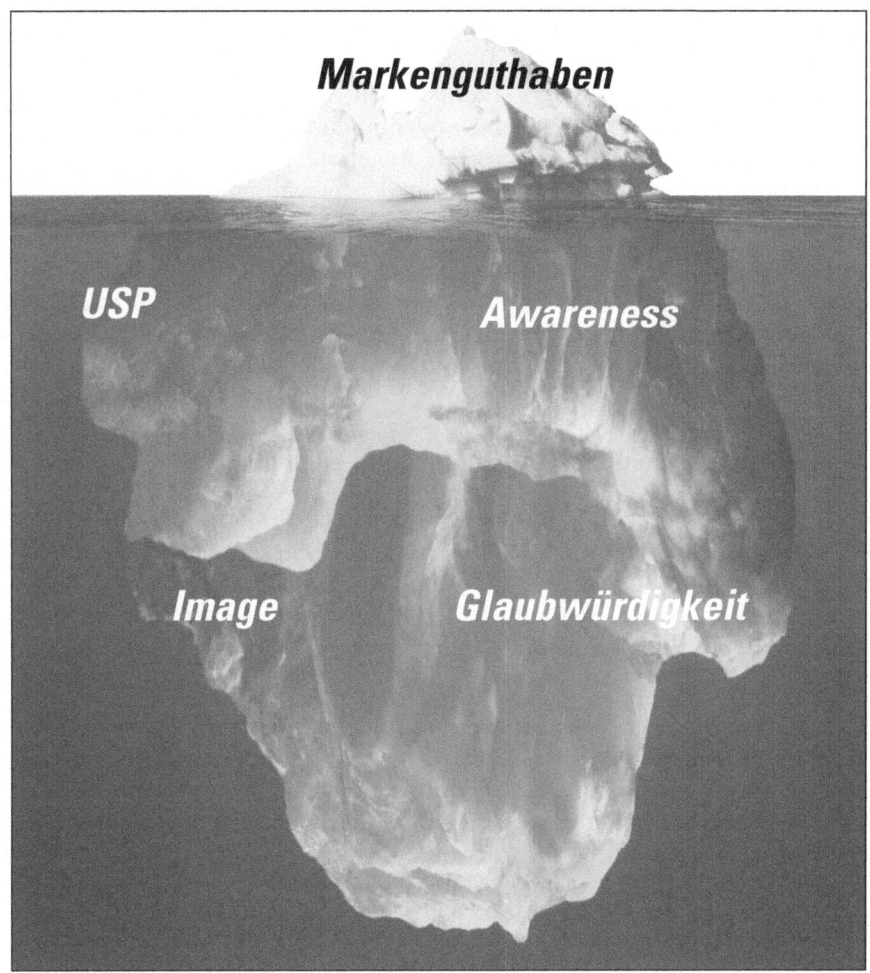

Abbildung 83: Das Eisbergmodell der Markenführung
(eigene Darstellung)

welche Anforderungen erfüllt sein müssen, damit Kundenbindung nachhaltig wirkt und vor allem profitabel ist. Denn das, was als Spitze des Eisbergs aus dem Wasser ragt, ist das *Markenguthaben,* das unter Wasser von einer viel größeren Masse getragen wird.

- Die eigentlichen Erfolgsfaktoren (also vier Fünftel des Gesamterfolgs) befinden sich unter der Oberfläche: Image, Awareness, Glaubwürdigkeit und ein einzigartiger Verkaufsvorteil (USP) bilden eben auch das Fundament einer erfolgreichen Kundenbindungsapplikation. Wenn diese Basis nicht gegeben ist, bringen Angebote wie Kundenkarte, Kundenclub oder Bonusprogramm nicht den gewünschten Erfolg, da sie nicht auf ein Markenguthabenkonto einzahlen.

Im Fall von *Air Berlin* hat der Börsengang im Frühjahr 2006 gezeigt, wie wichtig exzellentes Marketing gewesen wäre, gerade auch im Bereich der Kundenbindung, um den gewünschten Ausgabekurs an der Börse zu erreichen.

Das Bonusprogramm im Rahmen der Kundenbindung

Was die Fluggesellschaften in den USA Ende der 1980er Jahre des letzten Jahrhunderts im Zuge der Liberalisierung des Marktes begonnen haben, findet inzwischen quer durch alle Branchen Nachahmer: das *Bonusprogramm*. Doch viele der neu aufgelegten Programme scheitern bereits während der ersten drei Jahre und werden wieder eingestellt (Künzel, 2006, S. 1).

Grundsätzlich sollte ein Bonusprogramm ein zentrales Instrument der Unternehmensstrategie sein und in den gesamten Marketing-Mix integriert werden. Wichtig ist, dass vor der Einführung keine Defizite bei den anderen Marketinginstrumenten existieren. Mängel bei Produkten oder Serviceleistungen kann ein Bonusprogramm nicht ausgleichen – ebenso wenig wird damit aus einer schlechten Unternehmensstrategie ein Erfolg (Künzel, 2006, S. 1).

Die Kundenkarte als Bestandteil eines Bonusprogramms

Kundenkarten sind neben Bonusprogrammen eines der beliebtesten Kundenbindungsinstrumente – doch genau das ist das Problem. Denn letztlich kann der Kunde neben Kredit-, EC- oder Krankenversicherungskarte nur eine begrenzte Anzahl von Karten in seiner Geldbörse unterbringen.

Als Beispiel für dieses Dilemma bietet sich der deutsche Tankstellenmarkt an. Die Teilnahme von *DEA* an dem Multi-Partnerprogramm *Payback* im Jahr 2000 wurde als indirekter Preisnachlass empfunden und störte das eingespielte Preisgefüge der Tankstellenmarken. Inzwischen hat nahezu jeder Mineralölkonzern ein Kundenbindungsprogramm eingeführt, entweder auf der Grundlage von Kundenkarten wie bei *Shell/DEA* (heute eigenständige Kundenkarte *Clubsmart*) und *Total/Elf* oder auf der Basis von Couponing und Rabattmarken, etwa bei *Avia, Esso* und *OMV. ARAL* ist seit Frühjahr 2006 Partner bei *Payback.*

Das Ergebnis: Die möglichen positiven Marktanteilseffekte der Programme heben sich gegenseitig auf, während die Margen durch die Kosten der Kundenbindungsaktivitäten schrumpfen (Howaldt et al., 2005). Das Fazit: Kundenkarten haben in einem Kundenbindungskonzept zwar ihren Platz – aber nur, wenn sie intelligent und innovativ mit anderen Instrumenten kombiniert werden und dem Kunden einen *echten Mehrwert* bieten. Das Verteilen von Rabatten an die Kunden kann schnell und leicht kopiert werden und zahlt nicht auf das Markenguthaben ein.

Couponing und Sampling im Rahmen von Preisvorteilskampagnen

Beim *Couponing* wird der Kunde aktiv, indem er Informationen anfordert oder sich an den Point-of-Sale (POS) begibt. In vielen Unternehmen genießt Couponing, insbesondere das personalisierte Couponing, inzwischen einen hohen Stellenwert. Auf die Frage, welche Kundenbindungsaktivitäten künftig geplant sind, steht Couponing nach Kundenclubs ganz oben auf der Liste (Roland Berger, 2003, S. 11). Entscheidend für den Einsatz dieses Instruments ist jedoch der konzeptionelle Unterbau (Kreutzer, 2004, S. 14). Außerdem kommt es darauf an, dem Kunden zu vermitteln, dass diese Informationen oder Angebote speziell auf ihn ausgerichtet sind und ihm damit höchste Wertschätzung zuteil wird.

Wenn das *Sampling*, also das Verteilen von Warenproben, intelligent mit Couponing verknüpft ist, wird nicht nur der Kunde aufgewertet, sondern gleichzeitig auch eine Menge an nützlichen Informationen im Sinne eines weiterführenden Marktforschungsansatzes generiert (vgl. Abbildung 84).

Abbildung 84: For me – das Kundenbindungsprogramm von *Procter & Gamble* als hervorragendes Beispiel für einen intelligenten Couponing- und Sampling-Ansatz (www.forme-online.de)

Der Kundenclub als anspruchvollste Form der Kundenbindung

Ein *Kundenclub* stellt den „Königsweg der Kundenbindung" dar – und ist gleichzeitig mit den höchsten Investitionen aller vorstellbaren Kundenbindungskonzepte verbunden (Hartmann/Kreutzer/Kuhfuß, 2004, S. 5). Ein Kundenclub unterscheidet sich von anderen Kundenbindungsmaßnahmen vor allem dadurch, dass er dem Kunden in der Vielzahl der an ihn herangetragenen Angebote eine gewisse Orientierung bietet. Außerdem wird der Kunde im Zuge der Club-Mitgliedschaft zum Souverän, der darüber entscheidet, ob und wie mit ihm kommuniziert werden darf. Das wohl wichtigste Argument aber lautet: Ein Kundenclub kann die für den Aufbau langfristiger Beziehungen notwendigen *emotionalen Bindungsanteile* in geradezu perfekter Form bereitstellen, da er unter anderem alle Instrumente zur Kundenbindung in einer Strategie vereint und dem entsprechenden Kundenwert zugeordnet werden kann.

Da die Aufnahmefähigkeit des Kunden für Karten- und Club-Konzepte beschränkt ist, wird ein starker Ausleseprozess auf Kundenseite bestehen bleiben. Das betrifft nicht nur etablierte, sondern auch neue Kundenbindungsprogramme. Einer der wichtigsten Erfolgsfaktoren ist der konsequente Einsatz eines *Multi-Channel-Konzepts*. Die Möglichkeit, mit dem Kunden über verschiedene Kanäle zu kommunizieren, bietet die Chance, die Identifikation mit dem Unternehmen zu erhöhen und beim Kunden echte Begeisterung auszulösen (s. S. 129ff.).

Eine Rolle spielen Kundenclubs ebenfalls im B2B-Geschäft. Auch bei Geschäftskunden kommen Maßnahmen wie Bonusprogramme oder Kun-

Abbildung 85: Das *GIRA Aktiv Partner-Programm* als Beispiel für einen B2B-Kundenclub – Stand Juli 2006
(eigene Darstellung)

Bereitstellung von Know-how	• Veranstaltung von Praxis-Seminaren • Veranstaltung von Workshops (z. B. Verkaufshilfen gezielt einsetzen) • Persönliche Experten-Beratungen vor Ort (z. B. Check-up für Jungunternehmer) • Telefonische Experten-Auskunft (z. B. Beratung im Bauwesen)
Werbung	• Nennung auf der Gira-Homepage als Bezugsquelle der Gira-Produkte • Kostenlose elektronische Visitenkarte auf mehreren Webseiten (z. B. www.elektroseiten.de) • Adressen-Nennung bei Kundenanfragen
Werbemittel	• Bereitstellung von individualisierten Werbemitteln • Bereitstellung von Informationsmedien und Präsentationsmitteln • Betreuungsangebote und Präsente zur Kundenbindung
Punkte	• Punkte bei Inanspruchnahme von kostenpflichtigen Gira-Aktiv-Partner-Angeboten • Die Punkte können gegen Service-Leistungen oder besondere Veranstaltungen (z. B. Motorradtour inklusive Produktschulung) eingetauscht werden
Zugang zur Club-Homepage	• Abfragen des aktuellen Punktestands • Diskussionsforum • Leih- und Tauschbörse
Kommunikation	• Mitgliederzeitschrift „Club Info" • Club-Newsletter • Einladung zur Jahreskonferenz • Betreuung durch das Club Service Center

Abbildung 86: Die Leistungen und Vorteile des *GIRA Aktiv Partner-Programms* – Stand Juli 2006 (eigene Darstellung)

denclubs in Frage. Der wesentliche Unterschied zwischen Privat- und Geschäftskunden besteht darin, dass es hier meist nicht einen, sondern mehrere Entscheider gibt, die es zu binden gilt. Gerichtet sind die Kundenbindungsaktivitäten von Herstellern in erster Linie an Vertriebspartner wie Handwerker oder Fachhandel, mit dem Ziel, die Umsätze mit den im Club gebundenen Partnern deutlich zu erhöhen. In diesem Kontext bekommt Kundenbindung einen eher absatzfördernden Charakter (vgl. Abbildungen 85, Seite 189, und 86, Seite 190). In der Praxis spielen die klassischen Kundenbindungsinstrumente im B2B-Bereich bisher nur eine untergeordnete Rolle. Verantwortlich dafür sind, wenn es etwa um Kundenclubs geht, die hohen Kosten (Schnake, 2006, S. 1; vertiefend Kreutzer, 2005). Außerdem setzen viele Hersteller beim Aufbau der Kundenbindung auf das Engagement der Vertriebsmitarbeiter, die durch vielfältige Events eine persönliche Bindung zum Kunden aufbauen (vgl. zum Event-Marketing Kreutzer, 2006).

Weitere Kundenbindungssysteme

Kundenbindung ist ein weites Feld – letztlich bietet jeder Kundenkontakt die Chance, aus Erstkunden Wiederkäufer zu machen oder Mehrfachkunden in Stammkunden zu verwandeln. Neben den klassischen Instrumenten wie Kundenkarte, Kundenclub oder Bonusprogramm kann ein gezieltes Cross-Selling die Kundenbindung ebenfalls erhöhen. Ergänzungsangebote bringen nicht nur Mehrumsatz, sondern führen auch zu einer deutlichen Verbesserung der Kundenloyalität. Ein gutes Beispiel ist das Unternehmen *IKEA*, das mit dem *Family-Club* auch den Verkauf von Cross-Selling-Angeboten forciert, so unter anderem durch spezielle Angebote und Preise nur für Mitglieder (vgl. Abbildung 87).

Ein ganz wichtiger Punkt auf der Liste möglicher Kundenbindungsmaßnahmen ist das Beschwerdemanagement. Wenn Beschwerden professionell und zur Zufriedenheit des Kunden behandelt werden, wirkt sich das auf die Wiederkaufbereitschaft und die Loyalität des Kunden positiv aus.

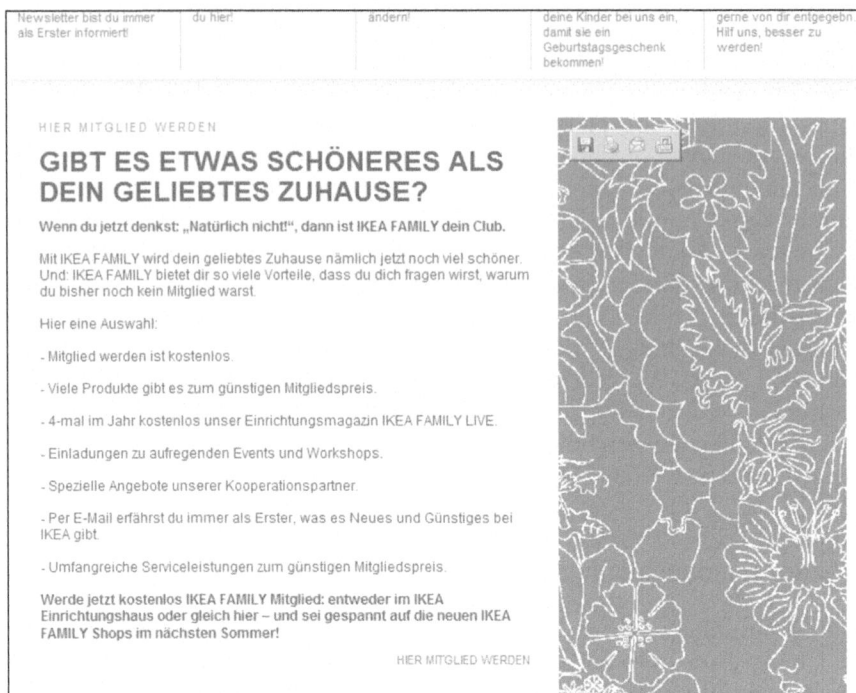

HIER MITGLIED WERDEN

GIBT ES ETWAS SCHÖNERES ALS DEIN GELIEBTES ZUHAUSE?

Wenn du jetzt denkst: „Natürlich nicht!", dann ist IKEA FAMILY dein Club.

Mit IKEA FAMILY wird dein geliebtes Zuhause nämlich jetzt noch viel schöner. Und: IKEA FAMILY bietet dir so viele Vorteile, dass du dich fragen wirst, warum du bisher noch kein Mitglied warst.

Hier eine Auswahl:

- Mitglied werden ist kostenlos.

- Viele Produkte gibt es zum günstigen Mitgliedspreis.

- 4-mal im Jahr kostenlos unser Einrichtungsmagazin IKEA FAMILY LIVE.

- Einladungen zu aufregenden Events und Workshops.

- Spezielle Angebote unserer Kooperationspartner.

- Per E-Mail erfährst du immer als Erster, was es Neues und Günstiges bei IKEA gibt.

- Umfangreiche Serviceleistungen zum günstigen Mitgliedspreis.

Werde jetzt kostenlos IKEA FAMILY Mitglied: entweder im IKEA Einrichtungshaus oder gleich hier – und sei gespannt auf die neuen IKEA FAMILY Shops im nächsten Sommer!

HIER MITGLIED WERDEN

Abbildung 87: Einsatz von Cross-Selling-Maßnahmen im *IKEA Family-Club* im Rahmen der Kundenbindung (www.ikea.com)

Wie viel Bindung will der Kunde?

„Der Kunde gibt genau vor, was er für sein Geld haben will und gibt sich nicht mehr mit Produkten oder Dienstleistungen zufrieden, die seine Vorstellungen nur ungefähr treffen. Er weiß, wo sonst er genau das Gesuchte erhalten kann" (Hörnig, 2006).

„Noch weit ist der Weg", überschrieb die Veranstaltungszeitung der *Nürnberger Mailingtage 2006* einen Beitrag zum Thema Kundenorientierung (o. V., 2006, S. 1). Darin wurde eine Untersuchung zitiert, die das *Handelsblatt* zusammen mit der *Universität St. Gallen* und *Mummert Consulting* durchgeführt hatte. Ziel war es, den kundenorientiertesten Dienstleister Deutschlands zu küren. Das Ergebnis: „Das Mysterium Kundenbindung ist schwer zu knacken. Vor allem deshalb, weil es kein Ankommen gibt. *Kundenbindung ist eine permanente Herausforderung,* bei der Unternehmen schnell an ihre Grenzen stoßen. Schließlich gibt es eine Vielzahl von Kontakten, die beim Kunden einen Eindruck hinterlassen. Und das oft ungewollt und ungeplant" (o. V., 2006, S. 1).

Der Weg zu exzellenter Kundenbindung scheint also noch weit, wenn Unternehmen immer noch nicht wissen, was der Kunde wirklich an Bindungsmaßnahmen akzeptiert.

Status quo – Wissen Unternehmen, wie viel Bindung ihre Kunden wollen?

In technischen Fragen waren deutsche Unternehmen schon immer stark. Auch Kundenbindung wurde und wird von vielen Führungskräften eher aus dieser Sicht betrachtet. Eine gut funktionierende EDV-Lösung allein reicht allerdings nicht aus, um den Bedürfnissen und Wünschen des Kunden näher zu kommen (s. S. 66ff.).

„Wenn ein Unternehmen eine große Anzahl von Kundenbeziehungen oder auch eine große Zahl von Kontaktpunkten managen muss, benötigt es auch gute Systeme. Aber die Basis eines Kundenbeziehungsmanagements ist es, die positiven Ansätze aus den Köpfen der Mitarbeiter in die Organisation hineinzutragen. Das ist mehr ein kulturelles und weniger ein Software-Thema. Dem Vertriebsmitarbeiter ist aufzuzeigen, was er davon hat, wenn er sein Wissen weitergibt. Dieses Problem kann eine Software nicht lösen" (Rapp, 2005; s. S. 36ff.).

Im persönlichen Kontakt ist es ein Leichtes, Informationen über die Einstellungen und Wünsche des Kunden abzuschöpfen. Doch diese Quelle können oder wollen nur wenige Unternehmen für sich nutzen. Um auf die Frage „Was will mein Kunde?" Antworten zu bekommen, sind Kundenbefragungen ein oft benutztes Instrument. Das, so lautet die in einem Newsletter der *Harvard Business School* geäußerte provokante These, in vielen Fällen dazu führt, dass der Kunde völlig missverstanden wird. Verantwortlich dafür sind grundlegende Fehler bei der Konzeption und Durchführung einer Fragenbogenaktion. So bestehen Fragenbogen oft aus zu vielen Fragen. Sie führen, weil sich der Kunde in seiner Arbeit unterbrochen sieht, zu Unzufriedenheit oder werden häufig auch nicht vom Adressaten (d. h. dem anvisiertem Kunden), sondern von einer anderen Person beantwortet (Reichheld, 2006, S. 3).

Theoretisch wissen Unternehmen über ihre Kunden eine ganze Menge. Persönliche Daten, bevorzugt gekaufte Produkte, Kauffrequenz, durchschnittlicher Bestellwert und vieles mehr. In der Praxis werden diese gesammelten Informationen aber noch wenig genutzt – weil Kundenbindung auf Ebene der Unternehmensführung nicht konsequent vorgelebt wird (Rapp, 2005). Damit ist exzellentes Marketing nicht möglich. In der Konsequenz bedeutet dies, dass der Kunde die angebotenen Maßnahmen und vermeintlichen Vorteile nicht annimmt.

Wie können Unternehmen eine Kundenbindung etablieren, die der Kunde wirklich will?

Letztlich sind eine Vielzahl von Faktoren dafür verantwortlich, ob ein Kunde bereit ist, sich an ein Unternehmen zu binden. Der entscheidende Faktor heißt Zufriedenheit. *Kundenzufriedenheit* ist eine notwendige, nicht jedoch hinreichende Bedingung für die Kundenbindung oder gar Loyalität. Wenn also Zufriedenheit nicht automatisch Bindung bedeutet, was ist es dann, was den Kunden hält?

Der japanische Wissenschaftler *Kano* hat Mitte der 1980er Jahre untersucht, welche Anforderungen der Kunde hat und wie sich diese Anforderungen auf seine Zufriedenheit auswirken (vgl. Abbildung 88).

Demnach gibt es drei Ebenen, auf denen der Kunden Anforderungen ableitet (vgl. Hartmann/Kreutzer/Kuhfuß, 2004, S. 59):

- *Basisanforderungen*
  Die Erfüllung von Basisanforderungen wird vorausgesetzt. Das Fehlen wird mit Unzufriedenheit quittiert, wohingegen das Vorhandensein einfach hingenommen wird – ohne die Zufriedenheit groß zu beeinflussen. Im Falle eines Bonusprogramms wäre eine Basisanforderung die Vergabe von Punkten, wenn beim Einkauf die Kundenkarte vorgelegt wird. Über die Basisanforderungen kann sich ein Unternehmen nicht differenzieren. Im Gegenteil: Basisanforderungen haben eher Me-too-Charakter, weil der Kunde diese Leistung am Markt kennt und voraussetzt.

- *Leistungsanforderungen*
  Leistungsanforderungen werden vom Kunden nach dem Prinzip „je mehr, desto besser" bewertet. Die Zufriedenheit des Kunden steigt proportional zum Grad der Erfüllung. Für den Einsatz einer Kundenkarte

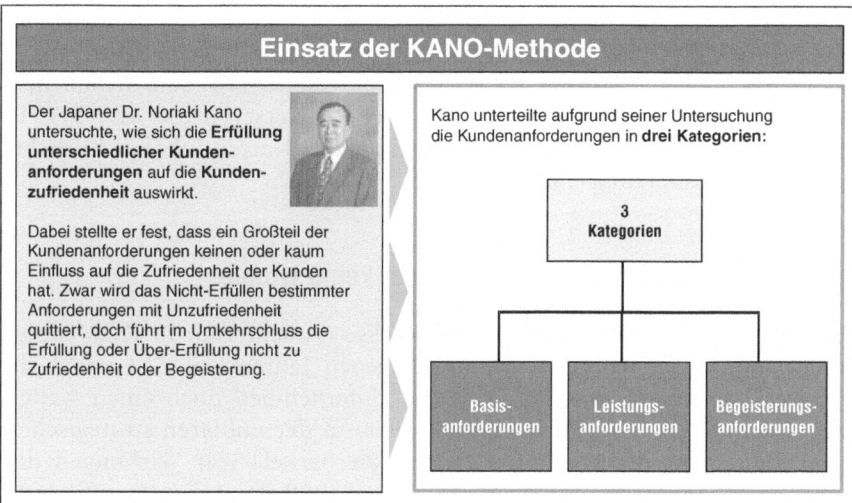

Einsatz der KANO-Methode

Der Japaner Dr. Noriaki Kano untersuchte, wie sich die **Erfüllung unterschiedlicher Kundenanforderungen** auf die **Kundenzufriedenheit** auswirkt.

Dabei stellte er fest, dass ein Großteil der Kundenanforderungen keinen oder kaum Einfluss auf die Zufriedenheit der Kunden hat. Zwar wird das Nicht-Erfüllen bestimmter Anforderungen mit Unzufriedenheit quittiert, doch führt im Umkehrschluss die Erfüllung oder Über-Erfüllung nicht zu Zufriedenheit oder Begeisterung.

Kano unterteilte aufgrund seiner Untersuchung die Kundenanforderungen in **drei Kategorien:**

3 Kategorien

Basisanforderungen | Leistungsanforderungen | Begeisterungsanforderungen

Abbildung 88: *Kano*-Analyse zur Ermittlung der Kundenanforderungen im Rahmen der Kundenbindung
(eigene Darstellung)

im Rahmen eines Bonusprogramms bedeutet dies, dass der häufige Einsatz der Karte mit mehr Punkten belohnt wird.

● *Begeisterungsanforderungen*
Begeisterungsanforderungen schließlich werden für den Kunden überraschend erfüllt und lösen Begeisterung aus. Sie sind der Hauptgrund für positive Mundpropaganda. Allerdings haben Begeisterungsfaktoren eine relativ kurze Halbwertzeit. Was einen Kunden begeistert, kann er nach dem dritten oder vierten Mal als Mindestanforderung voraussetzen.

Auf die Frage, wie viel Bindung der Kunde will, gibt es keine deshalb pauschale Antwort. Tatsache ist nur, dass etwa die Zahl der Kundenkarten schon allein aus praktischen Gründen eine Grenze in der Brieftasche des Kunden hat. Gefragt sind individuelle Lösungen, die bestehende Instrumente mit neuen Elementen kombinieren. *Payback* hat hier sicherlich bei den Bonusprogrammen im Einzelhandel in den letzten Jahren die Akzente gesetzt. Betrachten wir *Payback* aber mit den Augen von *Kano*, so zeigt sich schnell, dass auf der Ebene der Begeisterungsanforderungen der Kunde keinen echten Vorteil findet. Hier ist *Payback* angreifbar, und in der Tat wird der Kunde immer wieder für Preisangebote des Wettbewerbs der

Wie viel Bindung will der Kunde?

involvierten *Payback*-Partner sensibel sein. Da ist die Frage gestattet, ob dies wirklich eine nachhaltige Kundenbindung ist und ob die Markenguthaben der *Payback*-Partner so wirklich aufgeladen werden. Möglicherweise ist das auch der Grund dafür, warum diverse Partner das System mittlerweile verlassen haben und viele *Payback*-Karten-Inhaber hinsichtlich der Kartennutzung „Sleeper" sind.

Exzellente Kundenbindung ist trotzdem keine Utopie

Die aktuelle Bestandsaufnahme ist teilweise ernüchternd. In Kundenbindungsmaßnahmen wurde in den vergangenen Jahren viel Zeit und Geld investiert. Trotzdem hat das Gros der Unternehmen noch einen weiten Weg vor sich. Die Gründe liegen vor allem in der unklaren strategischen Einordnung und der fehlenden Quantifizierbarkeit von Wirkungen der eingesetzten Kundenbindungsprogramme (vgl. Roland Berger, 2003, S. 29). Zwar messen, so ein weiteres Ergebnis der Studie, 81 Prozent der Unternehmen die Wirkung ihrer Instrumente. Die gemessenen Kennzahlen erweisen sich jedoch als unzureichend für die Steuerung.

Damit ein Kundenbindungsprogramm erfolgreich ist, sollten neben einem möglichst unkomplizierten *Anmeldeprozess* und der Schaffung einer *emotionalen Bindung* vor allem kontinuierlich *finanzielle Vorteile* geboten werden (vgl. Roland Berger, 2003, S. 19, 30). Ebenso wichtig ist, die Mitarbeiter in die Kundenbindungsaktivitäten einzubeziehen (vgl. Strativity, 2005, S. 10). Die Erkenntnis, dass der Gewinn im Mitarbeiter liegt (s. S. 36ff.), spielt auch hier eine wichtige Rolle. Ohne motivierte und umfassend *informierte Mitarbeiter* lässt sich ein Kundenbindungsprogramm kaum mit Leben füllen. Was nützt das beste Konzept, wenn der Kunde im direkten Kontakt mit dem Unternehmen und dessen Repräsentanten schlechte Erfahrungen macht?

Beim Konzept der Kundenbindung ist es wichtig, dass im Unternehmen das Wissen um die unterschiedlichen Dimensionen einer Kundenbindungsstrategie vorhanden ist. Dieses lässt sich anhand der in Abbildung 89 aufgeworfenen sechs einfachen Fragestellungen aufbereiten, um so eine Kundenbindungsstrategie in Richtung Excellence zu entwickeln.

Die Vorstellung, in einem Kundenbindungsprogramm möglichst viele Kunden zu betreuen, ist verständlich. Ökonomisch betrachtet ist dies aber der falsche Ansatz. Angesicht der Kosten, die etwa für den Aufbau und die Organisation eines Kundenclubs entstehen, ist es ratsam, den Teilneh-

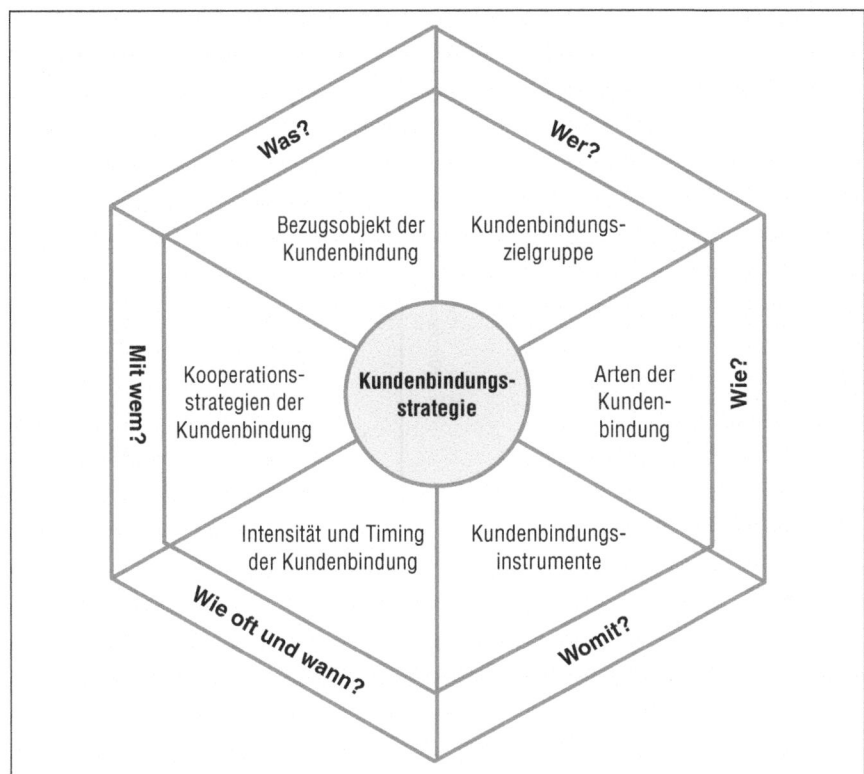

Abbildung 89: Dimensionen einer Kundenbindungsstrategie
(nach Homburg/Bruhn, 2003, S. 19)

merkreis der jeweiligen Kundenbindungsmaßnahme am *Kundenwert* zu orientieren. Um den Kundenwert auszuschöpfen, ist es ratsam, sich an folgenden Punkten zu orientieren (vgl. Howaldt et al., 2005):

- *Segmentierung nach dem Kundenwert*
  Das vordringliche Ziel heißt: *Lernen Sie Ihre Kunden kennen.* Als Ansätze für die Kundensegmentierung haben sich Kundenwert und Kundenbedürfnisse bewährt. Beide Dimensionen lassen sich zu einer Matrix kombinieren, in der jeder Kunde nach seinem Wert und seinen Bedürfnissen klassifiziert wird (vgl. Abbildung 90).

- *Den Kundenlebenszyklus beachten*
  Kundenbedürfnisse und der Wert eines Kunden für das Unternehmen entwickeln sich dynamisch in Form eines „Lebenszyklus" des Kunden.

Wie viel Bindung will der Kunde?   **197**

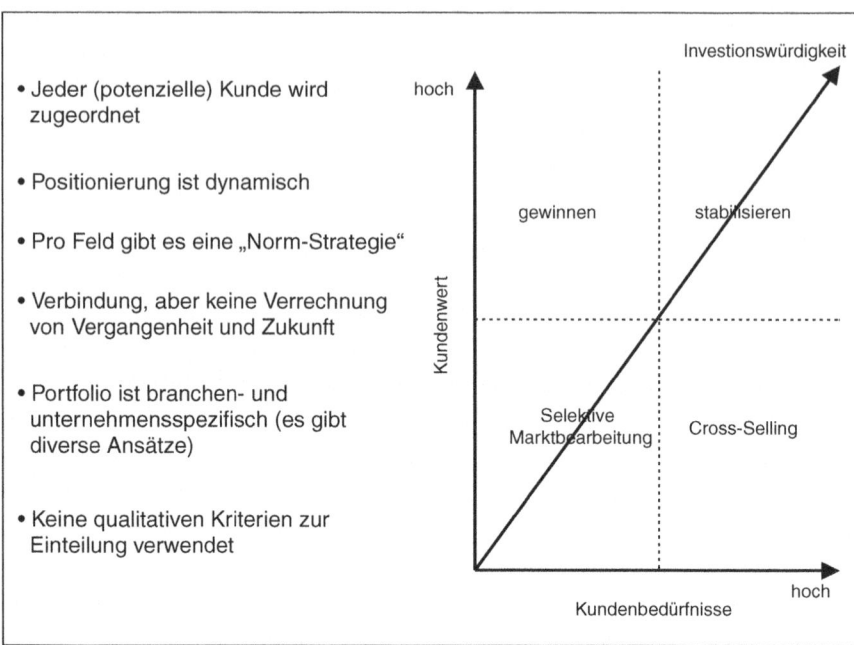

- Jeder (potenzielle) Kunde wird zugeordnet

- Positionierung ist dynamisch

- Pro Feld gibt es eine „Norm-Strategie"

- Verbindung, aber keine Verrechnung von Vergangenheit und Zukunft

- Portfolio ist branchen- und unternehmensspezifisch (es gibt diverse Ansätze)

- Keine qualitativen Kriterien zur Einteilung verwendet

(Diagramm: Kundenwert (senkrecht, hoch) gegen Kundenbedürfnisse (waagerecht, hoch), Investionswürdigkeit, mit Feldern: gewinnen, stabilisieren, Selektive Marktbearbeitung, Cross-Selling)

Abbildung 90: Das Kundenportfolio als Beispiel für eine zweidimensionale Qualifizierung
(eigene Darstellung)

Die individuellen Bedürfnisse und Kaufpotenziale in den einzelnen Lebenszyklusphasen herauszuarbeiten und die Kundenansprache darauf auszurichten, ist Aufgabe des *Customer Lifecycle Management*. Im Idealfall berücksichtigt ein Unternehmen die voraussichtlichen Bedürfnisse seiner Kunden in künftigen Lebensphasen (vgl. Abbildung 91). Das kann natürlich auch für die geplanten Maßnahmen im Rahmen der Kundenbindung geschehen. Die intelligente Verknüpfung von Kundenwert mit der Kano-Methode im Rahmen des Customer Lifecycle Management bringt uns dem Ziel der exzellenten Kundenbindung viel näher.

- *Kundendeckungsbeiträge durch Effizienzkontrolle erhöhen*
Viele Unternehmen versäumen es, die Effekte ihrer Kundenbindungsaktivitäten zu quantifizieren. Dazu gehört auch die Bestimmung des Kundenwerts. Der Kunde wird anhand seiner vergangenen Umsätze bewertet, doch seine zukünftigen Umsatzpotenziale und die Kosten für Leistungserstellung, Marketing, Service und Vertrieb werden vielfach

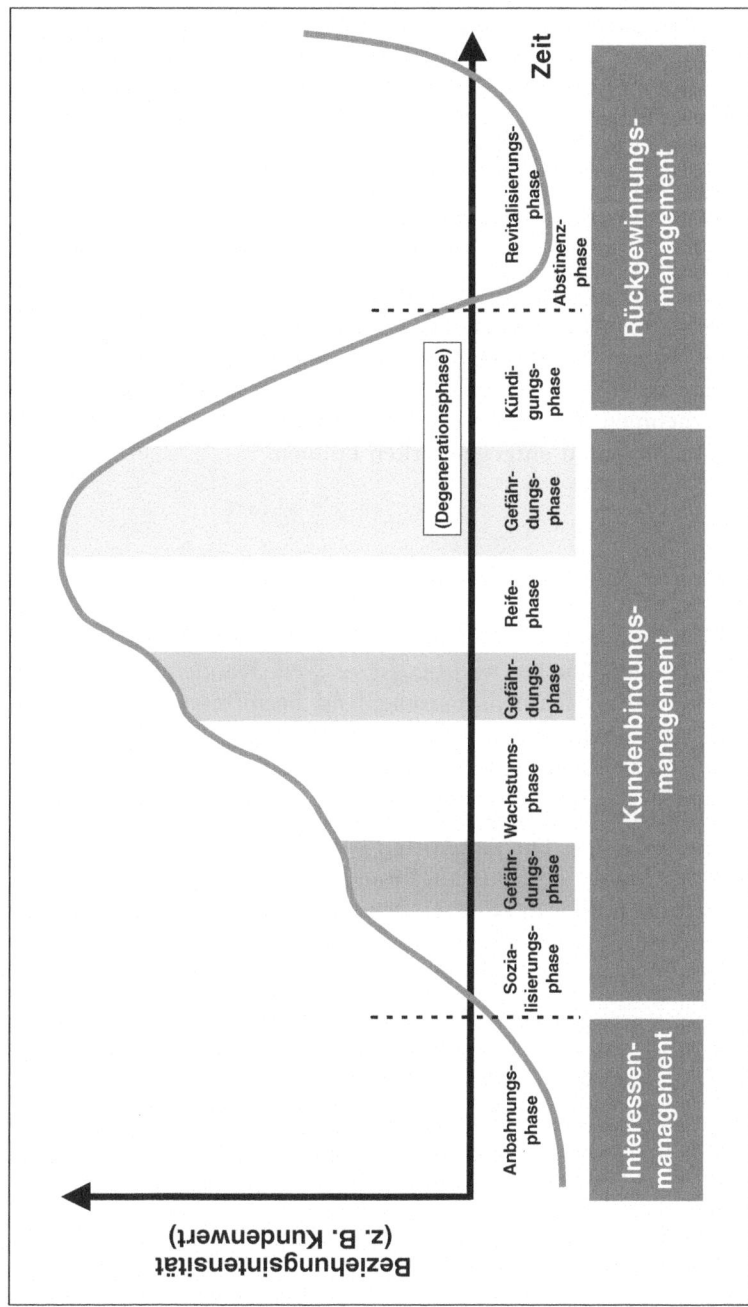

Abbildung 91: Kundenbeziehungslebenszyklus als Planungsgrundlage der Maßnahmen je Kunde im Rahmen der Kundenbindung
(eigene Darstellung nach Stauss, 2000, S. 16)

nicht berücksichtigt. Dabei sind eine solche *Kundendeckungsbeitrags-rechnung* und eine *solide Erfolgskontrolle* unverzichtbare Vorausset-zungen für eine permanente Weiterentwicklung des Kundenbindungs-managements. Idealerweise gehen quantifizierte Leistungsparameter (so genannte Key Performance Indicators wie Umsatz pro Kunde und Wiederverkaufsrate) direkt in die Vertriebs- und Marketingsteuerung ein (vgl. vertiefend zur Markenwertschöpfungskette Kreutzer, 2006).

● *Die eigene Kundenbasis zur Akquisition neuer Kunden nutzen*
Gelingt es einem Unternehmen, möglichst viele seiner Kunden an sich zu binden, ergibt sich daraus auch ein Wettbewerbsvorteil für die Neu-kundengewinnung. Die Akquisition von Kunden über vorhandene Be-standskunden ist eine jener innovativen Akquisitionsmaßnahmen, mit denen Unternehmen der zunehmenden Sättigung der Märkte und ge-ringen Wachstumsraten entgegenwirken können.

Ausblick

Über Kundenbindung ist vieles geschrieben worden. Haften bleibt die Erkenntnis, dass das Thema wichtig ist – weil Kundenbindung den Markterfolg eines Unternehmens entscheidend beeinflusst. Offen bleibt die Frage nach dem „Wie?". Es gibt keine Patentlösung. Kundenbindung sieht für jedes Unternehmen anders aus.

Deshalb steht am Anfang die Analyse. „Wie viel Bindung will mein Kun-de? Was ist ihm wichtig?" Die Antworten kann nur der Kunde selbst lie-fern. Das geht im Massengeschäft am besten über EDV-getriebene Syste-me, die Informationen über die Einstellungen und Meinungen des Kunden sammeln. Fragen Sie Ihren Kunden nach jedem Kontakt, ob er zufrieden war und was es zu verbessern gibt.

Die meisten Kunden sind dankbar, wenn sie gefragt werden – vorausge-setzt, der Zeitaufwand für die Antwort bleibt im Rahmen. Die Befra-gungsergebnisse führen, wenn sie kontinuierlich gesammelt werden, zu ei-nem klar umrissenen Bild. Damit sich der Kunde mit einem Unternehmen verbunden fühlt und echte Begeisterung zeigt, sind individuelle Lösungen nötig.

Fest steht, dass sich die Kunden in ihren Wünschen und Bedürfnissen schneller ändern als die Unternehmen. Und dass die Kundenwünsche im-mer individueller werden – auch und gerade wenn es um Kundenbindung geht. Hier müssen die Unternehmen an entsprechenden Lösungen arbeiten, und damit sind nicht nur technische Lösungen gemeint.

Literatur

Brändli, D. (2006), Überlebensstrategie Kundenbeziehungsmanagement, in: IM Fachbeitrag, Ausgabe 9/2006

Bruhn, M./Homburg, C. (2003, Hrsg.), Handbuch Kundenbindungsmanagement, 4. Aufl., Wiesbaden 2003

Elke, G./Ziemeck, H. (2003), Customer Relationship Management – Das Unternehmen erfolgreich auf den Kopf stellen, CRM-Workshop, 29. April 2003

Hagen, J. (2006), Störfaktor Kunde, in: Capital, 5/2006, S. 118-126

Hartmann W./Kreutzer R./Kuhfuß H. (2004), Kundenclubs & More, Wiesbaden 2004

Hörnig, R. (2006), Ist Ihrer Firma ausreichend dynamisch? in: http://www.absatzwirtschaft.de/psasw/fn/asw/SH/0/sfn/buildpage/cn/cc_vt/ ID/37063/vt/Kundenbindung/s/1/page2/PAGE_1003228/aktelem/PAGE_ 1003228/index.html, 24.Mai 2006

Howaldt, K./Luck L./Utsch, P. (2005), Kundenbindungsprogramme – unverzichtbares Marketing-Instrument oder Kostentreiber?, in: www.absatzwirtschaft.de/psasw/fn/asw/SH/0/sfn/buildpage/cn/cc_vt/ID/ 32284/vt/Howaldt/s/1/page2/PAGE_1003228/aktelem/PAGE_1003228/index. html, 23. März 2005

Imageprofile 2006, Dem Kunden ein Königreich, in: www.manager-magazin.de/unternehmen/imageprofile/0,28 28,394410,00. html

Kreutzer, R. (2003), Konzeption und Positionierung des Couponing im Marketing, in: Hartmann, W./Kreutzer, R./Kuhfuß, H. (2003, Hrsg.), Handbuch Couponing, Wiesbaden 2003, S. 3-25

Kreutzer, R. (2006), Praxisorientiertes Marketing, Wiesbaden 2006

Künzel, S. (2006), Kundenbindung optimieren, Erfolgsfaktoren für Bonusprogramme, in: IM Fachbeitrag, Ausgabe 8/2006

o. V. (2006), Noch weit ist der Weg! Kundenorientierung: permanente Herausforderung, in: Mailingtage News, Ausgabe 8.5.2006

Pepper AG (2005), Die Hälfte der CRM-Systeme werden nicht optimal genutzt, Pressemitteilung vom 22.06.2005, www.pressrelations.de/new/standard/ dereferrer.cfm?r=194860

Rapp, R. (2005), Eine Frage der Führung – über die Bedeutung von Technologie und Unternehmensstrategie für das Kundenbeziehungs-Management, in: Handelsblatt, 31.10.2005

Reichheld, F. (2006), The top 10 reasons you don't understand your customers, in: Harvard Management Update, Mai 2006

Roland Berger (2003), Kundenbindungsprogramme in großen deutschen Unternehmen, München, 9.5.2003

Schmieder, J. (2006), Eine Card für alle Fälle, in: Süddeutsche Zeitung, 6.5.2006, S. 6

Schnake, A. (2006), B-to-B-Kundenclubs, Verbünden Sie sich mit Ihren Kunden, in: IM Fachbeitrag, Ausgabe 21/2006

Stauss, B. (2000), Perspektivenwandel: Vom Produkt-Lebenszyklus zum Kundenbeziehungs-Lebenszyklus, in: Thexis, 2/2000, S. 15-18

Strativity Group Inc. (2006), Customer Experience Management Study 2005, 2006

Wieselhuber & Partner (2005), Marketing Performance, Wie fit sind Unternehmen bei der Messung und Kontrolle der Marketing Performance?, München 2005

Internet

www.absatzwirtschaft.de
www.airberlin.com
www.forme-online.de
www.ikea.com
www.manager-magazin.de
www.pepperglobal.com
www.reinholdrapp.com

Holger Kuhfuß

10. Checklisten: So erreichen Sie Marketing Excellence

Um die Umsetzung der aufgezeigten Handlungsfelder zu erleichtern, haben wir für alle angesprochenen Tätigkeitsfelder Checklisten erstellt. Durch deren Einsatz können Sie feststellen, in welchen Bereichen in Ihrem Unternehmen Handlungsbedarf besteht.

Wenn Sie die aufgeworfenen Fragen durchgehen, erhalten Sie eine grobe Bestandsaufnahme zum Status quo in Ihrem Unternehmen. Bei den Fragen, die Sie mit „Nein" beantworten, können Sie dort direkt erste einzuleitende Maßnahmen eintragen.

Checkliste für Significant Changes

Frage	Ja	Nein	Maßnahme
• Sind uns die für unseren Markt relevanten Zukunftsfaktoren bekannt?	☐	☐	
• Gibt es eine systematische Betrachtung und Auswertung von technologischen, wirtschaftlichen und gesellschaftlichen Trends?	☐	☐	
• Haben wir eine Vorstellung, inwieweit die Digitalisierung Einfluss auf unsere Kunden, ihre Bedürfnisse und ihr Kaufverhalten hat?	☐	☐	
• Haben wir eine Vorstellung davon, wie das Internet und insbesondere Web 2.0 unsere Beziehungen zu unseren Kunden verändern wird?	☐	☐	
• Sind wir uns der Bedeutung des demografischen Wandels bewusst?	☐	☐	
• Setzen wir uns systematisch mit der Zielgruppe der älteren Personen auseinander?	☐	☐	
• Gibt es Konzepte, dem steigenden Anspruchsniveau der Kunden zu begegnen?	☐	☐	

Checklisten: So erreichen Sie Marketing Excellence

Checkliste für Marketing nach innen

Frage	Ja	Nein	Maßnahme
• Haben wir uns bereits systematisch mit dem Marketing nach innen auseinandergesetzt?	☐	☐	
• Wissen wir, welchen Stellenwert die Mitarbeiter bei der Leistungsdifferenzierung gegenüber dem Kunden haben?	☐	☐	
• Wissen wir, wie viel Prozent unserer Mitarbeiter emotional gebunden sind – und wie viele nur eine geringe oder keine Bindung aufweisen?	☐	☐	
• Sind bei uns mitarbeiterorientierte Ziele auf Unternehmensebene formuliert, beispielsweise im Kontext einer Balanced Scorecard?	☐	☐	
• Haben wir Leitideen für ein Marketing nach innen formuliert?	☐	☐	
• Setzen wir gezielt Instrumente und Methoden für ein Marketing nach innen ein?	☐	☐	
• Haben wir uns schon einmal intensiv mit der Beziehung zwischen Employee Engagement und Customer Engagement beschäftigt?	☐	☐	

Checkliste für Entfremdung vom Kunden

Frage	Ja	Nein	Maßnahme
● Hat die Mehrheit unserer Mitarbeiter regelmäßig unmittelbaren Kundenkontakt?	☐	☐	
● Kennen die Führungskräfte unsere Kunden aus persönlichen Begegnungen – über die Key Accounts hinaus?	☐	☐	
● Gibt es in unserem Unternehmen noch „blinde Flecken" oder „Unbekanntes", das es zu erschließen gilt?	☐	☐	
● Sind unsere Customer Touch Points alle mit den relevanten Abteilungen vernetzt?	☐	☐	
● Fließen Informationen in beide Richtungen, das heißt von und zu den Customer Touch Points?	☐	☐	
● Führen wir regelmäßig Mystery-Studien durch, um unsere Leistungen mit den Augen unserer Kunden zu sehen?	☐	☐	
● Binden wir Kunden intensiv in die Informationsgewinnung ein?	☐	☐	
● Integrieren wir Kunden in die Angebotsentwicklung?	☐	☐	
● Haben wir Kundennähe institutionalisiert, zum Beispiel durch einen Kundenbeirat?	☐	☐	

Checklisten: So erreichen Sie Marketing Excellence

Checkliste für Mass Customization

Frage	Ja	Nein	Maßnahme
• Kann unser Unternehmen bestimmte Produkte für einen Mass-Customization-Einsatz benennen?	☐	☐	
• Gibt es eine ausgearbeitete Strategie?	☐	☐	
• Liegen in der Produktion und Logistik das entsprechende Know-how und die notwendigen Ressourcen vor?	☐	☐	
• Ist bekannt, ob der Kunde von uns Mass-Customization-Produkte haben möchte?	☐	☐	
• Haben wir einen Business Case, der uns die Wirtschaftlichkeit von Mass Customization für unser Unternehmen aufzeigt?	☐	☐	
• Wissen wir, was der Wettbewerb unternimmt?	☐	☐	
• Kennen wir die Best-Practice-Ansätze in der Branche?	☐	☐	
• Ist uns bekannt, welche die wesentlichen Benchmarks für unser Geschäft sind?	☐	☐	

Checkliste für Multi-Channel-Marketing

Frage	Ja	Nein	Maßnahme
• Gibt es eine systematische Betrachtung der Customer Touchpoints in den jeweiligen Kanälen?	☐	☐	
• Kennen wir das Kanalnutzungsverhalten unserer Kunden?	☐	☐	
• Gibt es ein Konzept für die zukünftige Nutzung des Internets als Kommunikationskanal?	☐	☐	
• Wollen wir den echten Dialog mit unseren Kunden intensivieren?	☐	☐	
• Sind unsere Ressourcen ausreichend für eine weitergehende Integration der Kanäle?	☐	☐	
• Setzen wir uns mit der Kundenerfahrung entlang der Prozesskette auseinander?	☐	☐	
• Kennen wir die zeitlichen Aspekte der Integration?	☐	☐	
• Haben wir eine inhaltliche Integration der Kommunikation schon erreicht?	☐	☐	
• Wird der Rolle der Mitarbeiter für eine integrierte Kommunikation ausreichend Rechnung getragen?	☐	☐	
• Erfüllen unsere IT-Systeme die Anforderungen an eine integrierte Kommunikation?	☐	☐	

Checkliste für Buzz-Marketing

Frage	Ja	Nein	Maßnahme
• Haben wir einmal überprüft, ob Buzz-Marketing für unser Unternehmen generell in Frage kommt?	☐	☐	
• Kennen wir den Leistungsbeitrag von Buzz-Marketing zur Neueinführung eines Angebots?	☐	☐	
• Kennen wir den Leistungsbeitrag von Buzz-Marketing zur Steigerung des Marktanteils?	☐	☐	
• Kennen wir den Leistungsbeitrag von Buzz-Marketing zur Imageverbesserung?	☐	☐	
• Kennen wir den Leistungsbeitrag von Buzz-Marketing zur Erhöhung der Distribution im Handel?	☐	☐	
• Wissen wir, auf wen Buzz-Marketing ausgerichtet werden kann?	☐	☐	
• Sind uns die Gestaltungsmöglichkeiten des Buzz-Marketing vertraut?	☐	☐	
• Kennen wir Agenturen, die Buzz-Marketing-Kampagnen entwerfen und/oder realisieren?	☐	☐	
• Ist das Buzz-Potenzial unseres Unternehmens bereits ausgeschöpft?	☐	☐	

Checkliste für Kundenbindung

Frage	Ja	Nein	Maßnahme
• Haben wir eine schriftlich fixierte Kundenbindungsstrategie mit ausformulierten Zielen?	☐	☐	
• Haben wir ein Business Case auf mindestens drei Jahre zur Wirtschaftlichkeit der Kundenbindung gerechnet?	☐	☐	
• Wissen wir, was der Wettbewerb im Bereich Kundenbindung unternimmt?	☐	☐	
• Haben wir mit unseren Kunden gesprochen, welche Vorteile sie im Rahmen der Kundenbindung erwarten?	☐	☐	
• Ist unsere Kundenbindung im Rahmen der „Erlaubnis" (Permission Marketing) durch den Kunden aufgesetzt?	☐	☐	
• Wissen alle im Unternehmen über die Ziele der Kundenbindung Bescheid?	☐	☐	
• Existiert eine kontinuierliche Kundenwertsegmentierung, um den Kunden in seiner jeweiligen Lebensphase richtig abzuholen?	☐	☐	
• Wird Feedback des Kunden konsequent analysiert und in die Kundenbindungskonzepte aufgenommen?	☐	☐	

Die Autoren

Dr. Ralf T. Kreutzer ist Professor für Marketing an der Berlin School of Economics, Berlin, und Marketing und Management Consultant. Er war 15 Jahre in verschiedenen Führungspositionen bei Bertelsmann, Volkswagen und der Deutschen Post World Net tätig, bevor er 2005 zum Professor für Marketing berufen wurde. Dr. Kreutzer hat durch regelmäßige Publikationen und Vorträge maßgebliche Impulse zu verschiedenen Themen rund um Marketing, Direktmarketing, CRM/Kundenbindungssysteme, Database-Marketing, strategisches Marketing gesetzt und eine Vielzahl renommierter Unternehmen im In- und Ausland in diesen Themenfeldern beraten.

Wolfgang Hartmann ist seit 2005 Geschäftsführer der GHP Dialog Services GmbH, Bamberg. Nach dem Studium der Wirtschaftswissenschaften und der Ausübung des Offizierberufs wechselte er 1991 zu Bertelsmann. Bis 1997 konzipierte und betrieb er verschiedene ganzheitliche Direktmarketing- und CRM-Systemlösungen für namhafte Markenartikler und Unternehmen der High-Tech-Branche, bevor er 1998 zu O_2, vormals Viag Interkom, wechselte und dort den Bereich Customer Care und Operations aufbaute und verantwortete.

Holger **Kuhfuß** ist Unternehmensberater mit Sitz in München und Wien. Er berät seit über 18 Jahren namhafte Unternehmen mit Schwerpunkt Konsumgüter im In- und Ausland. Holger Kuhfuß ist ein gefragter Redner und publiziert seit vielen Jahren zu unterschiedlichen Themen im Marketing.

The manufacturer's authorised representative in the EU is Springer
Nature Customer Service Centre GmbH, Europaplatz 3, 69115 Heidelberg,
Germany. If you have any concerns regarding our products, please
contact ProductSafety@springernature.com

Printed and bound by CPI Group (UK) Ltd, Croydon, CR0 4YY
27/04/2026
02097611-0002